Inside Density

International Colloquium on Architecture and Cities #1

The NeTHCA Colloquia Series #1

A Publication of the Network for Theory, History, and Criticism of Architecture
nethca@arch.ucl.ac.be
www.nethca.be

"Inside Density" Colloquium Scientific Committee
Eric Bolle, Raf De Saeger, Hilde Heynen, Marcel Pesleux, Willy Serneels (†), David Vanderburgh

Series Editors
Hilde Heynen, David Vanderburgh

Volume Editors
Hilde Heynen, David Vanderburgh

The "Inside Density" Colloquium and this publication were produced with the support of the Belgian Foundations for Scientific Research (FWO/FNRS), the Flemish and French Communities of Belgium, BBL-ING Group, Modular Lighting Instruments, Reynaers Aluminium N.V., and Cooltech.
Further logistical and financial support were also provided by the Architecture Schools of: the University of Leuven (KUL), the University of Louvain (UCL), the Sint-Lucas Institute and the Fortys Academy, Tilburg.

Cover picture:
© Marie-Françoise Plissart, *Gulden Vlieslaan,Brussel/Avenue de la Toison d'Or, Bruxelles,* 1992.

La Lettre volée
20, bd Bartélemy
B-1000 Brussels
T / F: +32 (0)2 512 02 88
e-mail: lettre.volee@skynet.be
www.lettrevolee.com

Publié avec le concours de la Communauté française de Belgique

ISBN 2-87317-202-9
Dépôt légal : Bibliothèque royale de Belgique D/2003/5636/15

CONTENTS
Table des matières

INTRODUCTION

Introduction

Hilde Heynen / David Vanderburgh

> *Architecture, urbanity and density are strongly entangled. In his* Ten Books on Architecture, *Vitruvius considers the act of making a clearing in the dense woods to be humanity's very first expression of architecture. In the course of history, density, as opposed to natural voids, became one of the main characteristics of the urban.*
>
> Call for papers, "Inside Density", 1999

The Inside Density colloquium, organized by NeTHCA[1] in November 1999, provided a forum for papers addressing issues of density, congestion, sprawl and networks. The aim of the colloquium was to explore the theoretical underpinnings of the concept of density and to criticize the naive use of density indexes as markers of good planning. Could anyone be so sure that densely-settled "centers" were more humane than more thinly-settled "peripheries"? Indeed, looking beyond the essentially contemporary obsession with a dialectics of density and sprawl, the colloquium promised a broad interrogation of the *figure* of density, in order to evaluate its conceptual possibilities and limits. Our methodological goal was to confront theoretical reflections and historical accounts with criticism of current urbanistic practices, in order to help bridge the gaps between theorists, historians, and practitioners. In some sense, the overarching question was quite simple: Why might "density" be interesting in and of itself, and what might an understanding of it allow us to do, or to do better?

The colloquium of course did not succeed in realizing all of its ambitious objectives. It did succeed, however, in bringing together an international range of renowned scholars, promising young researchers, and practicing architects. The exchange and discussions among these people were lively and productive, resulting in the shared conviction that the notion of density should be thoroughly re-conceptualized. In this volume we bring together the most convincing and characteristic ideas that were formulated in answer to the call for papers[2]. We also invited two keynote speakers for the colloquium, Pascal Amphoux (Switzerland) and Mark Wigley (USA). Their contributions open and close the sequence of texts in this volume, as they did during the colloquium.

|1| "Network for Theory, History, and Criticism of Architecture" a group of academics and practitioners, most of whom work in Belgium.

|2| During the colloquium some twenty papers were delivered, aside from the two key-note lectures. The publication committee, including the present editors, selected thirteen of them to be part of this volume of proceedings.

Pascal Amphoux offers, in his keynote text, a very sensible and sensitive critique of the notion of density as applied in current urbanistic practices as a tool for regulation and control. He proposes to re-think density in terms of *polarity*, "*mixity*" and *intensity*. He considers *polarity* a useful alternative to the tacit assumption of "centrality" which implies that density always decreases in moving from center to periphery. Relying upon the idea of *polarity*, on the other hand, allows for a more complex depiction of a dynamic spatial reality in search of an equilibrium between different poles. The use of this category allows one to assess density as a relative notion, and to consider processes of both densification and de-densification. *Mixity*, the second notion he proposes, tries to grasp social aspects of the idea of density. Whereas sociologists often refer to this notion in their descriptions of urbanity, Amphoux maintains that it should not be reduced to a purely functional category but that it should be understood in terms of the interaction between, on the one hand, a quantifiable diversity of functions and, on the other, a qualitative level of perceived diversity and mixture of everyday practices.

Intensity, Amphoux's third term, also has to do with perception. The notion of intensity is deemed by Amphoux to offer an alternative to "identity" since the latter constitutes too narrow an approach to people's connection with their (urban) environment. Intensity refers to themes such as the architectural quality of densified spaces, the feasibility of a minimalist attitude in urban planning (obtaining the best results for the least input), the link between the perceived density of a certain area and its context, the practices of city branding and the role of the image. In reflecting upon these key notions, Amphoux develops a series of concrete recommendations and methodological guidelines to improve urban strategies dealing with issues of density.

At the other end of the book, Mark Wigley deals only indirectly with the issue of density. He focuses upon the idea of the "network" and how that idea began to play a crucial role in the architectural discourse of the sixties. Far from being a recent fascination, he argues, the fundamental role of networks of transportation and communication with respect to human settlements and the need for (urban) density was already obvious to the likes of Buckminster Fuller or Constantin Doxiades. In numerous sketches and diagrams they tried to come to terms with the effects of new technologies and new media upon architecture and the city.

As Wigley argued during the colloquium, our growing familiarity with these means implies that we gradually come to understand space in a new way. Rather than seeing it as a clearing in the wood—see the reference to Vitruvius in our epigraph—we begin to grasp space as an extension of our body, which has tactile rather than purely visual qualities. The close proximity that we perceive between the nerves of our body and the "nervous system" of our computer means ultimately that we relate to (virtual) space through the logic of prosthetics (think, for example, about the computer mouse as an extension of the hand). All this means that, considering the effects of transportation and communication networks, our relation to space has changed thoroughly, and that "density" should therefore be understood differently. We should no longer see it in terms of an amount of physical particles that are present in a certain section of space and that are perceived visually, from the outside as it were, focusing on their materiality and solidity. We should rather develop the notion of density as something that we experience from the inside, as something that is framing and determining our field of vision rather than just occupying it.

Between these two poles of pragmatist (Amphoux) and speculative (Wigley) approaches, we have organized the rest of the papers in three sections:

1/Polarity or the mechanics of density; 2/Mixity or density as weaving; 3/Intensity or density as time-based.

The papers assembled under the heading "Polarity or the mechanics of density" question the very logic according to which density is measured and perceived. Following up on what Amphoux develops under the notion of "polarity", the contributors to this section attempt to problematize density by first of all exposing the assumptions that underscore an uncritical usage of the term.

Paola Yacoub and Michel Lasserre ask whether the transfer of the concept of density from physics to geography and urbanism, and then to architecture, is legitimate. They argue that it is not, because the effects of such a semantic manipulation have been very harmful. What happens during this transfer is a kind of aestheticization of physics, allowing for a strategy that quantifies bodies as inert objects instead of as thinking and feeling subjects. The concept of density, therefore, may partake of the mechanisms of "bio-power" (Foucault) that underlie the most outrageous and inhuman excesses of rationality, such as the so-called ethnic cleansing propagated recently in Central Europe—unfortunately, many other examples come to mind as well, and this paper urges us to make such connections.

Olivier Mathieu and Li Mei Tsien think that the spatial complexity of today's urban landscapes is such that it cannot be grasped any longer by the old frames of understanding that rely upon reference points, distances and orientations. In order to develop a new vocabulary with which to take on the present-day mutations of the built environment, they argue that a reading of pictorial density in the paintings of Jackson Pollock can offer helpful insights. They take their clue for this reading from the distinction made by Deleuze and Guattari between "smooth space" *(espace lisse)* and "striated space" *(espace strié)*. Whereas striated space is framed within a system of reference points and distances, smooth space is given form through vectors and directions. The dynamic categories of vectors and directions are capable of defining another form of framing, which is not stable and fixed, but rather oscillating and directional.

Marc Glaudemans also refers to Deleuze and Guattari's categorization of "smooth" versus "striated" space. For him, the new landscape metaphor that recently became popular to describe the mutations of urban territories derives its qualities from its being a representation of "smooth space". A landscape such as the desert is anything but an empty space, even if it does not contain a multitude of physical objects. For a nomad, a Bedouin, the desert is a landscape full of subtle but meaningful traces and signs. It is this quality of the landscape—of being empty and full at the same time—that makes it capable of describing the contemporary city, because the latter has come to adopt similar characteristics: it, too, is seemingly immeasurable, without a centre, endlessly diluted, apparently the same everywhere.

If Glaudemans refers to the desert as a multilayered signifier, Kai Vöckler takes on its exact opposite as a major point of reference. For Vöckler, the enigmatic 12,500 ton volume of Speer's *Großbelastungskörper* (literally, "large-load body") is the ultimate density. It acts as an absolute counterpoint in a world that is characterized by a growing consumption of space, made possible by the preceding dissolution and evacuation of space. The postmodern spatial condition, according to him, is marked by lack of structure, lack of connection, heterogeneity and instability. It is aimed at an ultimate urban meltdown, for which Speer's "negative ruin" might act as the secret centre.

The contributions to the next section, "Mixity or density as weaving", attempt to identify alternative contents for the idea of density which could add other layers to the purely quantitative meaning of the term. They develop notions which stress programmatic and perceptual aspects of density, arguing that the mixture of functions, the density of symbolic meanings, the interweaving of physical density with sequences of everyday activities, or a re-thinking of what constitutes the core of urbanity should enrich and complement our understanding of density.

Tom Avermaete explores a quite literal aspect of the metaphor of "weaving", by returning to the concept of *mat-building* as proposed by Alison Smithson in 1974. For Smithson, mat-building relies upon "a new and shuffled order, based on interconnectedness, close-knit patterns of association, and possibilities for growth, diminution and change". It refers to an understanding of architecture as built fabric that is closely interwoven with social activities. If the *mat* concept is part of the Smithsons' and Team X's critique of the over-valuing of purely rational attitudes by the older CIAM generation, it can also be understood, according to Avermaete, as an interesting heuristic tool to interpret and assess more recent architectural projects, such as MVRDV's Villa VPRO or Zumthor's Thermal Bath.

Dieter De Clercq closely examines a shopping district in Brussels where the development and transformation of two historical types—the boulevard and the arcade—produce, in their interconnection, an effect of weaving. He argues that the more recent developments in the urban economy of Brussels turned these spaces into the hybrid forms of urban highway and center-city shopping mall. His historical study shows that the result of real estate operations aiming at the densification of existing dwelling fabric with a diversity of programs and functions is rather precarious, for the whims of economic success may or may not lead to an intensification of the urban experience.

Whereas De Clercq focuses on an inner city district, Erik Van Daele and Anne Mie Depuydt from uapS deal with an area in the periphery of Rome. They are fascinated by the distance that separates the official version of reality consecrated in planning documents and the lived reality that they witness when exploring the area. Illegally-built individual dwellings, shops, supermarkets and small factories give rise to a kind of urbanity that doesn't reach a high level of physical density (according to quantitative indexes), but that nevertheless conveys a very real sense of density, based upon a weaving of daily rhythms, patterns of movement and activities that induce a programmatic elasticity standing in for the possibility of a (future) dense complexity.

Sarah Whiting presents a solid study of Ludwig Mies van der Rohe's plans for the campus of the Illinois Institute of Technology in Chicago. Whereas this project has often been described as implanting an autonomous island with a *tabula rasa* character upon Chicago's Near South Side, Whiting argues that such an interpretation misses the mark. Rather than a symbolic black hole, she states, the campus forms an integral part of a larger, more complex and multifarious field. It does not detach itself from its physical and social context, but enters into a complex relationship with that context. She describes this relationship with the term *bas-relief urbanism*, suggesting that the newly built campus inflects the ground plane of its urban context, forming a kind of gravitational field that reflects several interdependent urban influences emanating from the context. IIT thus works as a mini-city, where mixed uses and scales figure space in order to provide for an empathetic, variegated and animated public sphere. Again, it becomes clear that density does not simply result from physical quantities, but is also dependent upon programmatic and social complexities.

Avermaete and uapS already hint at the idea that density is not just a characteristic of space, but that it might also be time-based. This shift from space to time is further elaborated in the contributions to the next section, which is entitled "Intensity or density as time-based". Leslie Kavanaugh thus argues that urban density cannot just be understood as coagulation and assemblage of spatial elements, independent of considerations of movement and displacement. Because of the interdependence of space and time, which by now is clearly recognized by major philosophers, notions of density should rather build upon considerations of aggregation and acceleration.

Kavanaugh first of all criticizes the too-simple empirical approach that sticks to indexes and numbers as if they could generate a genuine understanding of reality. She suggests that a re-conceptualization of the philosophical basis of the notion of density is in order. This re-conceptualization could take its clue from a re-reading (through a Deleuzian lens) of Leibniz's *Monadology*, a 17th-century philosophical work which offers an alternative to the more prevalent, not to say hegemonic, Cartesian world view. This theoretical background allows her to develop a concept of "hyperdensity", a condition of maximum aggregation in conjuncture with an accelerated connectivity.

Deleuze is an intellectual point of reference for the next contributor as well. Like Kavanaugh, Bernard Kormoss criticizes the overly pragmatic and technical dimension of recent discourses on density, coming from what he terms the "OMA Reference" generation (i.e. former collaborators of Rem Koolhaas's Office for Metropolitan Architecture). He argues that this pragmatic focus has overshadowed the theoretical dimension of density that took front stage in the work of Peter Eisenman and Koolhaas. Kormoss explores the possibilities of density as "intensity", based on Deleuze's concept of "intensification" and tested on Peter Eisenman's formal and theoretical framework. He defines "intensity" as a self-sustained process of intensification of matter and form, that is as a stratified field of interaction between matter and form, maintained by the confrontations of theory and praxis.

While Kavanaugh and Kormoss explore the theoretical and philosophical background of our dealings with density, Hubert Lionnez and Roberto Zancan look at its relevance to urban design. They agree that the issue of density that seems to dominate the discourse on the contemporary city fails to take into account the complexity inherent in urban phenomena. They propose therefore the concept of *porosity* (after M. Cacciari) as an alternative to the opposition between sprawl and density. Porosity, they state, makes explicit the complex links between fullness and void. It comprises density without excluding diversity, complexity and mixing. It is such a sense of porosity that is at work in the reflections on the layered nature of the city and its modifications, exemplified in urban projects such as those of Bernardo Secchi and Paola Viganò, Aldo Rivkin or Xaveer De Geyter.

Alexander D'Hooghe opts for still another strategy in order to question the notion of density from the perspective of intensity. His paper studies a shopping area in the vicinity of Brussels' North Station, tracing its spatial and social developments in the 19th and 20th century. According to D'Hooghe, this area provides a very good example of the workings of metropolitan densification in the 19th century, resulting in an intense urban experience that harbored a certain revolutionary potential. Its recent resuscitation, however, although equally dense in terms of buildings and crowds, fails to offer the same promise. The post-metropolitan density that characterizes this area now is a "zombie" version of the original, a look-alike without its intensity and without its revolutionary potential. It is a live simulation of metropolitan density, in which users and inhabitants are but part of the décor.

This volume thus offers a wide-ranging critique of received ideas concerning density and congestion, comprising not only theoretical and speculative accounts, but also more concrete investigations in the form of historical case-studies and criticism of recent urban projects. If it does not succeed in proposing a single, specific, absolutely viable and consistent alternative to current ways of thinking, it does point toward interesting avenues of critical thought that could stimulate future architectural and urban practices. Two conclusions seem inescapable: first, that we may now affirm with some conviction that *different sorts of density* should be modulated into the solids and voids, the filters and the barriers, the networks and the temporalities of contemporary landscapes; and, second, that it is not very likely that statistical counts of bodies and things per unit area will tell us how to do it.

Introduction

Hilde Heynen / David Vanderburgh

L'architecture, l'urbanité et la densité sont fortement liées. Dans ses Dix livres sur l'architecture, *Vitruvius considère l'acte de tailler une clairière dans les forêts épaisses comme la toute première expression architecturale de l'humanité. Dans le cours de l'histoire, la densité, opposée au vide naturel, est devenue une des caractéristiques majeures de l'urbain.*

Appel à contributions, « Inside Density », 1999

Le colloque « Inside Density », initié par NeTHCA [1] en novembre 1999, avait pour intention d'ouvrir un forum où seraient abordées des questions contemporaines liées à la densité, au développement urbain périphérique et aux réseaux. L'intérêt du colloque résidait dans l'exploration des tenants et des aboutissants théoriques du concept de densité, ainsi que dans la critique de l'idée qu'un simple indice de densité puisse servir de caution pour une quelconque démarche urbanistique. Comment, en effet, prétendre qu'un « centre » dense soit plus humain ou préférable à une « périphérie » moins dense? Au-delà de l'obsession actuelle du phénomène du « *sprawl* » (extension diffuse et incontrôlée), le colloque visait à interroger la densité en tant que figure, ainsi qu'à en évaluer son potentiel et ses limites. L'objectif méthodologique était de permettre une confrontation entre réflexions théoriques, cas historiques et pratiques actuelles afin de diminuer les écarts entre ces différentes perspectives. Dans un sens, la question qui soustendait le colloque était très simple : pourquoi « la densité » en soi devrait-elle nous intéresser, et en quoi une meilleure compréhension de ce concept nous aiderait-elle ?

Inutile de dire que le colloque ne peut prétendre avoir réalisé toutes ses ambitions. Par contre, nous sommes heureux d'avoir pu réunir une telle diversité de perspectives culturelles et disciplinaires : à des chercheurs renommés se sont mêlés praticiens, enseignants et étudiants de nombreux pays du monde. Les échanges entre ces différents interlocuteurs ont été riches et constructifs, avec pour résultat une convergence générale vers la nécessité de reconceptualiser la notion de densité. Nous nous proposons ici de réunir les idées les plus convaincantes et les plus significatives relevées lors du colloque [2]. Les contributions de nos deux conférenciers invités, Pascal Amphoux (Suisse) et Mark Wigley (USA), ouvrent et concluent ce volume.

Pascal Amphoux offre, dans l'article repris ici, une critique sensée et sensible de la notion de la densité en tant qu'outil de réglementation urbanistique. Il propose de repenser la densité en termes de *polarité,* de *mixité,* et d'*intensité.* Il considère la *polarité* comme une alternative utile à cette supposition tacite et répandue qu'une certaine « centralité » des villes ferait nécessairement diminuer la densité en périphérie. L'idée de polarité permet au contraire d'imaginer une réalité spatiale plus dynamique, une recherche d'équilibre entre différents pôles. La densité serait alors une notion

| 1 | « Network for Theory, History, and Criticism of Architecture », est un réseau interdisciplinaire et interinstitutionnel, composé d'académiques et de praticiens, dont la plupart exercent en Belgique.

| 2 | De la vingtaine de papiers présentés lors du colloque (hors conférenciers invités), le comité de sélection (dont faisaient partie les rédacteurs du présent volume) en a retenu treize.

relative, tout aussi pertinente en termes de dédensification qu'en termes de densification. La notion suivante, *mixité*, concerne davantage les aspects sociaux de la densité. Si cette notion est fréquemment reprise par les sociologues, c'est plutôt en termes de programme. Amphoux regrette cette réduction au cadre purement fonctionnelle, préférant une approche qui tienne compte des interactions entre l'aspect quantifiable — la diversité objective des fonctions — et l'aspect plus qualitatif. C'est dans les pratiques quotidiennes que se ferait simplement sentir cette perception de densité et de mixité.

L'*intensité*, troisième facette de la densité, a aussi, selon Amphoux, à voir avec la perception. La notion d'intensité permet de poser une alternative à l'« identité ». Ce dernier concept est trop réducteur pour expliquer la complexité de la connexion entre les citadins et leur environnement. Le concept de l'intensité ouvre la voie à des questions aussi diverses que la qualité architecturale des espaces densifiés, l'opportunité d'une attitude minimaliste en urbanisme, l'impact du contexte sur la perception de densité, les pratiques publicitaires des villes et le rôle de l'image. Cette définition de la densité structurée par ces trois notions — polarité, mixité et intensité — permet d'aboutir à des recommandations pour améliorer les stratégies urbanistiques traitant de la densité.

À l'autre extrémité du volume, Mark Wigley aborde la question de manière indirecte. S'intéressant de très près à la notion du « réseau » ou *network*, Wigley confirme le rôle crucial que cette idée a pu jouer au sein du discours architectural dès les années 1960. Ainsi, il rejette l'idée que cette préoccupation soit récente — au contraire, l'importance des réseaux de transports et de communications, et par conséquent la nécessité d'une certaine densité urbaine, est pleinement reconnue par des théoriciens comme Buckminster Fuller ou Constantin Doxiades. À l'aide de nombreux diagrammes et esquisses, ces derniers ont essayé de s'affronter aux effets des nouvelles technologies et des nouveaux médias sur l'architecture et la ville.

Pour Wigley, à mesure que nous nous habituons à ces nouveaux moyens de communication et de diffusion, nous développons une nouvelle appréhension de l'espace. Plutôt que de considérer l'espace à la lumière de la clairière vitruvienne — voir l'épigraphe ci-dessus — nous commençons à le percevoir comme une extension de notre corps, avec des qualités tactiles bien au-delà du visuel. On peut, par exemple, citer nos relations réticulaires au contact de l'ordinateur, où la complicité corps/machine qui se tisse relève clairement de la logique de la prothèse (la souris devient extension de la main). Si l'on considère l'ensemble des évolutions récentes en matière de réseaux de communication et de transportation, il devient indispensable d'intégrer cette nouvelle appréhension à nos interrogations sur l'espace et sa densité. Ainsi, une conception plus juste de l'espace nous pousserait à comprendre la densité « de l'intérieur », en tant qu'ensemble de nos projections sensorielles en interaction plutôt qu'une simple conception visuelle et statique qui se limiterait à dénombrer les particules par unité de surface, depuis un « dehors » dit objectif.

Les autres articles sont organisés en trois sections : 1/ Polarité ou la mécanique de la densité ; 2/ Mixité ou la densité comme tissage ; et 3/ Intensité ou la densité déterminée par le temps.

La première section rassemble quatre contributions apportant, chacune à sa manière, une interrogation de fond : quelles sont les manières habituelles d'utiliser la notion de densité, quelles en sont les risques et les conséquences ?

Paola Yacoub et Michel Lasserre posent d'emblée la question de la légitimité d'utiliser un concept emprunté à la physique pour être retravaillé par des géographes, des urbanistes et des architectes. Ils pensent que c'est dangereux car une telle manipulation sémantique s'est déjà révélée désastreuse. Par cette transposition, une sorte d'esthétisation des lois de la physique se produit, qui permet une stratégie de quantification de corps inertes plutôt que celle d'une réflexion sur des sujets sensibles. Le concept de densité participe ainsi des dispositifs de « bio-pouvoir » (Foucault), qui sous-entendent des excès de rationalité scandaleux et inhumains, tels que ceux que l'on qualifie de purification ethnique pratiquée encore récemment en Europe centrale — malheureusement, de nombreux autres exemples nous viennent à l'esprit et cet article nous incite à opérer ces connections.

Selon Olivier Mathieu et Li Mei Tsien, la complexité spatiale des paysages urbains d'aujourd'hui ne peut plus être saisie dans les cadres de référence anciens qui reposent sur les seuls concepts de repères, de partitions et d'orientation. Afin de développer un nouveau vocabulaire qui permette d'aborder les mutations contemporaines de notre environnement bâti, ils pensent que la lecture de la densité picturale des tableaux de Jackson Pollock peut nous offrir un point de vue intéressant. Ils reprennent comme clef de leur lecture la distinction opérée par Deleuze et Guattari entre *espace lisse* et *espace strié.* Alors que l'*espace strié* est décrit dans un cadre de référence défini par des points et des distances, l'*espace lisse* se caractérise par des vecteurs et des directions. Les catégories dynamiques des vecteurs et directions sont capables de définir un autre type de cadrage qui n'est pas stable et ancré, mais plutôt oscillatoire et directionnel.

Marc Glaudemans fait lui aussi référence aux *espaces lisses* et *striés* mis en évidence par Deleuze et Guattari. Pour lui, la nouvelle métaphore sur le paysage, devenue récemment populaire pour décrire les mutations des territoires urbains, trouve ses racines dans la représentation de l'*espace lisse.* Un paysage comme le désert n'est en rien un espace vide, même s'il ne contient pas une multitude d'objets physiques. Pour un nomade, un Bédouin, le désert est un paysage rempli de traces et de signes subtils et signifiants. C'est cette qualité du paysage — celle d'être vide et rempli à la fois — qui permet de décrire la ville contemporaine, car cette dernière commence à adopter des caractéristiques similaires : la ville contemporaine aussi est apparemment sans mesure, sans centre, diluée sans fin et apparemment la même en tout point.

Si Glaudemans reprend le désert comme référence sur de multiples plans, Kaï Vöckler l'entend à l'opposé, comme point de référence majeur. Pour Vöckler, le volume énigmatique de 12,5 tonnes réalisé par Albert Speer et portant le nom de *Großbelastungskörper* (littéralement « corps à grande charge ») est l'exemple de densité ultime. Il agit comme contrepoint absolu dans un monde qui se caractérise par une consommation galopante d'espace, elle-même rendue possible par une pré-dissolution et évacuation du territoire. La condition spatiale postmoderne, selon lui, est marquée par la carence de structure, le manque de connections, l'hétérogénéité et l'instabilité. Elle vise à la fusion — dissolution — ultime de l'urbain, en référence à laquelle la « ruine en négatif » de Speer agirait comme noyau caché.

Les contributions au chapitre suivant, « Mixité ou la densité comme tissage », tentent d'identifier des composantes alternatives à l'idée purement quantitative de densité. Ils développent des notions qui mettent l'accent sur l'aspect programmatique et perceptible de la densité. Ils défendent l'idée que la mixité des fonctions, la densité de significations symboliques, les interrelations entre la densité physique avec les successions d'activités quotidiennes, ou la reconsidération de ce qui constitue le noyau de l'urbanité devrait enrichir et compléter notre compréhension de la densité.

Tom Avermaete explore un aspect plutôt littéral de la métaphore du « tissage », en retournant le concept de « bâtiment-tressé » *(mat-building)* tel que proposé par Alison Smithson en 1974. Pour Smithson, le concept de *mat-building* repose sur l'idée d'un ordre nouveau et mélangé, basé sur la relation d'interconnexion, les matrices d'association et les possibilités d'accroissement, de diminution et de changement. Ceci se réfère à une compréhension de l'architecture comparée à un tissu mêlé d'activités sociales. Si le concept de tissage des Smithson et du Team X fait partie de leur critique de la surestimation des attitudes purement rationnelles prônées par la vieille génération du CIAM, il peut aussi être compris, selon Avermaete, comme un outil heuristique intéressant pour l'interprétation et l'évaluation de projets d'architecture plus récents, tels que la villa VPRO par MVRDV ou les Thermes de Peter Zumthor.

Dieter De Clercq examine une zone commerciale de Bruxelles où le développement et la transformation de deux types urbains historiques — le boulevard et le passage couvert — produisent, par le phénomène d'interconnexion, un effet de tissage. Il explique que les plus récents développements dans l'économie urbaine de Bruxelles ont transformé ces espaces en formes hybrides de l'autoroute urbaine et du centre commercial du centre ville. Son analyse historique démontre que le résultat des opérations de promotion immobilière, qui tendent à la densification du tissu d'habitations existantes avec une diversité de programmes et de fonctions causent une situation précaire, étant donné les aléas économiques qui pourraient ne pas mener à une intensification de l'expérience urbaine.

Alors que De Clercq concentre son analyse sur un quartier du centre ville, Erik Van Daele et Anne Mie Depuydt, du groupe uapS, étudient un territoire dans la périphérie de Rome. Ils expriment leur fascination pour la distance qui sépare la version officielle de la réalité telle qu'elle est décrite dans des documents de planification, d'une part, et la réalité vécue qu'ils observent dans leurs explorations, d'autre part. Les logements individuels construits illégalement, les magasins, les supermarchés et les petites entreprises ont fait naître un mode d'urbanité qui n'atteint pas un niveau de densité physique élevé (selon les indices quantitatifs). Celui-ci traduit néanmoins un véritable sens de la densité par un tissage de rythmes quotidiens, de modes de mobilité et d'activités qui conduit à une « élasticité programmatique » relayée par une (future) possibilité de complexité dense.

Sarah Whiting présente une étude complète des plans de Mies van der Rohe pour le campus de l'Illinois Institut of Technology à Chicago. Whiting remet en question l'idée communément répandue présentant ce projet comme l'implantation d'une île autonome faisant table rase du caractère du quartier Near South Side de Chicago. Plutôt que de le voir comme un trou noir symbolique, elle justifie les formes du campus comme faisant partie d'un territoire plus grand, plus complexe et pluriel. Il ne se démarque pas de son contexte physique et social, mais entre en relation complexe avec celui-ci. Elle décrit cette relation comme *bas-relief urbanistique*, suggérant que le nouveau campus infléchit le sol par son contexte urbain propre, formant une sorte de champ gravitationnel qui reflète quelques-unes des influences urbaines interdépendantes émanant du contexte existant. IIT fonctionne en effet comme une mini-ville, où la mixité des usages et des échelles figure un espace qui procure une sphère publique animée, variée et empathique. Cette fois encore, la notion de densité n'exprime pas le seul rapport de quantités physiques, mais dépend aussi de complexités programmatiques et sociales.

Les articles d'Avermaete et d'uapS suggèrent déjà l'idée que la densité n'est pas une simple question d'espace, mais qu'elle revêt aussi une connotation temporelle. Ce saut de l'espace au temps est développé de manière plus élaborée dans les contributions du chapitre suivant, « Intensité ou la densité déterminée par le temps ». Leslie Kavanaugh explique, par exemple, que la densité urbaine ne peut être comprise comme la coagulation et l'assemblage d'éléments d'ordre spatial indépendamment des considérations du mouvement et du déplacement. Du fait de l'interdépendance de l'espace et du temps, clairement reconnue aujourd'hui par la philosophie, les notions de densité devraient prendre en considération les phénomènes d'agrégation et d'accélération. Kavanaugh critique d'abord l'approche empirique simpliste consistant en index et nombres comme s'ils pouvaient aider à une véritable compréhension de la réalité. Elle propose qu'une reconceptualisation des fondements philosophiques de la notion de densité soit mise à l'ordre du jour. Cette reconceptualisation pourrait s'inspirer de la re-lecture (à travers le regard de Deleuze) de la *Monadologie* de Leibniz, travail philosophique du XVIIe siècle qui offre une alternative au point de vue plus répandu sinon hégémonique de Descartes. Cette toile de fond théorique permet à Kavanaugh de développer un concept « d'hyperdensité », défini comme la condition d'agrégation maximale conjointe à l'idée d'une connectivité accélérée.

Deleuze est aussi cité comme point de référence intellectuel pour l'auteur qui suit. Comme Kavanaugh, Bernard Kormoss critique la dimension trop pragmatique et technique des discours récents sur la densité, nous venant de ce qu'il appelle la « *OMA reference generation* » (anciens collaborateurs du bureau Office for Metropolitan Architecture de Rem Koolhaas). Il explique que cet accent pragmatique a pris le dessus sur la dimension théorique de la densité, qui auparavant occupait le devant de la scène dans le travail de Peter Eisenman et de Koolhaas. Kormoss explore les possibilités de la densité comprise comme « intensité », sur base du concept deleuzien d'*intensification,* mis à l'épreuve dans le cadre théorique et formel du travail de Peter Eisenman. Bernard Kormoss définit l'intensité comme un processus autosuffisant de l'intensification de la matière et de la forme, entretenu par les confrontations entre théorie et pratique.

Alors que Leslie Kavanaugh et Bernard Kormoss exposent leurs préoccupations sur la densité sur un fond théorique et philosophique, Hubert Lionnez et Robert Zancan interrogent sa pertinence dans son rapport à l'urbanisme. Ils s'accordent à dire que la question de la densité, qui semble dominer le discours sur les villes contemporaines, ne prend pas en considération la complexité inhérente du phénomène urbain. Ils proposent donc l'utilisation du concept de *porosité* (d'après Cacciari) comme alternative à l'opposition entre étalement *(sprawl)* et densité. La porosité, affirment-ils, rend compte de manière explicite des liens complexes entre plein et vide. Ce concept renferme l'idée de densité sans en exclure celui de la diversité, de la complexité et de la mixité. C'est dans ce sens de porosité que vont leurs réflexions sur la nature stratifiée de la ville et de ses modifications : cette qualité est mise en exergue dans les projets urbains tels que ceux de Bernardo Secchi et Paola Viganò, Aldo Rivkin ou Xaveer De Geyter.

Alexander D'Hooghe adopte une autre position vis-à-vis du couple densité/intensité. Son étude s'attache à l'observation d'un quartier commerçant des environs du Quartier Nord de Bruxelles, retraçant ses développements spatiaux et sociaux aux XIXe et XXe siècles. D'après D'Hooghe, ce quartier est un bon exemple du principe de densification métropolitaine du XIXe siècle, se résumant en une expérience urbaine intense, qui détient un certain potentiel révolutionnaire. Sa récente résurrection, même si elle reste tout aussi dense en termes de bâtiments et de foule, n'offre pas la même promesse éclatante. La densité post-métropolitaine qui caractérise ce quartier aujourd'hui est une version « zombie » de l'original, une reproduction à l'identique sans son intensité ni son potentiel révolutionnaire. C'est une pâle simulation de la densité métropolitaine, dans laquelle les utilisateurs et les habitants font simplement partie du décor.

Ainsi ce recueil entend présenter un large éventail de critiques des idées reçues à propos de la densité, comprenant des analyses théoriques et spéculatives, mais aussi des recherches plus concrètes présentées sous forme d'études de cas historiques ou contemporains. Si ce volume ne conclut pas en proposant une alternative unique, spécifique, absolument fiable et cohérente aux courants de pensée actuels, il suggère des pistes critiques intéressantes qui devraient stimuler les pratiques urbaines et architecturales futures. Deux conclusions sont incontournables : premièrement, que nous pouvons affirmer aujourd'hui, avec une certaine conviction, que *plusieurs types de densité existent* et devraient trouver place dans le développement des pleins et des vides, des filtres et des barrières, des réseaux et des temporalités des paysages contemporains ; et deuxièmement, que les dénombrements statistiques de corps et de matières par unité de surface ne nous en dira pas long sur la question.

Polarité, mixité, intensité. Trois dimensions conjointes de la densité urbaine

Pascal Amphoux

L'urbanisme contemporain gagnerait à dépasser toute notion de densité comme index quantifiable au service de la technocratie. La densité devrait plutôt se comprendre en termes de qualité. Trois notions de base sont ici développées à cet effet. Polarité vise à exprimer le dynamisme d'une réalité spatiale à la recherche d'équilibre entre différents pôles. Utiliser cette notion permet de considérer la densité en son aspect relatif, ainsi d'inclure aussi bien la dé-densification que la densification. Mixité vient ensuite ajouter à la fois un mélange (quantifiable) de fonctions et un registre symbolique (qualitatif) où les perceptions et jugements entrent en ligne de compte. Cette notion est liée à la diversité sociologique des habitants, aux rôles des institutions, et à l'ambiance de l'espace public. Intensité signifie un certain degré d'activité, un niveau d'énergie, et la profondeur ou la vivacité d'un certain sentiment. Appliquée à la ville, elle suggère la possibilité d'une connexion accrue au lieu, le renforcement de son identité. Sur base de ces trois nouvelles composantes de la densité, l'auteur propose de nouvelles stratégies pour l'inscrire au sein des pratiques urbanistiques, tout en évitant l'écueil de l'index quantitatif « pure ».

Polarity, Mixity, Intensity. Three Interacting Dimensions of Urban Density

Urban planning today should move beyond the notion of density as a quantifiable and technocratic index. Density should rather be seen in terms of quality. Three basic notions are developed in this respect. Polarity refers to a dynamic spatial reality that is in search of a state of equilibrium between different poles. The use of this category makes it possible to assess density as a relative notion, and to consider processes of densification as well as of de-densification. "Mixity" refers to a (quantifiable) mixture of urban functions, but also to the symbolic (qualitative) level of the perceived urban mixture. It is connected with the sociological heterogeneity of a neighbourhood's inhabitants, with the role of institutions and services, and with the ambiance of its public space. Intensity signifies a degree of activity, a level of energy or the depth or vivacity of a certain feeling. Applied to the city, it refers to the possibility to enhance people's connection to their urban environment or to reinforce the identity of a certain area. Based on these three notions, the author proposes several new strategies to cope with themes of density in urban planning without reverting to the simplistic usage of indexes.

Le sens de la notion

Une notion historique

La notion de densité occupe une place centrale dans l'histoire des pratiques et théories de l'urbanisme. Aux origines de la planification urbaine, elle représente respectivement, pour les hygiénistes, les ingénieurs et les statisticiens du XIXe siècle, un indicateur de santé publique, un argument de politique et d'ordre social ou un instrument de dépopulation. Dès le tournant du XXe siècle, elle fonde les logiques de planification les plus diverses, des logiques d'extension urbaine (comme celle du Plan Cerda de Barcelone) ou de naturalisation (comme les modèles de cités-jardins anglaises) jusqu'aux logiques de normalisation et de rationalisation de l'utilisation du sol propres aux techniques de zonage fonctionalistes. De nos jours, elle apparaît systématiquement dans les Plans d'Occupation des Sols de la plupart des pays occidentaux, en caractérise les zones à plus ou moins bâtir et constitue pour la maîtrise d'ouvrage et l'implantation d'équipements publics l'indicateur de faisabilité économique sans doute le plus déterminant. Peu à peu la notion s'est technicisée et a eu tendance à se réduire à un instrument de mesure et d'évaluation, au service des grandes opérations de l'urbanisme fonctionnaliste ou de la promotion immobilière.

Une notion critiquée

Face à cette évolution instrumentale, la notion de densité a été plus ou moins abandonnée par les milieux de la recherche en sciences humaines, qui n'ont pas manqué d'en souligner le caractère succinct, flou et ambigu. Derrière la simplicité apparente d'une fraction arithmétique et l'usage technique et réducteur qui en est fait, se cache une complexité majeure, qui est liée non seulement à la nature des éléments de surface comptabilisés (logements, équipements, infrastructures, voiries, espaces verts,...) et à l'échelle du territoire de référence (de l'agglomération à la pièce du logement, en passant par la ville, le quartier, l'îlot, l'immeuble, etc.), mais aussi à bon nombre de présupposés implicites qui rendent la notion insuffisante : elle suppose le territoire de référence isotrope et homogène, les éléments comptabilisés immobiles et permanents, les comportements sociaux standards et proportionnels,..., ce qui est évidemment rarement le cas dans une ville.

Une notion réactualisée

Pourtant, la notion fait depuis quelques années l'objet d'un regain d'intérêt et d'enjeux nouveaux, à la faveur notamment du développement de la conscience écologique — qui prête à la densification des vertus telles que l'« utilisation mesurée du sol », la limitation des déplacements automobiles ou la concentration des équipements —, ou de la médiatisation de certains débats contemporains qui tendent à opposer deux effets menaçants : l'« effet tache d'huile » (et dilution de l'espace urbain) et l'« effet hyperconcentration » (et compartimentage de la ville).

Dans ce contexte nouveau, le mot densité apparaît comme une sorte de joker, qui sans doute est capable de générer du consensus dans la mesure où il peut paraître avoir une valeur universelle, mais qui risque aussi de semer le trouble dans la mesure où il masque en fait une diversité presque infinie de significations, d'usages et d'effets. Force est de constater :

– la multiplicité des représentations disciplinaires de la notion,

– la diversité des usages de la notion chez les urbanistes et architectes praticiens,

– la variabilité et l'incertitude des effets de ces usages sur la forme urbaine et sur les pratiques sociales.

Un tel éclatement pose alors deux questions :

– d'un point de vue théorique, comment clarifier le sens et trouver les moyens de générer une culture commune autour de la notion de densité?

– d'un point de vue pragmatique, en quoi, pourquoi et comment la notion de densité est-elle susceptible ou non de préciser et d'orienter la formulation de nouvelles règles d'urbanisme?

Faisant retour sur les résultats d'une étude que nous avons réalisée pour la Ville de Lausanne [1], le texte qui suit s'efforce de répondre à la première question en distinguant rigoureusement trois *modalités de la densification,* la polarité, la mixité et l'intensité. S'inscrivant dans la mouvance actuelle du projet urbain et de la conception négociée, il évoquera en conclusion les réponses que nous avons tenté d'apporter à la seconde question en énonçant autant de *principes de densification* : la finalisation, la contractualisation et l'identification.

Polarité et polarisation

Définition

Il n'existe pas de densité spatiale idéale. Les discussions pratiques ou théoriques sur les surfaces ou les variables à inclure ou à exclure dans les calculs d'indices ou de coefficients en sont la preuve. Tout dépend de l'objectif du calcul (définition statistique d'une aire géographique, détermination économique de la valeur d'une parcelle, induction d'une qualité architecturale,...) et de la puissance de calcul du moment (c'est-à-dire des moyens techniques à disposition pour l'effectuer), mais le calcul d'un coefficient d'occupation d'une surface donnée reste statique (par principe, sa valeur est absolue et dépassée) par rapport à un territoire qui, lui, est en perpétuelle évolution.

Parler de *polarité,* c'est déplacer le champ de préoccupation. Le mot connote la dimension spatiale (c'est une notion géographique) et mesurable (c'est une notion physique) de la densité. Mais à la différence de celle-ci, la notion renvoie à une géographie dynamique et à une physique de la relativité : elle désigne l'état d'équilibre dans lequel se trouve un corps entre deux pôles opposés. La polarité d'un lieu, c'est en quelque sorte son pouvoir d'attraction ou de répulsion par rapport aux lieux qu'il polarise, c'est la façon dont il articule plusieurs échelles (celles par exemple du bâtiment, de l'îlot, du quartier, de la ville,...), c'est encore la façon dont un centre (plus précisément un pôle) se constitue ou se défait...

Pourquoi alors ne pas parler de centralité? Parce que ce mot sous-entend le développement d'un centre au détriment d'une périphérie, laquelle en devient fonctionnellement dépendante dans un système géographique hiérarchisé, tandis que la polarité

|1| P. Amphoux *et al., La Densité urbaine. Du programme au projet urbain,* rapport de recherche n° 142, Lausanne, IREC, EPFL, 1999.

signifie au contraire le développement conjoint des centres et des périphéries, ou plus exactement le développement conjoint de pôles qui ne sont plus ni centraux ni périphériques mais qui s'auto-équilibrent dans un système géographique dynamique et réticulaire. En d'autres termes, la problématique n'est plus celle d'une monocentralité dans un système hiérarchique dont les indices de densité seraient les garants, mais celle d'une multicentralité dans un système réticulaire que d'autres outils doivent permettre d'orienter ou de gérer.

Thèmes

Sous le signe de la polarisation peuvent alors être regroupés plusieurs thèmes récurrents dans les débats contemporains sur la densité.

Les insuffisances des indices d'occupation des sols, tout d'abord, sont relevées par une multitude d'auteurs : effets de seuil liés à une masse critique dans les calculs économiques de la valeur d'un terrain ou d'un bâtiment, inadéquation dans les zones à faible densité, incertitude des effets de l'indice sur la qualité de l'environnement ou l'écomobilité... De façon plus générale, c'est le caractère simpliste et hégémonique de la logique des coefficients qui est mise en cause et qui conduit à renforcer les oppositions classiques entre concentration et dispersion, entre centre et périphérie, entre densité et écologie. Or, ces oppositions sont aujourd'hui largement remises en cause : en témoignent non seulement d'innombrables projets récents décrits par les praticiens qui visent littéralement à polariser l'espace plus qu'à le densifier en fonction d'une valeur *a priori*, mais aussi trois thématiques récurrentes dans les réflexions proposées par les chercheurs :

– celle de la relation entre les politiques de densité dans la ville centre et dans les communes périphériques;

– celle des mouvements conjoints de densification et de dédensification;

– celle des petites opérations de management urbain.

Orientations pragmatiques

Du point de vue réglementaire, une telle orientation polaire conduit alors à repenser la logique normative que sous-entend la mesure quantifiée de l'utilisation du sol.

D'abord reconnaître les domaines de pertinence d'une telle mesure : si les insuffisances de l'indice sont nombreuses, l'échelle de pertinence de sa mise en œuvre recule. Ceci est vrai au niveau de la définition statistique des aires géographiques : si les coefficients de densité ne jouent aujourd'hui presque plus aucun rôle dans la définition de l'urbain, alors qu'ils ont pu constituer le critère majeur à une époque où la séparation ville-campagne était tranchée, ils redeviennent actuellement des instruments de différenciation d'espaces ou de périodes de développement qui entrent directement dans la définition des régions. Mais un mouvement analogue est également vrai au niveau de la réglementation d'urbanisme : si l'inadéquation des COS ou autres IUS est unanimement dénoncée dans les zones à faible densité, il reste un consensus large pour reconnaître leur efficacité pour prévenir les abus dans les zones à forte pression foncière et sur les grandes parcelles. Mais si c'est à cette échelle un bon instrument de prévention, cela ne constitue en rien un outil de planification. D'où la nécessité de réfléchir à d'autres normes, ou du moins à de nouveaux *outils à valeur normative,* qui puissent servir de référence pour induire ou accompagner des processus de polarisation et non plus seulement pour en faire l'analyse ou se prémunir de profits abusifs.

Trois orientations peuvent être données, qui renvoient aux trois thématiques précédentes.

La nécessité d'un *partage fiscal entre les communes centres et les communes périphériques* est une première orientation possible. On connaît les difficultés innombrables qui se posent aux communautés urbaines, associations de communes, chartes intercommunales,... Mais la nécessité de renouveler le statut et l'importance de telles *instances de solidarité* (peréquation intercommunale), de leur donner une philosophie commune, et de mener à bien des actions concertées avec la politique d'urbanisme de la ville centre apparaît ici comme un enjeu majeur. La composition, les modalités de fonctionnement et le travail de coordination assurés par la COURLY, Communauté Urbaine de Lyon peut servir de référence.

L'invention de *modalités conjointes de densification / dédensification* et d'outils de peréquation entre les pleins et les vides, ou d'instrument de « densification interactive » (polarisation) entre espaces bâtis et espaces publics constitue une deuxième piste. Plusieurs suggestions sont apparues au cours des débats : outre une analyse fine des essais problématiques mais néanmoins existants de mise en œuvre d'indices de densité minimale, pourraient être développées des règles normatives tendant à privilégier, voire à imposer :

– la désignation d'*espaces de réserve* dans la composition d'un projet, c'est-à-dire d'espaces, qui, du point de vue de l'habitant, constituent une réserve d'usage et lui offrent certaines marges de manœuvre, réelles ou imaginaires ; ces espaces peuvent être des espaces publics, qui jouent parfois un rôle compensatoire par rapport à la promiscuité des espaces privés [1], mais cela peut aussi être la parcelle privée, dont l'histoire montre qu'elle a toujours constitué une réserve de densification, même si elle est plutôt caractéristique de tissus anciens aujourd'hui souvent en voie de disparition (inclusion de tous les espaces annexes du type bûcher, cuisine d'été, abri, chambre supplémentaire, grenier, etc.) [2] ;

– des *règles de contiguïté* plus que de continuité, c'est-à-dire des règles qui permettent d'inclure, entre deux espaces bâtis, la qualité d'un vide qui polarise une certaine densité de vie, plus qu'elles n'assurent une continuité formelle qui, dans une certaine mesure, symbolise un refus d'une certaine forme de solidarité ordinaire ;

– certaines *typologies particulières* telles que la cour, le patio ou l'îlot qui sont toutes susceptibles de jouer, à des échelles différentes, le rôle d'espace tampon, et qui offrent du même coup un plus grand potentiel d'adaptation aux mouvements de densification / dédensification qui affecte l'histoire de la ville.

La *promotion de petites opérations complexes*, enfin, sous-entend un système normatif qui soit variable selon l'échelle des opérations et qui permette en particulier de stimuler les petites opérations, même en période de conjoncture économique basse.

| 1 | *Cf.* par exemple le débat à Lausanne sur la différence de perception entre le quartier des Minguettes, objectivement peu dense mais vécu dans la promiscuité et la rupture du lien social, et celui de Bron où la perception est beaucoup plus favorable malgré des conditions d'habitat plus difficiles, compensées par la proximité d'espaces extérieurs de réserve (II, 2.2.).

| 2 | Autant d'espaces qui ont été le spectre des hygiénistes et qu'il conviendrait sans doute, dans certaines situations précises, de savoir réhabiliter.

Mais si l'échelle des opérations s'en trouve réduite, les règles du jeu à mettre en place doivent impliquer une complexité des procédures — mais non une complication, ce qui signifie en particulier la possibilité que ces opérations soient réalisables par morceaux, par étapes et par des acteurs différents.

Mixité et mixisation

Définition

Il n'existe pas de densité sociale idéale. Les exposés et écrits des sociologues sont formels : même si à toutes les époques de la pensée socio-anthropologique on se préoccupe de l'influence de la densité humaine sur les comportements sociaux, il n'existe aucune détermination absolue de la densité sur la socialité : les lieux les plus densément peuplés ou animés peuvent être les mieux vécus ou les moins bien supportés et il en est de même de zones d'habitat peu denses. La diversité des représentations sociales et culturelles de la densité en est une preuve supplémentaire. La diversité des figures de discours chez les praticiens une autre. Et même pour l'individu ordinaire, les taux de fréquentation ou d'animation d'un même espace ne seront pas vécus de la même façon en tant qu'habitant ou en tant que citadin : il y a la densité que l'on aime et la densité que l'on n'aime pas. Dans tous les cas, le mot brouille les significations.

Introduire la notion de mixité peut-il aider? Le mot, d'usage aujourd'hui courant dans le jargon technico-scientifique des urbanistes, connote bien la dimension sociale de la densité. Densité et mixité sont souvent associées et considérées en quelque sorte comme les deux mamelles de l'urbanité. Mais comme la densité, la mixité est souvent réduite à l'idée d'un mélange fonctionnel. Un quartier qui comprend de l'habitat et des bureaux sera dit mixte; une rue qui réunit les fonctions résidentielle et commerciale est une zone mixte, etc. Or si un tel mélange fonctionnel, qui d'un point de vue technique peut faire l'objet d'un calcul de proportions (un territoire peut être plus ou moins mixte), peut sans doute faire émerger dans certains cas une réelle mixité sociale, nous préférons réserver ce terme pour désigner l'aptitude d'un ou de plusieurs groupes sociaux vivant dans un lieu particulier à générer des liens sociaux et conviviaux. Autrement dit, de la même façon que la notion de polarité se démarquait de celle de centralité tout en l'incluant, celle de mixité se démarque de celle de mélange fonctionnel tout en l'incluant : elle désigne toute forme d'*interaction entre le niveau technique d'un mélange mesurable* de fonctions urbaines déterminées et *le niveau symbolique d'un mélange observable* (même s'il est non mesurable) d'usages et de pratiques ordinaires. Au premier niveau, la problématique implicite est celle, classique, du fonctionnalisme de l'époque moderne : mise en ordre de l'espace et classification humaine dans des classes sociales ou des catégories fonctionnelles. Au second niveau, la problématique devient explicitement celle de la gestion du désordre qui fait l'urbanité d'un lieu, doublée de celle de la génération d'une « biodiversité » humaine qui assure, sans prétendre le déterminer, un équilibre minimal entre des populations ou des cultures éventuellement très contrastées.

Thèmes

Sous le signe de la mixité peuvent alors être regroupés plusieurs thèmes de réflexion récurrents dans notre matériau.

La question de la mixité est un des *leitmotive* de la critique de la logique des coefficients de densité. Ceux-ci sont incapables, et telle n'est d'ailleurs pas leur fonction, de prendre en compte les enjeux sociaux de l'espace public ou privé de la vie urbaine. En architecture, ils génèrent un mouvement d'abstraction du projet qui tend à être conçu comme un jeu plastique de points de surfaces ou de volumes à mettre en place dans l'espace, mais qui ignorent d'autant plus le jeu des pratiques et des interactions sociales qui s'y dérouleront. Et en économie du bâtiment ou de la ville, ils n'ont de fiabilité que par rapport au comportement supposé rationnel de l'habitant, alors même que les facteurs sociaux sont très souvent largement dominants dans le choix des localisations ou des types d'habitat. De façon plus générale, il faut encore souligner une confusion significative : l'indice est souvent présenté comme le seul garant possible de « l'égalité des droits devant la loi »; or, par l'ellipse des acteurs concernés par ces droits, à savoir les propriétaires, une telle formule, mi-juridique, mi-éthique, occulte et interdit d'entendre une critique plus rare mais fondamentale qui consiste à dénoncer l'incapacité des indices, de ce fait, à garantir une utilisation égalitaire du territoire.

Derrière cette impuissance, se profilent alors trois types de questions et de recommandations qui résultent d'études scientifiques aujourd'hui reconnues mais qui ne trouvent guère les modalités de leur mise en œuvre et le poids que l'on devrait en attendre dans les procédures de décision :

– celles qui touchent la diversité sociologique des quartiers (plus que la concentration des habitants) : il est attesté que la diversité des catégories sociales, la multiplicité des types d'interactions possibles ou l'hétérogénéité des milieux, est fortement déterminante de la qualité vécue de la densité urbaine;

– celles qui touchent le rôle des équipements et services de proximité;

– celles qui touchent de manière plus spécifique la présence, l'accessibilité et le traitement des espaces publics — lesquels sont susceptibles, comme on l'a dit plus haut, de jouer un rôle de réservoir et/ou de compensation par rapport aux conditions de logement.

Orientations pragmatiques

Du point de vue de la réglementation, la difficulté réside dans le fait qu'il ne saurait y avoir de recettes applicables indépendamment de leur contexte : autrement dit, il ne s'agit pas d'inventer des *normes de mixité universelles,* mais d'énoncer des *règles de mixité locales et circonstancielles* : à la différence de la norme, qui par principe joue un rôle référentiel contraignant quel que soit le contexte dans lequel elle s'applique, la règle joue, comme son nom l'indique, un rôle *régulateur* qui par principe ne peut impliquer l'aménagement que par rapport à un contexte particulier[1]. On ne peut produire de la mixité de manière déterministe, on ne peut que réfléchir des règles qui offrent à l'usager un potentiel d'échanges et d'interactions plus grand,

|1| Sur la distinction entre la norme et la règle, *cf.* P. Amphoux, « Chartes urbaines, Entre la règle et la norme », dans B. Secchi, P. Viganò (s.l.d.), *Regole per la Città*, Brescia, Laboratorio Brescia PRG, à paraître.

mais ce potentiel n'est jamais acquis à l'avance et ne peut être désigné ou projeté que par rapport à un contexte spécifique.

Deux pistes génériques peuvent être désignées :

– celles des *règles topologiques, morphogénétiques ou compositionnelles* qui, par le traitement de l'espace architectural ou urbain, accroissent un tel potentiel et garantissent un minimum de mixité, d'appropriation collective et/ou de relation entre la sphère publique et la sphère privée; sans doute serait-il pertinent, au niveau des études à promouvoir, de faire dériver les analyses typologiques vers celle des potentialités d'usage que les différents modèles typologiques offrent ou n'offrent pas; mais certains exemples concrets existent : la démarche de Montreuil en est un : le rôle de la forme urbaine, parcelle ou mur de pêche, y est majeur puisqu'il fonde en quelque sorte l'énonciation des règlements, dont l'objectif politique premier est précisément de maintenir la mixité du lieu; et la recommandation récurrente est celle d'un *minimum de diversité des typologies architecturales* projetées sur un territoire : en l'absence ou dans l'attente d'observations objectivées fines sur le rôle réciproque des configurations spatiales et des comportements sociaux ou interactions corporelles, il est du moins possible de se prémunir contre les effets éventuellement pervers de tel ou tel type en induisant un minimum de diversité de ces typologies;

– celles de *règles chronologiques,* trop souvent oubliées, qui sont susceptibles d'accroître ou de diminuer les fréquentations, les interactions ou tout simplement l'animation des espaces publics. La mixité sociale n'est pas nécessairement continue dans le temps; repenser l'aménagement de la ville en termes de *zones à mixité* variable apparaît comme un enjeu intéressant : il n'y a pas de raison pour considérer la ville comme une partition immuable entre des zones mortes et des zones vivantes : la mixité sociale peut tourner dans la ville à des rythmes différents, réguliers ou aléatoires, à l'échelle de la journée ou de la saison, qui pourraient être l'objet de réglementations incitatives[1]; une distinction première intéressante peut consister par exemple à différencier les espaces qui changent de nature de ceux qui ne changent pas de nature lorsque l'intensité de l'usage change.

En outre, une piste attachée à un type de milieu particulier a été énoncée par Paola Viganò mais est apparue en filigrane dans d'autres exemples et revenue plusieurs fois dans les débats : celle de l'*assouplissement des règlements d'urbanisme concernant l'habitat individuel en fonction de la structure et de l'évolution de la composition des ménages* (chambre supplémentaire, transformation de combles, extensions ou annexes dans les jardins, ou au contraire fragmentation de l'espace, restitution de morceaux de parcelles,...).

Intensité et intensification

Définition

Il n'existe pas de densité sensible idéale. Tous les chercheurs s'accordent pour souligner le grand écart qui se construit entre densité et sentiment de densité. Les deux exemples typiques extrêmes de la cité-jardin ou de la cité de tours et de barres en

|1| *Cf.* les suggestions que nous avons pu faire dans d'autres contextes d'alternance journalière, hebdomadaire ou mensuelle de la circulation entre des voiries différentes, comme instrument de gestion de l'environnement sonore urbain.

témoignent : la première est perçue comme un milieu de faible densité alors que la densité calculable est souvent très élevée ; la seconde est au contraire perçue comme le symbole de la densité extrême, alors que les indices donnent des résultats souvent très faibles.

Par intensité nous proposons donc de nommer cette dimension sensible, troisième dimension de la notion de densité. Pourquoi ? Parce que d'un côté le mot signifie le degré d'activité ou d'énergie d'un phénomène sensible (le son, la lumière, le geste) ; de l'autre il désigne la prégnance ou la vivacité d'un sentiment, d'un regard ou d'une relation. Intensifier la ville, ce sera donc, par des moyens sensibles, intensifier le rapport à la ville, en offrir une meilleure acuité perceptive, renforcer le sentiment d'urbanité ou encore renforcer l'identité du territoire considéré. Mais ici encore, de la même manière que les notions de polarité et de mixité se distinguaient respectivement de celles de centralité et de mélange fonctionnel tout en les incluant, l'intensité s'écarte et inclut l'identité : celle-ci, comme le dit l'étymologie, « revient au même » et sous-entend une circulation du sens qui se referme sur lui-même, celle-là entre en tension (*intensus*, tendu est le participe passé du latin *intendere*, entendre) et suggère donc une circulation et une ouverture du sens. D'un point de vue théorique, la proposition est donc double : d'une part redonner à la dimension sensible de la densité le même poids qu'à sa dimension technique et à sa dimension sociale (ne pas la laisser sombrer dans un statut annexe de dimension par surcroît) ; d'autre part, substituer aux problématiques de la définition de l'identité urbaine celles de la définition d'une intensité urbaine et des principes d'intensification perceptive.

Thèmes

Sous le signe de l'intensité doivent alors être regroupés quatre thèmes qui sont fréquemment énoncés comme des enjeux majeurs d'une transformation active de l'urbanisme de demain.

Le premier d'entre eux, au niveau le plus général, est celui de la *qualité architecturale des espaces densifiés*. Si la perception compte plus que le taux d'occupation du sol, quels sont les moyens d'augmenter ceux-ci sans affecter celle-là ? La question est d'autant plus pertinente que de nombreuses villes se trouvent aujourd'hui dans une conjoncture où l'augmentation des surfaces habitables moyennes par ménage nécessite une offre réelle de surfaces supplémentaires pour simplement maintenir la population dans les centres villes. Dans cet esprit, deux logiques de « densification qualitative » sont souvent évoquées dans les recherches sur la densité comme chez les praticiens :

– celles qui consistent à privilégier le remplissage des dents creuses, la reconquête des friches ou la réhabilitation de logements ;

– celles qui concernent les espaces verts, qui culturellement sont massivement bien perçus ; mais les calculs de densité d'espaces verts dans un quartier ou une ville (*cf.* les indices proposés par ex. par l'IAURIF à Paris) se heurtent aux mêmes insuffisances que les coefficients d'occupation bâtie ; et c'est donc en d'autres termes qu'il faut aborder la question de la qualité végétale de la ville.

Le second enjeu, de manière plus spécifique, touche les questions de méthode. Ces questions sont notamment posées par les disciplines artistiques qui, par principe, visent une intensification de la perception. Parallèlement aux courants minimalistes contemporains, que signifierait une *attitude minimaliste en urbanisme* (en un sens non purement esthétique)? Dans un contexte de restriction budgétaire, une telle question recoupe celles de l'économie du sol, de la maintenance des aménagements ou du traitement différencié des espaces publics (*cf.* les techniques d'entretien différencié des parcs et promenades lausannois).

Troisième enjeu. Il y a convergence des propos sur le poids du contexte (spatial, social et culturel) dans la perception de la densité. Il y a une *adéquation contextuelle* qu'on ne peut impunément transgresser *entre la densité et l'image du lieu* : de façon simpliste, une densité faible en ville paraît incongrue parce que la représentation de référence que l'on a de la ville est inverse (et de même d'une densité forte à la campagne); mais de façon plus subtile, les mêmes questions peuvent se poser aux échelles inférieures du quartier ou de l'îlot, ou aux échelles supérieures de l'agglomération ou de la région. Plus généralement, c'est toute la question du seuil de supportabilité du changement qui est posée et qui tend à plaider pour un minimum de « respect de l'existant ».

Le quatrième enjeu touche de manière plus particulière la question délicate des rapports entre production esthétique et *politiques urbaines d'image*. Beaucoup de villes, depuis une dizaine d'années, sont engagées dans un processus de concurrence internationale, voire de mondialisation de leur image; et leur capacité à promouvoir des aménagements phares s'inscrivant dans une mouvance esthétique internationale devient une condition nécessaire à l'intensification de leur identité.

Orientations pragmatiques

Du point de vue de la réglementation, ces thèmes qui plaident pour un retour en force du sensible dans les processus de densification/dédensification de la ville, font bien sentir leur irréductibilité à une normalisation quelconque, voire même à l'énonciation de règles particulières. De l'édiction de *normes de polarisation* et de l'institutionnalisation de *règles contextuelles* de mixité, il s'agit de passer à la formulation de *principes d'intensification.* À la différence des règles qui sont particulières au sens où elles émanent du contexte local et circonstanciel dans lequel elles vont être jouées, de tels principes ont forcément une valeur universelle, mais comme elles, ils ne peuvent être mis en œuvre que par rapport à un contexte particulier. Ils ne disent pas que faire ou comment faire mais pourquoi faire. Ils ne programment pas le but, mais ils énoncent l'intention du projet : d'où l'importance de leur attacher un poids et une fonction aussi forts que les normes et les règles.

Aux quatres thèmes précédents on peut alors renvoyer les quatre principes d'intensification suivants.

La *mise en tension* (intensification) *des éléments de la composition urbaine.* Un tel principe peut supposer des actions de remise en ordre dans des milieux trop hétérogènes, ou au contraire l'introduction de perturbations dans des milieux perçus comme des milieux trop homogènes. Quant aux éléments mis en tension, ils peuvent être très différents les uns des autres ou au contraire très semblables. Pas de recettes donc, mais des principes qui précisent une intention, par exemple des modalités d'articulation de l'espace végétal et de l'espace bâti [1], ou encore, la possibilité de traiter le

|1| Sur l'énonciation de tels principes pour la Ville de Lausanne, voir P. Amphoux, C. Jaccoud, *Parcs et Promenades pour habiter,* tome 1, rapport de recherche n° 109, Lausanne, IREC, EPFL, 1992.

même espace en accentuant le contraste entre l'aménagement et la friche, c'est-à-dire entre des parties très précieusement aménagées et des parties laissées en l'état.

« Le minimum de moyens pour un maximum d'effets ». Au-delà du jeu des mots, la formule permet de réunir :

– d'une part des principes tels que celui de la *contraction du programme*, qui peut être illustré d'exemples architecturaux modernes ou contemporains, avec deux modalités principales, la concentration des services et le regroupement des espaces de distribution; faire grand sans travailler sur du grand; travailler une monumentalité du minuscule ou au contraire une miniaturisation des aires monumentales;

– d'autre part les principes compositionnels que peuvent constituer les *effets sensibles*; les procédés artistiques de l'intensification passent par une utilisation, à des fins créatives, d'effets sensibles de perception qui ne sont habituellement nommés qu'à des fins analytiques[1] : effets de superposition, de délimitation ou de juxtaposition, effets de répétition, de reprise ou d'orchestration, effets directionnel, effet *vibrato*, *crescendo* ou *decrescendo*, peuvent facilement trouver sens et devenir des outils opératoires de composition urbaine.

La réinterprétation du contexte, ensuite, peut en soi constituer un instrument d'intensification. Les disciplines artistiques, au-delà de la musique, usent joyeusement de ce principe : on réinterprète l'œuvre du précédent, mais aussi on tire du contexte dans lequel on va implanter l'œuvre, la matière, l'argument ou la forme qui va la fonder. Et si cette attitude est revendiquée par de nombreux architectes aujourd'hui, elle commence à migrer dans le champ de l'urbanisme : en repérant les éléments configurationnels qui marquent le développement urbain dans le long terme, par exemple la parcelle, le mur, l'allée d'arbres, on dégage du contexte les éléments formels, parfois invisibles, qui génèrent une certaine unité dans la ville et à partir desquels il est possible de se repositionner. Principe de sédimentation d'un parcellaire ancien. Principe de redéploiement d'une forme topologique. Principe de rupture délibérée.

Le *révélateur de la présence humaine.* Principe générique qui peut passer par plusieurs modalités ou formulations telles que :

– l'internalisation des espaces intermédiaires, le traitement de l'épaisseur ou celui des limites entre l'intérieur et l'extérieur : outre les apports que ce type d'attitude peuvent fournir du point de vue de la mixité sociale, c'est sur cette interface que peut s'intensifier la relation visuelle et sonore entre les habitants; c'est elle qui est susceptible non seulement de générer mais plus simplement de révéler la densité des usages;

– la modulation de l'enveloppe extérieure, ou la superposition de strates qui agissent davantage comme un révélateur de l'histoire du bâtiment et permettent, sans en connaître les étapes précises, de laisser pressentir une mémoire collective, enfouie et peut-être oubliée mais présente.

|1| Tel est l'enjeu du répertoire des effets sonores mis au point par l'Ecole d'architecture de Grenoble (CRESSON – Centre de recherche sur l'espace sonore et l'environnement urbain) pour constituer un outil de description de l'environnement sonore urbain qui ne parte ni de l'*a priori* de la nuisance, ni de celui de l'esthétique. L'utilisation de ce vocabulaire spécifié à des fins créatives de composition ou tout au moins de gestion des ambiances sonores urbaines est l'étape suivante de ce travail. J.-F. Augoyard, H. Torgue (s.l.d.), *À l'écoute de l'environnement,* Marseille, Éditions Parenthèses, 1995.

En résumé, on peut représenter ces différentes définitions et orientations sous la forme d'un tableau qui synthétise la position relative des trois dimensions majeures de la densité que nous proposons de distinguer.

DÉFINITION	THÈMES	ORIENTATIONS et RECOMMANDATIONS
POLARITÉ Dimension spatiale dominante (se distingue et inclut la notion de centralité)	— Relation entre le Centre et l'Agglomération — Mouvements conjoints de densification-dédensification — Management urbain de petites opérations	Normes de polarisation — Partage fiscal entre le centre et l'agglomération — Modalités conjointes de densification-dédensification — Promotion de petites opérations complexes
MIXITÉ Dimension sociale dominante (se distingue et inclut la notion de mélange)	— Diversité sociologique des quartiers — Équipements et services de proximité — Espaces publics	Règles de mixité — Règles topologiques et morphologiques — Règles chronologiques — Règles d'adaptation de l'habitat individuel
INTENSITÉ Dimension sensible dominante (se distingue et inclut la notion d'identité)	— Qualité architecturale des espaces densifiés — Principes méthodologiques et minimalisme — Adéquation entre densité et image du lieu — Politiques urbaines d'image	Principes d'identification — Mettre en tension les éléments de la composition urbaine — Faire effet (avec une économie de moyens) — Réinterpréter le contexte — Révéler la présence humaine

En distinguant clairement ces trois modalités de la densification, on met donc en exergue le caractère relatif et dynamique de la notion de densité : les effets de la polarisation, de la « mixisation » ou de l'intensification ne sont pas de même nature. Sur un territoire donné, ils peuvent se cumuler ou non. La polarité d'un quartier par exemple peut être intense mais sans qu'une mixité forte n'y soit présente. Inversement, un quartier mixte peut fort bien intensifier la perception sensible que l'on en a sans qu'il ne joue de rôle polarisant dans l'espace. Ou encore un pôle urbain peut très bien offrir une mixité maximale mais aucune intensité. L'accent, suivant le contexte, peut être mis sur l'une ou l'autre des dimensions : densifier à un certain niveau peut signifier diluer à un autre niveau.

De la sorte, le modèle permet peut-être de pondérer les types d'actions qui sont menées sur une ville, à une échelle ou à une autre, de contrôler l'équilibre ou le déséquilibre des effets existants ou générés et d'éviter notamment que toutes les opérations programmées par les municipalités ne se fassent dans le même registre. Encore faut-il préciser comment.

Trois principes de densification contrôlée

Les plaidoyers actuels en faveur des démarches de projet urbain et de conception négociée modifient le statut de la notion de densité. L'enjeu est de taille : il s'agit de la faire passer, pourrait-on dire, d'un statut déterminant de coefficient jouant un rôle de *prescription quantitative* à celui, déterminé par la procédure du projet, de *prestation qualitative*. Le modèle précédent permet de spécifier trois ordres de prestation qui sont incommensurables (on ne peut établir une valeur moyenne entre les trois) et qui doivent, de notre point de vue, toujours être examinées en parallèle. Mais comment passer de la logique des contraintes programmatiques à celle des potentialités de développement? De la logique du plan à celle de l'outil de dialogue? De la normalisation coercitive à la réglementation incitative?

Les *« principes de densification contrôlée »* que nous ne pouvons ici qu'évoquer dans un tableau homologue au précédent — finalisation, contractualisation, identification — tentent de répondre à ces questions. Ce sont des moyens d'action potentielle sur les trois modalités de densification précédemment repérées : ils sont conçus comme des façons respectives de négocier la polarisation, la « mixisation » ou l'intensification des espaces urbains. Mais une fois de plus, il n'y pas d'ordre hiérarchique entre eux (une priorité ne peut être donnée à l'un ou l'autre que dans un contexte particulier). Ils sont conçus comme *trois activités conjointes et bouclées* qui, dans les processus de planification urbaine, ne peuvent être et ne devraient être que *constamment réactualisées.* Pour chaque principe, nous précisons :

– une dimension, latente ou oubliée dans les procédures classiques de l'urbanisme fonctionnaliste, qu'il permet de réintroduire en force, respectivement : *le temps, l'usage et l'ambiance*;

– la norme ou la logique normative qu'il permet de dépasser ou de compléter, respectivement : *la zone, l'indice et le type*;

– les nouveaux instruments de négociation existants ou envisageables, sur le plan de la *production documentaire* d'abord, sur celui de l'*innovation réglementaire* ensuite.

PRINCIPE DE DENSIFICATION CONTRÔLÉE	DOCUMENT DE NÉGOCIATION	RÈGLES DE NÉGOCIATION
FINALISATION — État des lieux permanent *(principe d'incomplétude)* — Réintroduction du temps *Potentiel de transformation* *Objectifs stratégiques* *Étapes de réalisation*	Plan de référence évolutif — Observatoire permanent des intentions et droits à bâtir	Assouplissement des systèmes d'affectation (la zone) — Zones à option — Zones mixtes, zones de polarisation et zones d'intensification — Zones de densification progressive
CONTRACTUALISATION — Système de règles stratégiques *(principe de récurrence)* — Réintroduction de l'usage *Compétences locales* *Devoirs et obligations* *Principes identitaires*	Charte d'usage — Définition des acteurs — Énonciation des règles du jeu — Désignation des prestations d'intérêt public	Assouplissement des systèmes de mesure (l'indice) — Bonus d'utilisation — Inventaires de règles particulières
IDENTIFICATION — Répertoire des qualités du lieu *(principe de perception)* — Réintroduction du sensible *Éléments de pérennité* *Évolution des disponibilités* *Transformation typologies*	Atlas des perceptions — Analyse typo-morphologique — Enquête socio-anthropologique — Approche sensible	Assouplissement des système d'observation (le type) — Typologie architecturale — Itinéraires et parcours commentés — Enquête photographique

La polarité, la mixité, l'intensité. La finalisation, la contractualisation, l'identification. Le plan de référence évolutif, la charte d'usage, l'atlas des perceptions. Telles sont donc les trois dimensions, les trois principes de densification contrôlée et les trois instruments de négociation que nous proposons de privilégier pour clarifier des objectifs stratégiques et acheminer vers des réalisations de qualité les intentions souvent confuses qui se cachent derrière les arguments de densité ou de densification.

Sans doute ce mode de représentation tripartite ne peut-il être appliqué mécaniquement comme on applique une norme ou une recette. D'une part il oblige à réinterpréter le sens d'une démarche collective en fonction des contextes particuliers dans lesquels il est mis en œuvre. D'autre part il fournit un modèle de référence pour repenser concrètement le rôle que les plans directeurs de l'urbanisme de demain pourraient acquérir dans la stimulation de processus complexes de densification négociée du territoire — un rôle d'implication des acteurs dans la construction d'un objectif stratégique. Il ne s'agit plus de *faire appliquer des normes urbanistiques,* il s'agit d'*impliquer* des acteurs dans le respect de règles du jeu et la mise en œuvre de principes et d'intentions urbanistiques partagées.

Bibliographie

– Amphoux, P. *(et al.), La Densité urbaine, Du programme au projet urbain,* rapport de recherche n° 142, Lausanne, IREC, EPFL,1999.

– Augoyard, J.-F. et H. Torgue (s.l.d.), *À l'écoute de l'environnement,* Marseille, Parenthèses, 1995.

POLARITY OR THE MECHANICS OF DENSITY
Polarité ou la mécanique de la densité

Concentrations and Evacuations. Albert Speer's *Großbelastungskörper* as the Secret Force of Urban Implosion

Kai Vöckler

The industrial phase of capitalism is followed by an urban one, in which the mass production of things gives way to the "production of space" (Henri Lefèbvre). This article reflects upon the effects of a flexible, post-Fordist method of production, which produces an accelerated process of centralization and decentralization, concentration and evacuation, which lead to the internal condensation of spatial functions, as the examples of Center Parc, shopping malls or amusement parks point out. The space outside these exclaves is de-structured, marked by the networking of global and local infrastructures, where places enter into dynamic spatial relationships, where material and immaterial spaces overlap in specific times and locations. In between are voids left, gaps between the appearance and disappearance of a place in various spatial frames of reference. This decentered world finds its secret centre in Albert Speer's 12,500-ton concrete Großbelastungskörper *(or "large load body"), a compressed, solid, negative ruin, which will continue to sink millimeter by millimeter into the Brandenburg sand long after all urban structures have vanished.*

Concentrations et évacuations : le *Großbelastungskörper* d'Albert Speer comme force secrète de l'implosion urbaine

La phase industrielle du capitalisme est suivie par une phase urbaine, lors de laquelle la production en masse des choses cède la place à la « production de l'espace » (Henri Lefèbvre). Cet article considère les effets d'une méthode de production post-fordiste, flexible, qui produit un processus accéléré de centralisation et décentralisation, de concentration et évacuation, qui mène à une condensation interne de fonctions spatiales, comme le montrent les exemples des « Center Parcs », des centres commerciaux, ou des parcs d'attractions. L'espace en dehors de ces « exclaves » est déstructuré, marqué par la réticulation des infrastructures globales et locales, où des espaces matériels et immatériels se chevauchent à des temps et des lieux spécifiques. Ce qui reste, ce sont des vides ou écarts entre l'apparition et la disparition d'un lieu, selon le cadre spatial de référence. Ce monde décentré trouve son centre secret au sein du Großbelastungskörper *(littéralement, « corps à grande charge »), œuvre de 12 500 tonnes d'Albert Speer, une ruine solide, comprimée et négative, qui continuera à s'enfoncer, millimètre par millimètre, dans le sable de Brandenburg, longtemps après la disparition de toute structure urbaine.*

Concentration

In his 1967 story "The Concentration City", the British writer J. G. Ballard evokes an extreme scenario of urban density: "Take a westbound express to 495th Avenue, cross over to a Redline elevator and go up a thousand levels to Plaza Terminal. Carry on south from there and you'll find it between 568th Avenue and 422nd Street. There's a cave-in down at KEN county! Fifty blocks by twenty by thirty levels." The city is all there is; it determines the behaviour of the story's protagonists: "Franz had seen big developments before, and his own parents had died in the historic QUA County cave-in ten years earlier, when three master pillars had sheared and two hundred levels of the City had abruptly sunk ten thousand feet, squashing half a million people like flies in a concertina, but the enormous gulf of emptiness still made his imagination gape." Density reverts to emptiness in the form of an architectural catastrophe. Franz's actions are defined by the longing for open space; at first, he undertakes forbidden flight experiments, which he is unable to continue due to the high architectural density. He sets out to find the boundaries of the city, a space that would enable him to realize his dream of flying, of gliding in an endless expanse—and as a result, he is examined for his mental health. He doesn't give up, and embarks on a journey of several weeks in a so-called "supersleeper" to reach the boundary of the city. The punch line of the story, however, is that there is no boundary: the beginning and end of the urban structure join together in an endless Möbius strip; the temporal dissolves into the spatial.

The story is pervaded by a subtext that makes the reader suspect that this urban structure itself is only the result of the economic exploitation of space, a sort of exaggerated "land limited supply" such as that familiar from Hongkong. Ballard's description of extreme urban density is based on the model of the capitalistic production of things, in this case buildings and the corresponding urban infrastructure subsumed in its totalising tendencies. It is no coincidence that the title of the story, "The Concentration City", evokes the association of the "concentration camp", the modern invention that most strikingly materializes the spatial matrix of power, the "form of containment for those within the national territory that stand outside the nation. [...] [T] he camp incorporates the boundaries into the national space itself". As Nicos Poulantzas explains in his political theory, the spatial matrix of the industrial society finds its precondition in the "serial, fragmented, discontinuous, parceled, cellular, and irreversible space characteristic of the Taylorist division of assembly line labor in the factory". Segmentation and enclosure are inscribed into this modern space; its boundaries can be shifted along a serial, discontinuous grid that everywhere establishes an Inside and an Outside. As Poulantzas notes, the very setting of boundaries renders them susceptible to shifting: although this space consists "of a series of distances, gaps, and fragmentations, of enclosures and boundaries, it has no end"; it can expand indefinitely in an unceasing process. Ballard's attention is focused on the edges of this development, of this single, large-scale form of containment whose constantly shifting boundaries can only be conceived —both temporally and spatially—in the form of an endless closed loop: Inside Density —the Concentration City.

In his publications, Henri Lefèbvre repeatedly points to the central role of space in the perpetuation of capitalism. The industrial phase of capitalism, he notes, is followed by an urban one, in which the production of things gives way to the production of space. In this way, capital reproduces itself in ever greater measure—a process that increasingly meets with local resistance (not least of all due to its ecological consequences). While the Fordist method of production had aimed at the mass consumption of houses, automobiles, and leisure activities and thus revealed its own spatial dimension, the flexible, post-Fordist method of production reacts to these ecological problems and the increasing resistance with "selective and flexible appropriation. The result is an accelerated process of centralization and decentralization, concentration and the multiplication of concentration, in which external constraints increasingly lead to the internal condensation of spatial functions. [...]" As Roger Keil points out, in order to achieve this production without resistance, a highly technologized variant is selected, one that "feels at home in proto-cyberspace, where real production symbolically merges with the mediatized production of the real". What is decisive is the appearance of acting within a clean, pure, isolated sphere. At the same time, the attempt is made to merge with the invisibility of the landscape, in order to abolish the traditional distinction between natural and built environment, real space and image.

An example of condensed spatiality as a leisure activity is the Center Parc. For those unfamiliar with this phenomenon, a Center Parc is small vacation city with apartments, playgrounds, shopping mall, bar, restaurant, discotheque, and sports center, all grouped around the center of the complex, a climate-controlled, glass-enclosed dome with a swimming pool and tropical vegetation. The Center Parc materializes the medially-defined conception of a "tropical landscape". The obvious artificiality of this fictive landscape is opposed to the idea of originality and authenticity; no one is fooled by it. Moreover, the program revolves not around rest and contemplation, but around fun and recreation. The synthetic landscape sets the mood, creates an atmosphere that envelops its occupants and prepares them for the experience. The special quality of a landscape, bound to a particular place, becomes a reproducible atmosphere; the unique experience becomes a staged one. This atmospheric space can be created anywhere there is a demand for it.

The fictive realism of the Center Parc has a paradoxical effect. The imitation landscape derives its abstract identity from its relation to an international world of images and signs, but also from its homogeneity. Unlike the mundane space of the visitor's everyday world, it is marked by density and enclosure. Center Parc presents itself as a whole, isolated from its surroundings and exerting a stabilizing effect. These atmospheric spaces do not acquire their significance as places in geographical space, but as resting stations in the current of time. They provide relief from the demands of modern life and serve as compensation, producing a feeling of subjective security.

Delimited, condensed spaces are found everywhere, in the inner cities and the country, whether as art museums, shopping centers, or amusement parks. The space outside these exclaves, on the other hand, is destructured, marked by the networking of global and local infrastructures, where places enter into dynamic spatial relationships, where material and immaterial spaces overlap in specific times and locations. The space of the postmodern age has lost its boundaries in the constant flow of goods, information, and persons; it has become indefinite. The excess of overlapping and separating spaces with their visual and imaginary connotations no longer permits any fixation or unequivocal localization. Events and conditions can exist apart from determinate places; place and space disintegrate. Often, all it takes is the flip of a switch to enter another spatial context. Here, space appears arbitrary and at the same time unique, characterized by lack of connection, heterogeneity, and instability. Links are apparently possible in all directions. Density and void appear simultaneously, in changing proportions and relations.

Evacuation

The prerequisite for the consumption of spaces is their dissolution and evacuation. Under controlled conditions, varying relationships between affect and space can then be constituted. This specific connection is decisive for the contemporary production of space and its consumption. Fredric Jameson describes this phenomenon with the example of the Bonaventure Hotel by John Portman. He notes that the building is marked by a "peculiar and placeless dissociation... from its neighborhood". At the same time, the interior of the space is emptied: it can not longer be grasped in terms of spatial volume, its dimensions can no longer be estimated. As Jameson describes it, this spatial experience goes hand in hand with "the feeling that emptiness is here absolutely packed, that it is an element within which you yourself are immersed". Sound, color, light, signs, and images exponentially intensify this atmospheric space, causing it to seem endless: "You are in this hyperspace up to your eyes and your body." In this carefully orchestrated, tempered form of urbanity, zones of varying intensity are constituted, spheres of attraction and repulsion that produce the pleasant feeling of hallucinatory arousal: a calculated removal of boundaries.

Other forms of evacuation, however, are found in intermediate spaces. With progressive fragmentation and particularization, postmodern space disintegrates into a series of pieces, a field of parts, each of which contains its own void. Here are the "groundless points of silence" between irregularity, change, advancing, not keeping up, the collision between things and affairs that for Robert Musil already characterized urbanity. Today, the points he described can be conceived as voids, as gaps between the appearance and disappearance of a place in various spatial frames of reference. This spatial and temporal "between" becomes the fixed point of a dynamized space. What is revealed here is a new experience of reality, whose prototype was described by the American writer Don DeLillo: "With us all the way had been Sullivan's three-antenna marine-band hi-fi portable radio, a never ending squall of disc jockey baby-talk, commercials for death, upstate bluegrass Jesus, and as we drove through the cloverleaf bedlams and past the morbid grey towns I perceived that all was in harmony, the stunned land feeding the convulsive radio, every acre of the night bursting with a kinetic unity, the logic beyond delirium." If we observe this perception carefully, then the experience of the incomprehensible, whose only constant quantity seems to be chaos, leads to a changed relationship to the environment. The decentered world no longer seems accessible; as an environment, its disquieting strangeness does not permit it to be viewed in relation to the human being alone.

Großbelastungskörper, Albert Speer, Berlin (1941). Photo: Kai Vöckler.

In this destructured space, the parts are connected in no other way than the fact that they happen to be present at the same time. We encounter the things as a series of disparate objects; while in the artificial, atmospheric spaces their individuality and materiality evaporates, here they win back their singularity and elude control. Here a design can begin that conceives of the things it creates as prototypes, torn from the incidental, playing out their autonomy without acquiring meaning. This is the starting point for a countermovement to acceleration, flexibilization, delocalization. To speak with Francis Ponge, then, the whole secret of the viewer's happiness lies "in his refusal to view the intrusion of things into his personality *as an evil*".

Singular Density

Dissolution and evacuation find their counterbalance in inaccessibility and density. Without knowing it, Nazi chief architect Albert Speer designed the ultimate symbol of refusal, a counterpoise to the forthcoming dissolution. Maximum physical density characterizes the 12,500-ton *Großbelastungskörper* or "large load body", the only surviving remnant of Albert Speer's plans for the future capital of the National Socialist empire. In Hitler's scheme, Berlin was to be "redesigned" as the future world capital and, after the completion of building, renamed "Germania" on the occasion of a world exposition in 1950. In order to attain this goal, the "General Building Inspector for the Capital City of Berlin (GBI)" was established in 1937, a state planning agency headed by Albert Speer. This agency, responsible for all major building plans, realized a few projects, the best known of which are the Tempelhof airport (architect E. Sagebiel) and the Reichssportfeld (architect W. March). Its actual goal, however, was the creation of monumental architecture for the future capital of the Germanic empire, whose proposed dimensions cause the realized buildings to appear comparatively insignificant. The inflationary dimensions of the project, often mentioned in the literature, will not be enumerated here; suffice it to recall that the projected monumental state and party architecture was to culminate in a "triumphal arch" with a height of 117 meters and a width of 170 meters, as well as a "Great Hall" with a diameter of 250 meters and a height of 220 meters.

The preliminary work on the redesign of Berlin began in 1938 with the demolition of buildings and the investigation of the construction site. In the area of the future triumphal arch, a *Großbelastungskörper*, a pressure hull of concrete with a diameter of over 10 meters, was erected to test the bearing capacity of the ground. As Speer states in his memoirs, this is "the only... surviving witness" of the monumental plans. In its soul-destroying massiveness, the concrete ruin literally expresses the value of Speer's building project. Since its mechanical removal would be too time-consuming and expensive, and it is not possible to dynamite it, this witness of the "greatness" of the thousand-year Reich will long remain as a point of pressure in the collective memory: a slowly crumbling concrete mass, weighing upon the Brandenburg sand.

It will continue to sink millimeter for millimeter long after the use and presence of the new, yet anachronistic, post-unification structures at Berlin's new epicenter have vanished. The ultimate symbol of maximum density, lacking any useful or interstitial space, mundane and uninhabitable, it is a compressed, and solid, negative ruin. In its awesome massiveness and singular density it is the secret centre of the forthcoming urban meltdown.

Bibliography

- Ballard, J.G., "The Concentration City", in *The Best Short Stories of J.G. Ballard,* New York, Henry Holt, 1995, p.1-20.
- DeLillo, Don, *Americana*, Reinbek, Rowohlt, 1995.
- Jameson, Fredric, "Postmoderne–zur Logik der Kultur im Spätkapitalismus", in A. Huyssen and K.R. Scherpe (eds.), *Postmoderne,* Reinbek, Rowohlt,1986.
- Keil, Roger, "Handlungsräume/Raumhandeln", in M. Wentz (eds.), *Stadt-Räume,* Frankfurt am Main, Campus, 1991.
- Lefèbvre, Henri, *La Révolution urbaine,* Paris, Gallimard,1970.
- Musil, Robert, *Der Mann ohne Eigenschaften,* Reinbek, Rowohlt, 1970.
- Ponge, Francis, *Einführung in den Kieselstein,* Frankfurt am Main, Fischer, 1986.
- Poulantzas, Nicos, *L'État, le pouvoir, le socialisme,* Paris, PUF,1981.
- Prigge, Walter, "Die Revolution der Städte Lesen", in M. Wentz (eds.), *Stadt-Räume,* Frankfurt am Main, Campus,1991.
- Speer, Albert, *Erinnerungen,* Berlin, Propyläen,1969.

Pour une critique de l'esthétisation en physique

Paola Yacoub / Michel Lasserre

Le transfert du concept de densité de la physique à la géographie, à l'urbanisme puis à l'architecture se révèle être une vaste manipulation sémantique. Cette opération s'apparente aux dispositifs du bio-pouvoir. Nous examinerons un terme préalable à celui de densité, celui de population. En démographie, il permet déjà de réquisitionner les unités qu'il concerne et de les cataloguer. En physique sa définition est postulée. En urbanisme, il est importé comme ready-made *sans le moindre travail critique. Il permet aux architectes de passer du traitement des corps individuels à celui d'une masse vivante. Nous avons à faire en fait à une esthétisation de la physique. Les procédures et les calculs dans leur virtuosité se substituent au terrain. Cette esthétisation a aussi une fonction normative : la caution scientifique crée les conditions d'acceptabilité de la manipulation. Pour notre part, nous ne nous situons pas « sur » la densité mais « dans », parmi les populations, ce qui appelle une toute autre physique, une physique des affects.*

Toward a Critique of the Aestheticization of Physics

The transfer of the concept of density from physics to geography and urbanism, and then to architecture, is revealed as a broad semantic manipulation. This operation has everything to do with the dispositions of biopower. The authors examine a notion that precedes the one of density, namely that of population. In demography, this notion already opens the way to requisition of the entities it concerns, and to catalogue them. The definition of density is established in physics. In urbanism, it is imported as a ready-made that is not questioned or criticized. It allows architects to avoid dealing with individual bodies, to deal only with a living mass. What we witness is thus an aestheticization of physics. The virtuosity in procedures and calculations replaces an engagement with the site. This aestheticization also has a normative function: because of its scientific air, it creates the conditions in which manipulation seems acceptable. Therefore, it is recommended that we should not position ourselves "on" density, but "in" density, in the midst of populations. Such an approach calls for another physics, a physics of affects.

Nous voudrions engager, à travers l'usage du concept de densité, une critique de certains usages des termes physiques en architecture. Le transfert du concept de densité de la physique à la géographie, à l'urbanisme puis à l'architecture n'a jamais été mis en question en tant que manipulation sémantique. Or, grâce entre autre aux études de Jean-Pierre Faye sur les langages totalitaires (Faye 1972), on connaît le danger de ces glissements silencieux d'un champs à l'autre. Comme dispositifs narratifs, ils ont une incidence culturelle et politique certaine. Ainsi, nous estimons que ces transferts des concepts de la physique à l'architecture sont des instruments de pouvoir, plus précisément qu'ils entrent dans les dispositifs de bio-pouvoir (Foucault 1997). D'autre part, il apparaît aujourd'hui clairement que ces opérations s'effectuent par le biais d'une esthétisation de la physique.

La densité, notion apparue en physique au XVIIIe siècle, est arrivée en urbanisme, dans sa signification physique, c'est-à-dire mathématisée, avec l'hygiénisme. Pour préciser ces dispositifs, nous partirons de la densité telle qu'elle apparaît en urbanisme. Elle soulève d'emblée une question : qu'est-ce qui est dense? On répondra : « les populations ». Issu de la géographie, ce terme a été repris par la physique, en particulier la thermodynamique et la physique statistique, pour ensuite être récupéré par l'urbanisme. Dans ce parcours, il a complètement changé de sens.

En démographie, le terme « population » réquisitionne les unités qu'il concerne. « Définir une population représente un coup de force : on impose à un ensemble d'individus une catégorie qui va désormais les cataloguer et éventuellement contraindre leur action... Les conditions et la légitimité scientifique d'une telle invention ont des conséquences formidables, car une recherche dépend étroitement de l'ensemble sur lequel elle a porté. En croyant décrire et expliquer un phénomène, on ne fait souvent que décrire les limites du groupe sur lequel on l'a observé, c'est-à-dire les suites du coup de force initial » (Le Bras 2000, 7). L'opération doit composer avec l'épaisseur existentielle des éléments. C'est une réduction annoncée. Mais en physique, ces éléments sont des particules dont la définition est postulée, dans sa pureté formelle, sans autre forme de procès. Ils sont définis mathématiquement dans un système précis, par des paramètres en nombre limité, leurs masses, leurs vitesses... Ou encore, ces éléments vont se décrire par ce qu'on ne sait pas d'eux, on parlera de particules indiscernables, non localisables. En physique statistique, ils ne sont définis que par leurs répartitions. C'est ainsi que la définition de l'entropie « ...dépend de ce que l'on sait sur le système... » (Landsberg 1985, 73).

En urbanisme, nous en sommes aux *ready-mades*. Dans des concepts de type densité, les éléments de base sont importés tout faits de la physique, sous un aspect formel préétabli. On parlera de nuage de points sans savoir autre chose qu'il s'agit d'un nuage. À quoi ressemble donc un membre des populations que l'on aborde par leurs densités? D'où vient-il? Les pratiques architecturales ne rendent pas compte des limites du corpus, de l'énigme qu'elles laissent derrières elles, contrairement à la physique qui le définit par ces limites [1]. Cette occultation n'est pas due au hasard. Il nous semble qu'elle ne peut se réduire à la simple importation d'un système

|1| Ces remarques ne portent en rien sur l'usage de ces termes comme diagramme où ils fonctionnent rigoureusement sur un mode esthétique. Dans ce cas, le protocole esthétique est affiché en tant que tel.

physique formalisé, mais qu'elle procède directement des dispositifs de pouvoir. Quand on aborde les éléments par leur densité, il y a une déperdition, ne serait-ce que parce que tous les éléments doivent être sur des points précis similaires. C'est en fait un nouvel instinct grégaire qui se met en place.

Or, cette déperdition n'est pas forcément innocente. On peut en montrer déjà les effets dans les classiques du XIXe siècle. Quand Engels décrit les effets de la densité de la population dans les descriptions des conditions de vie du prolétariat à Londres (Engels 1994), sa narration a un effet inavoué. Sous prétexte de prise en compte massive des populations, la parole est accaparée par celui qui est en mesure d'évaluer les masses en jeu, en particulier leurs densités. Les habitants comme particules d'une population se retrouvant alors littéralement muets. La perte, c'est la parole des habitants. On connaît la suite de l'histoire. On peut alors laisser croire, pour reprendre une expression de Félix Guatarri, que « [...] le calcul qui porte sur ce corpus ne saurait lui-même être tenu pour constitutif du corpus lui-même » (Guattari 1979, 99).

C'est cette notion physique de densité qui devient constitutive de l'urbain, et non l'inverse. Ce renversement tend à constituer les villes par des systèmes qui entrent en plein dans des stratégies de bio-pouvoir. Michel Foucault définissait ainsi la mise en ordre de tous les domaines de la vie, en particulier par un contrôle et une manipulation des populations. « Et puis la nouvelle technologie qui se met en place s'adresse à la multiplicité des hommes, mais non pas tant qu'ils se résument en des corps, mais en tant qu'elle forme, au contraire, une masse globale, affectée de processus d'ensemble qui sont propres à la vie, et qui sont des processus comme la naissance, la mort, la production, la maladie, etc. » (Foucault 1997, 216).

L'emprunt du concept physique de population à la physique a permis aux architectes de passer du traitement des corps individuels à celui d'une masse vivante [1]. On peut rappeler ici l'usage qui a été fait des notions de densité et de population dans la guerre du Kossovo. La politique des dirigeants serbes avait pour objet de changer la densité des ethnies présentes sur le sol. Cette opération relevait en plein du bio-pouvoir, elle fut ailleurs identifiée comme telle. Un des enjeux se trouve même dans l'information sur les densités ethniques. Combien de Serbes habitent encore le Kossovo ou telle ville? Or, ici, le calcul s'est forcément laissé déstabiliser par le « corpus ». Le craquèlement du territoire en zones communautaires, la pétrification des lignes de démarcation qui ne sont que la forme prise par des souffrances, des deuils et des haines jamais considérés, ont totalement pris à contre-pied la politique de cohabitation qui était programmée alors que ces comportements étaient facilement prévisibles. Sur la base commune de la notion de population, on retrouve dans cette guerre les mêmes silences sur l'épaisseur des corps, devenus « collatéraux », les mêmes relations aux grands nombres, les mêmes volontés de maîtrise des manipulations des masses que dans certaines pratiques architecturales et urbanistiques.

|1| Depuis la date de cette conférence, *Dans la densité*, colloque organisé par NeTHCA, Bruxelles, 26-27 novembre 1999, le bio-pouvoir a trouvé enfin son esthétique dans l'œuvre de Matthew Barney. Un peu comme le nazisme avait trouvé sa concrétion esthétique dans les sculptures d'Arno Breker ou les photos de Leni Riefenstahl. Matthew Barney fait d'ailleurs référence explicite à cette dernière (texte mural à l'entrée de l'exposition « The Cremaster Cycle », Musée d'Art Moderne de la Ville de Paris, du 10 octobre 2002-5 janvier 2003). On trouve par ailleurs dans le catalogue de cette exposition une référence très claire sur la conception de l'architecture comme masse vivante, en référence à... Rem Koolhas.

En quoi les principes architecturaux qui engagent des termes physiques, en particulier celui de densité sans en définir rigoureusement les conditions d'exploitation, favorisent-elles l'acceptation de telles pratiques? C'est à une esthétisation de la physique que ces positions conduisent. Cette focalisation sur les effets des systèmes, voire sur leur fascination, se traduit par exemple par l'inflation des occurrences du terme « générer » dans le discours architectural ou encore dans les couples opératoires tels que « ordres émergents »/« différentiations textuelles ».

Cette esthétisation permet en effet l'affichage des procédures et des calculs dans leur virtuosité et leur autonomie, pour les substituer ensuite au corpus initial, à son énigme insistante. Ainsi dans l'expression : *Urban can for example rather be understood as programmatic density and is hardly geographically definable* (Lehtovuori 1996, 172). La densité trouve même son autonomie par rapport à la géographie, qu'en principe elle qualifie. Elle se retrouve dans la maîtrise du calcul et la fascination de l'effet. Les « nouvelles qualités » ne comblent en rien la perte de qualité des éléments mais la masquent. Cette esthétisation fait le deuil de l'épaisseur du corpus, qui jamais ne se confond avec le système de l'urbain en l'occurrence, de son énigme. En fait, cette exhibition du système et de ses effets s'appuie sur l'image, sur son économie, sur le système relationnel qu'elle déploie.

« Une manifestation sans énigme ne peut receler d'autre invisibilité que celles des procédures qui l'ont produite. Elle n'est qu'un tour de magie dont le magicien fait métier. Le plaisir du spectacle se partage alors entre la croyance du spectateur et la toute-puissance du montreur. Il s'agit donc bien du rapport qui articule la croyance au pouvoir. On en a vu l'élaboration séculaire. Le dispositif est ecclésiastique, même si, désormais, l'église n'en a plus le monopole. Elle en a fourni le modèle. » (Mondzain 1996, 267)

Dernier point, cette esthétisation a aussi une fonction normative. La caution scientifique, mathématique, fait office de condition d'acceptabilité. Par exemple la liaison entre les termes « plasma »/« pratiques sociales ». Le terme plasma porte, non seulement l'autorité d'une science, mais aussi, les effets narratifs efficaces, évocation des intensités extrêmes et du désordre. Mais dans ces oscillations, on glisse ainsi subrepticement, mais avec quelle efficacité, vers le normatif. Cette esthétisation de la physique ne manque pas de rappeler celle de la guerre par les futuristes dénoncée en son temps comme inhérence à l'idéologie fasciste par Walter Benjamin. Pour notre part, c'est une autre « physique »[1] que nous souhaitons toucher en architecture, une physique des affects. Elle implique de quitter cette position de pouvoir, mais d'en prendre une « dans » le champ des pratiques sociales et non plus « sur », de se situer, de rejeter les populations pour s'ouvrir aux multiplicités, aux individualisations pré-personnelles. Pour reprendre une autre expression de Félix Guattari, on pourrait dire qu'il s'agit d'un discours et de pratiques situés : « ..."à même" les états de choses, les états de faits et les états subjectifs » (Guattari 1979, 12).

D'où le beau titre de ce colloque « dans » la densité. Il est paradoxal. Depuis, cette position, depuis la densité, on ne peut se compter que de l'intérieur. Il est alors radicalement impossible de déterminer la moindre stratégie comportant le concept de densité, qui suppose une extériorité objective.

|1| Au sens peut-être où Kasimir S. Malévitch parlait d'un toucher physique nouveau (Malévitch 1981, 91).

C'est alors vers la « physique » des états urbains, considérés comme corpus, qu'il faudra se tourner, non sans relever leurs dimensions corporelles sans toucher à la part somatique de la ville.

On terminera par la parole d'un poète, en l'occurrence celle d'Yves Bonnefoy : « La réalité n'est pas une somme d'objets, à décrire avec plus ou moins de finesse, mais une communauté de présences » (Bonnefoy 1996).

Bibliographie

- Bonnefoy, Yves, « La lucidité des chimères », *Le Monde*, 16 février 1996, cité par Arlette Farge.
- Catalogue *The Cremaster Cycle*, New York, The Salomon R. Guggenheim Foundation, 2002.
- Engels, Friedrich, *Esquisse d'une critique de l'économie moderne*, Paris, Quai Voltaire, 1994.
- Faye, Jean Pierre, *Théorie du récit. Introduction aux « langages totalitaires »*, « savoir », Paris, Hermann, 1972.
- Foucault, Michel, *Il faut défendre la société*, cours donnés au Collège de France (1975-1976), Paris, Gallimard/Seuil, 1997.
- Guattari, Félix, *L'Inconscient machinique. Essais de schizo-analyse*, Paris, Recherches, 1979.
- Landsberg, Peter Theodore, « Usages et limites du concept d'entropie », *Communications*, n°41, *L'Espace perdu et le temps retrouvé*, Evreux, Seuil, 1985.
- Le Bras, Hervé, *L'Invention des populations, Biologie, idéologie et politique*, Paris, Odile Jacob, 2000.
- Lehtovuori, Panu, *Abstractions and Urban Complexity. Managing Urban Change*, Helsinki UIAH, University of Art and Design, 1996.
- Malévitch, Kasimir S., *La Lumière et la Couleur*, Lausanne, L'Âge d'Homme, 1981.
- Mondzain, Marie-José, *Image, Icône, Économie, Les sources byzantines de l'imaginaire contemporain*, Paris, Seuil, 1996.

La densité picturale chez Jackson Pollock

Olivier Mathieu / Li Mei Tsien

À l'aulne de la complexité spatiale du tissu urbain contemporain, repères, distances et directions semblent s'annihiler dans la confusion croissante d'un système référentiel de moins en moins pertinent. Dans ce contexte, le thème de la densité pourrait constituer une mesure intéressante de la mutation à l'œuvre au sein de notre environnement spatial et proposer un concept susceptible de renouveler nos catégories conceptuelles, perceptives et opératoires. Afin de mieux en saisir les modes de constitution, il nous a paru intéressant de tenter une analyse de cette notion de densité, non pas en abordant directement l'espace architectural urbain tridimensionnel mais par un détour hors de la discipline au travers de l'exemple concret de la densité picturale des toiles de Jackson Pollock ; l'objectif étant de comprendre pourquoi il est possible de parler de densité picturale à propos de la peinture de Pollock et de quelle manière cette densité peut affecter les notions de partition et de repérage dans l'espace.

Pictorial Density in the Work of Jackson Pollock

With respect to an assessment of the spatial complexity of today's urban fabric, reference points, distances and orientations seem to be in the process of annihilation, because of the increasing confusion of a referential system becoming less and less pertinent. In that context, the theme of density could constitute an interesting stepping stone to grasp the mutation that is happening to our spatial environment, and to develop a concept capable of renewing our conceptual, perceptual and operative categories. In order to improve our understanding of the modalities of this mutation, it seems interesting to attempt to analyse the notion of density, not by directly addressing three-dimensional built space, but rather by making a detour outside of the disciplines of architecture and urbanism. I propose to take a look at the concrete example of pictorial density in the paintings of Jackson Pollock. Our aim is to understand how precisely it is possible to talk about "pictorial density" with respect to Pollock's painting, and in which way this density could affect the notions of partition and structuring in space.

À l'aulne de la complexité spatiale du tissu urbain contemporain, repères, distances et directions semblent s'annihiler dans la confusion croissante d'un système référentiel de moins en moins pertinent. Dans ce contexte, le thème de la densité pourrait constituer une mesure intéressante de la mutation à l'œuvre au sein de notre environnement spatial et proposer un concept susceptible de renouveler nos catégories conceptuelles, perceptives et opératoires. Afin de mieux en saisir les modes de constitution, il nous a paru intéressant de tenter une analyse de cette notion de densité, non pas en abordant directement l'espace architectural urbain tridimensionnel mais par un détour hors de la discipline au travers de l'exemple concret de la densité picturale des toiles de Jackson Pollock; l'objectif étant de comprendre pourquoi il est possible de parler de densité picturale à propos de la peinture de Pollock et de quelle manière cette densité peut affecter les notions de partition et de repérage dans l'espace (par partition, nous entendons : division des parties et rapport entre les parties; par repère : marque pour indiquer, reconnaître une position).

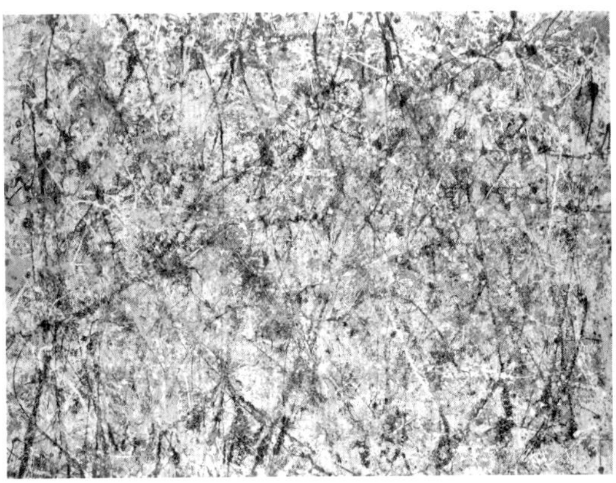

Lavender Mist, Jackson Pollock, 1950.

Lavender Mist (détail), Jackson Pollock, 1950.

Densité

Prenons *Lavender Mist* : une des grandes toiles de Jackson Pollock, peinte en 1950. La surface de cette toile, à l'instar des autres tableaux de cette époque, est maculée d'une abondante quantité d'éléments picturaux : lignes, taches de couleurs, mégots de cigarettes, accidents divers, textures, reliefs... La toile est entièrement recouverte de ces traces variées, souvent recouverte à plusieurs reprises, sans un espace libre. La saturation d'inscriptions partitionne la toile en une multitude d'éléments de dimensions minimales. Simultanément, par l'entrelacement de ces éléments, la toile reconstitue une partie cohérente; en fait, son unité est précisément constituée par son importante multiplicité. Pollock crée un réseau touffu et désordonné d'entités disparates qui s'entremêlent et de ce fait, reconstituent dans leur ensemble un canevas unitaire et indémaillable. Ce, malgré ou par son extrême partition.

Classiquement, la densité tend à s'entendre comme le fruit d'une cohérence extrême. Ici, au contraire, les éléments qui recouvrent la toile de Pollock sont disparates. Mais leur disparité ne contrarie pas l'intuition de densité, au contraire, elle semble la susciter. Une observation détaillée du phénomène permet de constater qu'au-delà de l'apparente incohérence des éléments picturaux, la notion de densité liée aux toiles de Jackson Pollock se crée par un processus dont on peut relever la logique : au travers de chaque inscription portée sur le tableau, Pollock procède à une partition systématique et répétée de sa toile. La multiplication des parties et de leurs arrangements crée un ensemble entrelacé de façon unitaire et extrêmement confus tout à la fois. Elle brouille tout repérage visuel et mental dans la toile, générant de la sorte une impression de densité.

On relève ainsi deux paramètres à la base du mode de constitution de la densité particulière aux toiles de Pollock : le *partitionnement* (multiple) et le *repérage* (non-conventionnel)

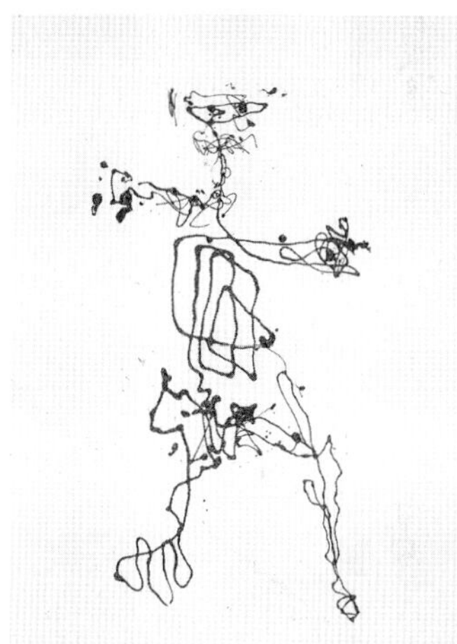

|**Figure**, Jackson Pollock,1948.

Partition

Dans les toiles de Pollock, les éléments générateurs de partition sont les traces et les lignes sous toutes leurs formes. On observe dans un tableau comme *Figure* (1948), plus simple que les grandes toiles représentatives du travail de l'artiste, que la ligne constitue d'abord par elle-même une partie de la toile : la partie de la toile qui est devenue noire qui évoque une image et qui tranche avec un fond. Elle y définit de surcroît des portions ou des parties de surface ou d'espace de la toile. La ligne en effet, trace un contour, définit un intérieur et un extérieur, ou du moins un concave et un convexe, des proximités, des courbures, des inflexions, des discontinuités... des notions de commencement et de fin. Par ces lignes, des parties de la toile sont identifiables. Dans les grandes toiles, l'arrangement des lignes devient infiniment

Number IA, Jackson Pollock, 1948.

plus complexe et dense. *Number IA, 1948* (1948) est générée par des lignes qui fusent, s'étalent, coulent et disparaissent pour renaître plus loin. On voit que la ligne se fripe, se resserre, se perturbe, se transforme en tache, avant d'être absorbée. Elle change de brillance, se coagule, devient par endroit aplat de couleur... Les perturbations de la ligne sont multiples. Elles sont multipliées au point que la ligne ne constitue plus, ni ne définit de parties clairement identifiable comme elle pouvait le faire dans *Figure*.

Il en découle trois phénomènes importants :

1/La ligne de *Number IA, 1948* n'a pas d'identité définitive. La ligne oscille entre ligne, tache, goutte et point. Elle passe indéfiniment de l'un à l'autre sans se fixer sur aucun.

2/Cette ligne n'a pas d'individualité. Non seulement elle se transforme indéfiniment, mais de plus, elle est indéfiniment recouverte, maculée par les autres, de sorte qu'on ne la reconnaît plus en propre. La multitude de lignes multiplement perturbées, fait que chaque ligne est noyée dans l'ensemble. Le système est complexe au point que l'on ne peut pas arriver à une description ou une compréhension des parties. On peut décrypter toutes les parties une à une : la tache, la ligne, brune, noire ou blanche... mais sans finalité possible. À aucun moment il n'est possible de parvenir à une description exhaustive. On peut également compter les lignes une à une, sans pour autant parvenir à les quantifier définitivement.

3/Les lignes ne permettent pas de distinguer clairement des parties ou des portions incontestablement identifiables de la toile : il n'y a pas de définitions de contours, de distances, de portions d'espaces inclues ou exclues qui se mettent en place.

Ainsi, à la différence de la ligne de *Figure*, la ligne de *Number IA, 1948* ne constitue pas et ne définit pas de parties stables et clairement identifiables. On a pour cette raison couramment parlé à propos des grandes toiles de Pollock de la disparition des parties et de leur assimilation dans une nouvelle unité : un réseau ou une texture qui recouvre la surface *« over-all »*. Le terme *« over-all evenness »*, à l'initiative de Clément Greenberg en 1947, fut d'ailleurs celui couramment utilisé pour désigner un tel recouvrement bord à bord de la toile par des motifs picturaux tissant une texture uniforme. Cependant à notre sens, le terme *assimilation* des parties (telle que l'énonce Greenberg) ne reflète peut-être pas si bien le phénomène que le terme d'*oscillation* entre parties.

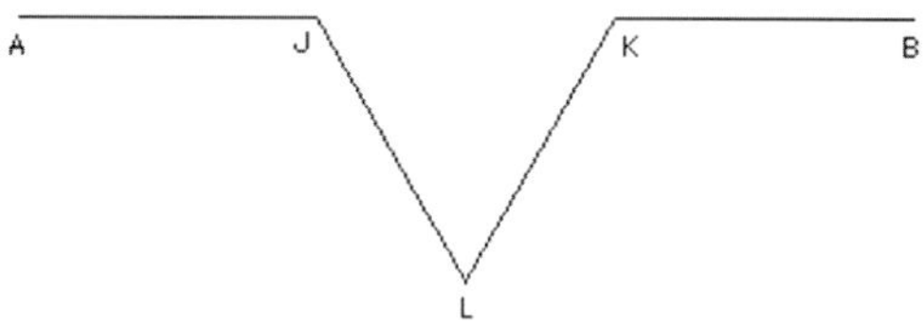

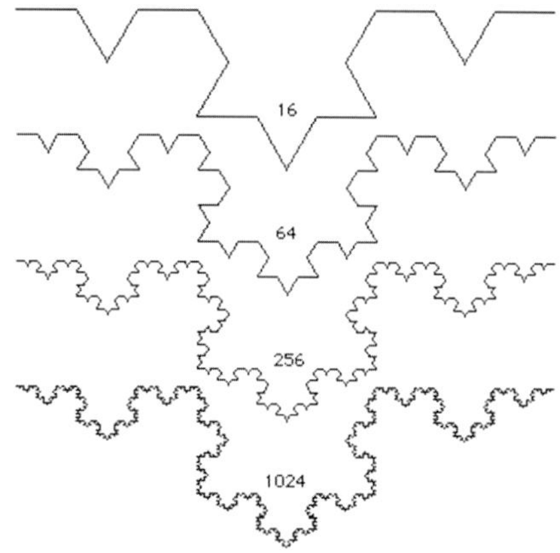

La courbe de Von Koch.

Nous pouvons expliciter ce que nous entendons par *oscillation* par l'établissement d'un parallèle avec la courbe de Von Koch (le « flocon » de Von Koch a été imaginé par le mathématicien allemand Helge Von Koch en 1904, voir Deleuze et Guattari 1980, 608). La courbe de Von Koch est une ligne de type géométrique qui s'obtient en répétant à l'infini une opération de remplacement du tiers central d'un segment de droite par une ligne brisée composée de deux segments égaux à ce tiers. (Voir figure : sur le segment de courbe AJLKB, JL et LK constituent la ligne brisée rapportée). Cette opération multipliée à l'infini produit une courbe qui présente des caractéristiques géométriques intéressantes : elle n'admet de direction tangente en aucun de ses points, elle est de longueur infinie et le calcul mathématique de sa dimension détermine un objet de dimension théorique égale à 1,262 (log4 / log3). Ce qui signifie, d'un point de vue mathématique, que cette courbe est à la fois plus qu'une ligne (de dimension 1) et moins qu'une surface (de dimension 2). Présenté autrement, on peut dire que la ligne de Von Koch n'est ni une ligne, ni une surface, bien que la tentation de l'assimiler à l'une ou l'autre soit permanente.

S'il est possible de définir mathématiquement une dimension 1,262 (log4 / log3) l'exercice n'a évidemment pas de sens dans le monde pictural. On peut cependant établir un rapport direct entre la courbe de Von Koch et la courbe de Pollock : elle aussi s'oriente, se découpe, se perturbe à l'infini. Et de même qu'il est tentant d'assimiler la courbe de Von Koch soit à la ligne soit à la surface qu'elle génère, il est tentant d'assimiler le trait de Pollock tantôt à la ligne tantôt au réseau qu'elle constitue. Il ne s'agit cependant ni d'une ligne (génératrice de partitions distinctes), ni d'une texture (par assimilation des parties) ou exprimé autrement, le trait de Pollock possède une dimension de ligne tout en participant simultanément à la dimension même de la toile. Chaque élément s'entre-tisse dans le tout et s'y fond. Mais simultanément, chaque élément, par sa présence matérielle, crée un appel et une adhérence à sa constitution de ligne. L'œil à tout moment voyage entre la perception de la partie en tant que telle et en tant que constitutive de la toile. De sorte que ce qui se résolvait dans le cas de la courbe de Von Koch par une dimension d'un nombre non entier résultant d'une moyenne mathématique pondérée entre une dimension de valeur 1 et une dimension de valeur 2, se traduit dans l'espace pictural de Pollock par une tension ou une *oscillation* indéfiniment irrésolue entre la partie et la toile.

Repérage

Dans les peintures de Jackson Pollock, un corollaire immédiat de son *partitionnement* multiple est l'aspect désordonné et chaotique présenté par la toile qui génère non seulement une grande difficulté d'y pénétrer, mais aussi de s'y repérer. Tant le repérage physique d'un élément que le repérage mental dans l'espace pictural de Pollock est rendu extrêmement complexe par l'arrangement multipluriel des parties. La difficulté du repérage est bien entendu liée au caractère oscillatoire décrit ci-dessus et à l'instabilité entre la partie et le tout que suscitent les toiles de Pollock. Cependant, le repérage demeure un paramètre inhérent de l'espace pictural : toute approche de l'espace pictural nécessite une prise de position ou une prise de repère visuel. Le repérage est en outre intrinsèquement lié à la notion de partition, en ce sens que la partition de la toile ou de l'espace permet d'y prendre repère et position. Un effet majeur de la densification picturale particulière au travail de Jackson Pollock et de l'effet d'*oscillation* que nous décrivions est la perturbation du repérage au sein du réseau de traces de sa toile.

Afin de mieux cerner cette notion de repérage et le lien qu'elle entretient avec le mode de partition de la toile, nous proposons d'établir une comparaison entre le travail de Pollock et celui de Mondrian. Prenons une toile de Mondrian : *Composition avec rouge, jaune et bleu*, de 1928. Nous observons que la partition de la toile est réalisée chez Mondrian au moyen d'aplats de couleur. Ces aplats constituent un certain nombre de parties ou d'unités clairement distinctes : on identifie le bleu, le noir, le rectangle, le carré, la bande,... la distinction est d'autant plus claire du fait que les éléments de la composition sont des formes géométrique peintes dans des couleurs élémentaires. Le tableau offre une compréhension claire des parties et des relations qu'elles entretiennent avec le tout. Nous constatons que dans l'espace pictural de Mondrian, le repérage est de type simple. Le coin inférieur gauche du carré bleu, par exemple, peut servir de repère stable à l'œil. De plus, il s'agit d'un repère qu'il nous est possible de communiquer d'une façon claire à une tierce personne. Ce repère constitue une borne stable qu'il nous est possible de retrouver aisément même après un certain laps de temps (une heure, un jour, un an). Il est représentatif de la toile de Mondrian qui peut être décrite avec précision, parcourue de manière mesurée : suivre la bande noire, obliquer sur la première ligne de gauche, la suivre tout droit, à droite, etc. Dans la toile de Mondrian, de même que les formes sont claires et les couleurs définies, les directions sont simples et clairement affirmées.

Il est intéressant de noter que la peinture de Mondrian et l'espace pictural qu'il crée reflètent parfaitement la manière dont il aborde son travail et dont il s'y est pris pour composer certaine de ces toiles, dont *Composition avec rouge, jaune et bleu*. Mondrian, en effet, effectue un repérage fixe sur la toile, au moyen de bandes de papier coloré qu'il positionne, déplace,... jusqu'à atteindre ce qu'il recherche. Préalablement à la mise en peinture effective, il met en œuvre un véritable travail de planification et de repérage.

Par contraste, revenons aux grandes toiles de Pollock. D'un point de vue perceptif, il est pratiquement impossible de se fixer sur un point de cette toile. L'œil est incessamment attiré dans toutes les directions, invité à parcourir en tout sens le réseau infini du tableau, sans arrêt possible. Dans cet espace glissant, le repère traditionnel disparaît. Il n'y a pas dans les traits de Pollock de direction dominante qui puisse servir de repère comme dans le travail de composition de Mondrian. Nous sommes face à un fouillis omnidirectionnel. Ni origine, ni direction principale, ne permettent de constituer un repère spatial ou temporel. Le tableau, intentionnellement, ne présente ni commencement ni fin possible. Pollock s'exprime à ce propos en rapportant l'anecdote suivante : « Il y a quelque temps, un critique a écrit que mes peinture n'avaient ni commencement ni fin. Il ne l'entendait pas comme un compliment, or c'en était un. C'était même un beau compliment. Seulement, il ne le savait pas. » (Pollock 1950)

Cette intention est présente dans le travail de Pollock. On peut d'ailleurs observer, tout comme chez Mondrian, que l'espace pictural de Pollock est un reflet de la manière dont il aborde son travail. Le reportage effectué par le photographe Hans Namuth en 1950 nous éclaire à ce propos. Pollock travaille au sol, éliminant de la sorte toute référence à la ligne d'horizon et par conséquent toute référence à un point de fuite ou autre repère focal. Ce qui explique vraisemblablement l'absence de point privilégié qui pourrait servir d'origine dans les tableaux du peintre. En ce sens, les toiles de Pollock sont de véritables tableaux à comprendre selon la terminologie anglaise de canevas *(array)*. Elles constituent des surfaces isotropes où le repère disparaît dans sa compréhension classique d'étalon stable, mesurable, prévisible.

Les exemples ci-dessus pourraient donner l'impression que de Mondrian à Pollock, l'on s'achemine vers une disparition du repère. Il est important pour dépasser cette impression d'élargir la notion de repérage. À cet effet, il nous semble pertinent de nous référer aux modèles d'espace « lisse » et « strié » tels que proposés par Deleuze et Guattari (Deleuze et Guattari 1980). Selon ces auteurs, les modèles d'espace lisse et strié nous permettent de rendre sensible, ou perceptible la différence entre des multiplicités non-métriques (que nous mettons en parallèle avec l'espace pictural de Pollock) et des multiplicités métriques (que nous mettons en parallèle avec l'espace pictural de Mondrian), la différence entre des espaces directionnels et des espaces dimensionnels. Sans pour autant conclure qu'il s'agit d'espaces chaotiques en perte de référentiel en opposition avec des espaces où le repérage est possible. Au plus simple, disent-ils, l'espace-temps lisse est un espace que l'on occupe sans compter, alors que dans un espace-temps strié, on compte pour occuper. Dès lors, dans l'espace lisse, la ligne devient un vecteur, une direction et non pas une dimension ou une détermination métrique. Deleuze et Guattari proposent ainsi, au travers de la notion d'espace lisse une alternative au modèle traditionnel du repère : l'origine et la mesure dans le modèle de l'espace strié sont remplacées par le vecteur et la direction dans le modèle de l'espace lisse ; les deux modèles n'étant pas strictement cloisonnés. Au contraire, ils peuvent aller jusqu'à se superposer. Le jeu varié de leur relation est d'une subtilité très complexe. Tantôt, nous disent Deleuze et Guattari, nous pouvons marquer une opposition simple entre les deux sortes d'espaces. Tantôt nous devons indiquer une différence beaucoup plus complexe, qui fait que les termes successifs des oppositions considérées ne coïncident pas tout à fait. Tantôt encore nous devons rappeler que les deux espaces n'existent en fait que par leurs mélanges : l'espace lisse ne cesse pas d'être traduit, « transversé » dans un espace strié ; l'espace strié est constamment reversé, rendu à un espace lisse. Ainsi à sa limite, l'espace infiniment strié est lisse tandis que l'espace lisse peut être organisé.

Jackson Pollock, photographié par Hans Namuth, 1950.

Autre forme de repérage

Ainsi, l'espace pictural « lisse » de Pollock, n'est pas dépourvu d'organisation. Contrairement aux apparences, Pollock ne travaille pas le « désordre » ni le « chaos ». Il nous le dit d'ailleurs en ces termes : « Quand je peins, c'est avec une idée d'ensemble de ce que je veux faire. Je peux contrôler la coulée de peinture, il n'y a pas plus d'accident qu'il n'y a de commencement ou de fin. » (Pollock, *in* Namuth et Falkenberg 1950.) De fait, en dépit de l'extrême fouillis des tableaux de Jackson Pollock, il est malgré tout possible d'y déceler certains repères organisateurs de la toile, qui bien que subtils n'en demeurent pas moins évidents. Si l'on examine la grande toile *Number IA* de 1948, on remarque dans son coin supérieur droit des traces de main. Celles-ci représentent une borne d'arrêt pour l'œil dans son parcours inlassable de la toile et de ses inscriptions. Par ce fait, elles constituent bel et bien un repère visuel dans la toile, une marque autour de laquelle peut s'organiser la lecture de celle-ci. Elles constituent également la trace d'un geste de repérage réalisé lors de l'élaboration du tableau. On observe très bien celui-ci dans le reportage photographique de Hans Namuth.

L'analyse attentive du travail de Pollock permet ainsi de relever encore d'autres subtils éléments de repères. Le bord de la toile, par exemple, en est un. Pollock réserve au bord — à la bordure de ses toiles — un traitement particulier que la désignation générique de ses tableaux sous l'appellation *all-over* tend à faire oublier. Pourtant, le bord de ses toiles constitue chez Pollock une référence diffuse, non pas sous forme d'un repère ponctuel, défini et mesurable comme le seraient un angle, une longueur ou un point, mais sous la forme de zone d'une certaine intensité ou diminution d'intensité. Le bord est une notion importante pour la densité picturale; la densité ne s'étend jamais de manière infinie, elle connaît toujours une limite, ou du moins un amenuisement, et donc un bord, et des conditions de bord. Sur la frange, les inscriptions se raréfient. Souvent, celles qui subsistent sont coupées, une partie étant sur la toile, l'autre restant au sol de l'atelier même ou sur une partie découpée de la toile. Les seuls vrais tableaux *all-over* de Jackson Pollock étant en effet ceux qu'il a découpés après coup.

Il est intéressant de noter que dans cet exemple comme dans les autres, une fois de plus le bord-repère dans l'espace pictural reflète une prise de référence également présente dans le travail de réalisation de la toile. Le bord qui est une référence pour la perception l'est aussi pour la conception. C'est en effet une limite indéniable et particulière pour l'artiste en travail. Elle est visible dans la position et l'attitude même de Pollock en action : son pied peut être soit autour de la toile, soit dans la toile, son corps s'équilibrant en fonction de cette position. L'artiste travaille comme un arpenteur, prenant les limites de son œuvre, s'appuyant sur les bords de celui-ci qui lui servent de repère *de facto*.

Il a été dit plus haut que Pollock travaille au sol, éliminant de la sorte toute référence à la ligne d'horizon et par conséquent toute référence à un point de fuite ou autre repère focal. Cependant le sol lui-même devient chez Pollock un élément qui organise le travail et par conséquent la toile de Pollock. En ce, il constitue une forme de repère à la fois d'un point de vue physique et d'un point de vue pictural. De fait, le sol est *la* surface de référence dans le travail de Pollock. Elle est référence *physique,* d'autant plus présente qu'elle est vitale au travail de l'artiste. « J'ai besoin, nous dit Pollock, de la résistance d'une surface dure. Au sol je suis plus à l'aise. Je me sens plus proche du tableau, j'en fais davantage partie; car de cette façon, je peux marcher tout autour, travailler à partir des quatre côtés, et être littéralement dans le tableau. C'est une méthode semblable a celle des peintres indiens de l'Ouest qui travaillent sur le sable... » (Pollock 1947-1948) Elle est également référence *perceptive* et demeure présente lorsque la toile est accrochée au mur. En effet, par la manière dont la peinture a coulé et séché, même suspendue au mur, il reste évident que la toile a été peinte au sol. Celui-ci constitue ainsi bel et bien un repère qui, aussi non-conventionnel qu'il soit, n'en est pas moins d'une grande présence.

Conclusion

Les tableaux de Jackson Pollock, suscitent dès le premier abord une impression intuitive de densité. Ce par ou en dépit de leur apparente incohérence. En effet la multitude de traces dont Pollock couvre sa toile, partitionne celle-ci de manière plurielle et ne permet plus de s'y référer par les moyens du repérage classique. Cependant, au travers d'un parallèle entre l'espace pictural des toiles de Jackson Pollock et les modèles d'espace lisse et strié, il nous a paru important de souligner en quoi le réseau extrêmement dense de ses toiles n'était pas réellement dépourvu d'organisation. Au contraire, les notions de repérage élargi qui y apparaissent permettent de mettre en place des éléments d'un nouveau mode de référencement et de renouveler nos catégories conceptuelles, perceptives et opératoires. Ce afin d'offrir une mesure intéressante de la mutation à l'œuvre au sein de notre environnement spatial.

De plus en plus en effet, comme l'exprime d'ailleurs le thème *inside density*, Pollock nous place au sein même du système que nous cherchons à référencer, et ce, alors que la notion classique de repérage implique une certaine distance. En ce sens, l'analyse du travail de Pollock semble particulièrement pertinente. Le travail de celui-ci se déroule en effet non pas face à et à l'extérieur de son tableau, mais bien à l'intérieur, au sein même de ses toiles : « [...] je suis dans mon tableau... », nous dit-il.

Le mode de repérage qu'établit Pollock, bien que ténu et subtil, n'en demeure pas moins vital pour l'organisation de son espace pictural, particulièrement présent et d'une très grande contemporanéité. La densité picturale des lignes tracées par l'artiste ne conduit ni à l'assimilation des parties ni à l'annihilation et des repères, mais à l'émergence d'une autre dimension de repérage. Son objet n'est pas la définition de parties ou de repères, mais bien la capacité à générer l'oscillation entre la partie et le tout, entre système référencé et trame confuse. Elle nous propose une nouvelle forme de stabilité, non pas ancrée mais oscillatoire, qui contribue, nous semble-t-il, à renouveler le sens que nous attribuons aux notions de repérage et de partition.

Bibliographie

- Les traductions françaises des propos de Pollock proviennent de l'ouvrage en français *L'Atelier de Jackson Pollock. Hans Namuth,* Paris, Éditions Macula, 1978.
- Pollock, Jackson, « Unframed space (interview) », in the *New Yorker,* 5 Août 1950.
- Deleuze, Gilles et Félix Guattari, *Mille Plateaux,* Paris, Minuit, 1980.
- Namuth, Hans et P. Falkenberg, film sur Jackson Pollock, 1950.
- Pollock, Jackson, « My painting » in *Possibilities,* n°1, 1947-48, p. 78-83.

The Limits of Landscape. Reflections on a New Metaphor

Marc Glaudemans

Since the 1990s, we have witnessed a remarkable rise of the discipline of landscape architecture. Landscape architects are invited to reflect upon the urban environment from their perspective and develop designs and design schemes both outside and within the urban fabric. This renewed interest in landscape architecture is accompanied by (or caused by?) the introduction of the landscape metaphor in urban design theories. In this paper the appropriateness of this metaphor will be considered, compared to other urban metaphors such as "network" or "citadel".

Les limites du paysage. Réflexions sur une nouvelle métaphore

Depuis les années 1990, nous sommes témoins de l'essor remarquable de la discipline du paysagisme. Les paysagistes sont invités à réfléchir sur l'environnement urbain depuis la perspective qui leur est propre, à imaginer de nouvelles structures paysagères à l'intérieur du tissu urbain comme à son extérieur. Ce renouveau d'intérêt pour le paysagisme s'accompagne (est le résultat ?) de l'introduction de la métaphore du paysage dans la théorie de l'urbanisme. Ici, nous poserons la question de savoir si cette métaphore est appropriée, comparée à d'autres, celles, par exemple, de la « citadelle » ou encore du « réseau ».

Introduction

In a 1995 lecture Rem Koolhaas addressed the difference between urban design and landscape architecture in terms of "guilt" and "innocence"[1]. The remarkable rise of the discipline of landscape architecture in the 1990s—with Adriaan Geuze's West 8 office as the Netherlands' most eminent exponent—gave cause to rethink the concept of landscape itself. Koolhaas observed that the city is often associated with negative issues such as pollution, crime, the degeneration of the public domain, traffic jams and so on. On the other hand, landscape recalls good and honorable qualities such as nature, freedom, clean air, quietude and aesthetic pleasure. These qualifications are also mentally related to the different kinds of designers. Koolhaas, as an urban designer who operates in the city, is charged with the negative emotions of the city. He is suspect, even an accomplice. In a comparable way the landscape architect gets related to the morality and "innocence" we impute to landscape and nature. He represents the morally Good. This is a remarkable and significant observation, particularly because it relates two terms that in our days can no longer be viewed as separated: city and landscape. Recently, all our hope is clearly being placed in the latter. The city is lost for us. However, by talking about the city *as if it were* a landscape, a new perspective is suggested, a fresh new start! That hope, unfortunately, is vain. That is at least the proposition I will defend here.

The hope of a new perspective and fresh new start is vain because it erroneously implies an option that does not exist. The issue is not whether we might regard the city *as* landscape or whether we can save our cities by making them more *like* landscape, by making them "green". On the contrary, landscape has for a long time now been turned into city. This shouldn't be taken too literally. Consider rather its mental significance. In that respect, already centuries ago, the dominance of urban culture over the (non-urban) world was clearly perceived: *Urbem fecisti quod prius orbis erat* ("What used to be the world is a city now")[2]. Landscape won't save the city, but let us ask ourselves whether the city might save the landscape.

Reflections on a New Metaphor

The notable landscape perspective in recent urban design theory seems neither a coincidence nor the result of a conscious choice. Rather, a new approach to the city forced itself upon us by a steady but unmistakable metamorphosis of the city itself. The remarkable thing is that this metamorphosis took place right under the blind eyes of architects and urban designers who, traditionally, concerned themselves with the city. The "city" in their minds gradually turned into a delusion, without any reference to reality. The "city" of architects and urban designers became like a *fata morgana* in the desert: a welcome dream, magnificent but imaginary. Now that this "distant city" has finally evaporated into the heat, these professionals already directed

|1| Rem Koolhaas, "Mondriaan Lecture", on the occasion of the Sikkens-award, dedicated to Adriaan Geuze (West 8 Landscape Architects), Rotterdam 1995.

|2| Quote from the 5th century poet Rutilius Numatianus in a poem on Rome.

|Namibian Desert
(Courtesy of www.traveladventures.org).

their steps towards a new dream: the dream of the landscape, equally sparkling and equally illusory [1]. All this time—to remain within the language of the metaphor—both architects and urban designers have been blind to the desert itself, this immeasurable extensiveness that effectively prevents untrained eyes from getting a grip on it. Present cities resemble this desert as landscapes "ohne Eigenschaften", without quality, without limits, and without structure.

The keyword here, however, is not "landscape" but "untrained". For a nomad, a Bedouin, an Aboriginal, the desert is *all but* an empty space. It is a landscape full of subtle but meaningful traces and signs. More or less the same is valid for the contemporary city, which has adopted a desert-like identity: immeasurable, without a centre, endlessly diluted, apparently the same everywhere. Philosophers Gilles Deleuze and Félix Guattari have written on the desert as a representation of "smooth space":

"Smooth space is directional rather than dimensional or metric. Smooth space is filled by events or haecceities, far more than by formed or perceived things. It is a space of effects, more than one of properties." (Deleuze and Guattari 1988, 479)

From now on, the city—in the past the glorious representation of the *opposite* of smooth space, i.e., "striated space"—can be described in analogous terms. Our contemporary urban environment is "a space of effects, more than one of properties". Urban space nowadays should be "themed", whether as nostalgia in disguise (Celebration, Seaside, Haverleij) as open-air museum (cliché European towns), leisure domain (indoor ski or Alpine climbing, fun shop paradises) or trendy international "Wallpaper" habitats [2]. A number of present-day photographers travel around the world in order to visualize this new and international identity of our cities. Key characteristics are: fragmentation, periphery, abundance of signs and infrastructure, and (disputed) ugliness [3]. An old quote (1969) from Rem Koolhaas still does justice to this "phenomenal" view of the city: "A city is a plane of tarmac with some red hot spots of intensity." (Koolhaas a.o. 2000, 461)

|1| The notion of the "distant city" stems from an essay by the French philosopher Jean-Luc Nancy (Nancy 1999).
|2| Celebration is a town founded, designed and managed by the Disney Corporation. Seaside (Florida) is a town that is build according to the *New Urbanism* guidelines for establishing a community. Haverleij is the name of a project near 's-Hertogenbosch in the Netherlands. The plan consists of a range of "castles" surrounded by golf courses and natural areas. The architecture is (as always) "smooth post-modern". *Wallpaper* is the name of a trendy magazine aimed at young urban fashion victims. Neil Leach described in an unpublished paper the emergence of a "new species", the "*Wallpaper* person", analogous to Simmel's seminal essay (1903) on the Metropolitan "blasé" type that inhabited the large cities of the late nineteenth century.
|3| See for instance the work of Italian photographer Françesco Jodice, recently exhibited at Milan's Triennial. A lot of material can also be found in *Mutations* (Koolhaas a.o. 2000).

Then why this search for a new metaphor? In my view, landscape is a weak metaphor, not a strong one. The "city=landscape" metaphor only adopts landscape's extensiveness—a morphological similarity—and its enormous resilience (even a heavily mutilated territory retains its landscape character). In the transition from one metaphor ("city=fortress, stronghold, citadel" or "city=network") to the other ("city=landscape") a whole range of qualities is quite uncritically attributed to the city that we normally associate with nature. The organizing committee of the international "Biotope City" Conference phrases it like this:

"The city of the future will make its own energy, solve its own water problems, reduce its air pollution to a responsible level, and the city will offer space for nature, for a large biodiversity making use of urban space [1]."

All of these are undisputed qualities of course, but it is obvious that the city "by nature" produces quite the opposite effects. There is probably no equally polluting and equally wasteful (in terms of lives, space and resources) phenomenon to be found on Earth. This goes especially for the vast and often relatively unknown metropolises outside the Western world: Lagos, Cairo, Dhaka, Calcutta, Chengdu,... There is probably not much disagreement on the statement that this should be stopped and changed but landscape won't save us, landscape will not save the city.

And what about the Old One(s)?

In our struggle to grasp the ever more complex and ever faster changing urban environment new modes of understanding, new metaphoric models, are always welcome. The criterion should be that the metaphor provides some sort of new insight in the way reality "works" or how it is being perceived. As discussed above, the city=landscape metaphor might indeed offer us such an improved understanding, but the immediate reservation was formulated that a whole range of qualities that are normally associated with nature (often a synonym for "landscape") can't be unproblematically transferred to the city (neither the city of the past nor the contemporary city). Modern metropolis landscape-like appearance and its supposed resilience may even be potentially dangerous aspects to start with, since they form a serious threat to the existing natural landscape. If we, on the other hand, combine the quotes from Deleuze/Guattari and Koolhaas, two in my view more interesting and discriminating qualities of the modern city can be emphasised: directional space/space of effects+plane with spots of intensity.

Two concepts arise: *plane* and *vector*. Vectors create directional space. Where two or more vectors cross a spot of intensity appears, a "place". This place is not defined by its properties but rather by the effects it produces. These effects are not necessarily permanent. Quite the contrary, most of the time they are of limited duration. Modern urban space is "event-space". The field that is created by this system of directional spaces and temporary intensities is best described as a (curvilinear) "plane". This might seem an obscure and abstract way of approaching the city. Yet, remember

|1| As quoted from the leaflet. *Biotope City* was held November 12, 2002 at Eindhoven University of Technology. For Conference Information, see: www.bwk.tue.nl/biotope-city

the analogy that was discussed before. The desert—and we observed that it *has* a number of qualities strikingly similar to those of our modern urban environments—can be perfectly described within this spatial concept. Deserts are almost archetypical curvilinear planar landscapes, consisting of temporary shapes and spaces (dunes, valleys, oasis), which are the result of crossing directional vectors (wind, vegetation, wells and underground streams). The complete configuration (the "landscape") and all the separate elements are in a state of continuous metamorphosis; they move, they grow, they disappear completely and re-appear at a later stage on a different spot. Yet, the overall system (desert) remains unaffected and is defined by its *qualitative* characteristics.

The same goes for the modern city. It is essential, however, that a third concept is added to those of plane and vector. The third concept is *culture*, the tie between landscape and human society. In fact the whole concept of "landscape" might be reduced to this bond between people and their environs, documented in cultural, social and mythical geographies[1]. Desert space creates desert societies. Citadel space creates a citadel society. The hypothesis that is crucial to my approach of establishing the right mode of understanding city space is that this relation also works in the opposite direction. Landscape is not "innocent". It is not something that *was there* all the time, even before we entered the scene. No, landscapes more often than not *include* if not centre on human presence. Landscapes are to a large extent manmade and man-"preserved"[2]. A society creates its own kind of space. Nomad society creates nomad space (vector and plane). Citadel society creates citadel space (closed, circular vectors). The dominant society of our times is the *network society*. Accordingly, network society creates *network space*. The question therefore should be how we define the urban environment in terms of network space, and further how network space relates to *plane*, *vector* and *culture*. The answer to these questions might effectively improve our understanding of urban space "as we know it".

The city=landscape metaphor is interesting, but it is too limited and undiscriminating since it doesn't account for the human presence even in the origins of "landscape" itself. The seemingly old-fashioned and less sophisticated city=network metaphor, on the other hand, proves to be full of un-investigated dimensions and layers and offers the possibility to find our way through the desert.

|1| Augustin Berque introduced the notions of *médiance* and *écoumène*: "Le milieu s'y définit non point comme un object mais comme une relation, la relation d'une société à son environnement. L'ensemble des milieux forme l'*écoumène* [...]." (Berque 1995, 36)

|2| For a broad cultural-historical reflection on the nature of landscape, see Corboz 1983.

Bibliography

- Berque, Augustin, *Les Raisons du paysage. De la Chine antique aux environnements de synthèse*, Paris, Hazan, 1995.
- Corboz, André, "Le territoire comme palimpseste", *Diogène* nr 121, 1983.
- Deleuze, Gilles and Félix Guattari, *A Thousand Plateaus. Capitalism and Schizophrenia*, London, Athlone Press, 1988.
- Koolhaas, Rem a.o., *Mutations*, Barcelona, Actar Editorial, 2000.
- Nancy, Jean-Luc, *La Ville au loin*, Paris, Arthème Fayard, 1999.

"MIXITY" OR DENSITY AS WEAVING
« Mixité » ou la densité comme tissage

Mat-building.
Alison Smithson's Concept of Two-Dimensional Density

Tom Avermaete

*This article focuses on the concept of "*mat-building*" that was introduced by the English architect Alison Smithson in 1974. It argues that* mat-building *can be considered as an alternative definition of density. The concept bypasses many of the commonly held definitions of density in that it regards density as equally a matter of physical and of social characteristics. This article claims that the traditional urban tissue with its weaving of spaces, functions and programs, figures as a prime example for this definition. Hence, architectural density is understood as the creation of a small sample of urban tissue. In the last part of the text, it is argued that this new definition of density has informed a large corpus of architectural practices during the last decades. Out of this perspective, projects as diverse as the Thermal Bath by Peter Zumthor and Villa VPRO by MVRDV appear as contemporary moments of architectural production.*

Mat-building.
La conception d'une densité bi-dimensionelle chez Alison Smithson

Cet article analyse le concept de « mat-building *» qui a été présenté par l'architecte anglaise Alison Smithson en 1974. Il est proposé que le* mat-building *soit considéré comme une définition alternative de la densité. Le concept diffère des définitions courantes de la densité en ce qu'il considère celle-ci comme une matière composée d'éléments physiques autant que sociaux. L'article montre que le tissu urbain traditionnel avec son tissage d'espaces, de fonctions et de programmes, fonctionne comme exemple typique pour cette définition. Par conséquent, la densité architecturale peut être comprise comme la création d'un petit échantillon de tissu urbain. La dernière partie du texte vise à démontrer que cette nouvelle définition de densité a influencé nombre de pratiques architecturales durant les dernières décennies. Dans cette perspective, des projets aussi divers que les Thermes de Peter Zumthor et la Villa VPRO de MVRDV peuvent revêtir un aspect commun en tant que moments contemporains de la production architecturale.*

Mat-building can be said to epitomise the anonymous collective; where the functions come to enrich the fabric, and the individual gains new freedoms of action through a new and shuffled order, based on interconnection, close-knit patterns of association, and possibilities for growth, diminution, and change.
Smithson 1974, 573

Although the architectural debate on the city of the past decades has been extremely multifarious and discordant, the conceptions of density that figure within it have remained surprisingly univocal. Density has been commonly approached as a function of people, programs or floors per unit of area. Rem Koolhaas's description of the Down Town Athletic Club in New York (Koolhaas 1978, 152-159) or MVRDV's *FARMAX* research (MVRDV 1998) epitomize this understanding of density as the vertical stacking of persons, functions or building mass. In 1974, the English architect and notable Team X member Alison Smithson proposed an alternative conception of density under the heading of *mat-building*. In her essay "How to recognise and read MAT-BUILDING. Mainstream architecture as it developed towards the mat-building" in *Architectural Design* Smithson describes, through photographs and text, in a cryptic way the notion of *mat-building* (Fig. 1). In the extensive career of Alison and Peter Smithson only one project would be labeled a *mat-building*: the project for the Kuwait Ministries (1968-1970).

Nonetheless, the concept of *mat-building* can be said to enlighten both the Smithsons' own work and an important aspect of its legacy for contemporary architecture. In what follows I will try to clarify the concept, elucidate its role in the work of the Smithsons and point out its relevance to contemporary architectural production. Illustrating thereby that architectures as different as Peter Zumthor's Thermal Bath in Vals and MVRDV's Villa VPRO can be read as simultaneous moments of architectural production.

The Concept

"A flat article, woven or plaited; (...) any dense or twisted growth (...) a matrix...", is one authoritative definition of the English word *mat* (Webster's 1996). Alison Smithson refers in her article on *mat-building* to two distinct sides of architecture practice. As the difference between the title "How to recognise and read *mat-building*" and the subtitle "Mainstream architecture as it has developed towards the *mat-building*" of the 1974 article indicates, Smithson points both to a mode of understanding the built environment—a heuristic tool—and to a common attitude in architectural design. I will return to the heuristic value of the *mat* later in this text.

As an attitude in architectural design, *mat-building* became, according to Smithson, for the first time visible with the completion of the Berlin Free University (1963) project by Candilis-Josic-Woods[1] (Fig. 2). This dense two-dimensional built mass, which encapsulates indoor and outdoor public space, represents for Smithson a specific line

|1| The Candilis-Josic-Woods partnership was formed in 1955 by Georges Candilis, Alexis Josic and Shadrach Woods. An introduction to the Free University Berlin can be found in Feld 1999.

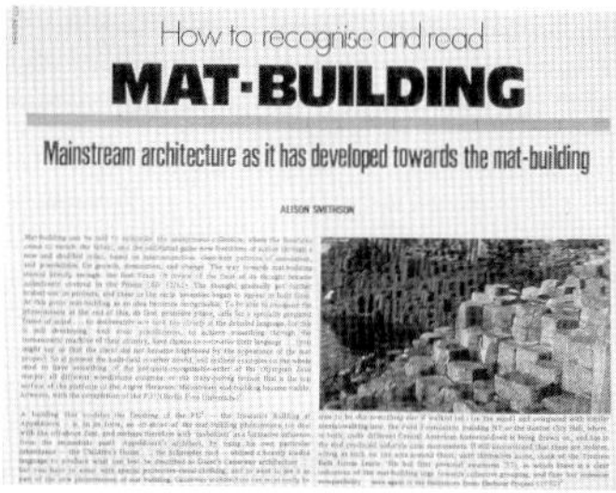
How to recognise and read

MAT-BUILDING

Mainstream architecture as it has developed towards the mat-building

ALISON SMITHSON

Fig. 1 | **« How to recognize and read MAT-BUILDING »,** Front page of article.

Fig. 2 | **Berlin Free University (1963),** Candilis-Josic-Woods. Scale model.

of architectural practice recognizable throughout architectural history and gaining importance in the second part of the 20th century. Smithson tracks back a whole range of buildings that could be said to illustrate this attitude; amongst others Aldo van Eyck's Pastoor van Ars Church (1970-73), the Venice Hospital project (1964) of Le Corbusier and the Smithsons'own project for the Langside competition (1958).

When Alison Smithson labels these practices *mat-building*, she seems to point to a common way of dealing with density that results primarily from a meticulous understanding of the role of architecture within the structure of existing cities. Since the early 1950s, the relation between architecture and the city had been one of the central concerns of the work of Alison and Peter Smithson. The Smithsons and their fellow Team X members had been thoroughly investigating the qualities and logic of existing urban environments [1]. In the work of the Smithsons this resulted in a relentless plea to think the city beyond a collection of building blocks—as was the case in some strains of the modern movement. With *mat-building* Alison Smithson points to architectural practices that abandon the model of the city as a compilation of individual buildings, to replace it with an approach: "...from stem to cluster" (Smithson 1974, 581). The concept of the *stem* echoes the idea of a traditional street that encompasses all the functions outside the dwelling unit (Woods 1960, 181). With *cluster* Alison Smithson refers to an ensemble of stems. Through a series of plans elaborated by Candilis-Josic-Woods, Smithson holds that the combination of these clusters results ideally in continuous two-dimensional layers or *mats*. These *mats* do not present themselves morphologically as free-standing monumental building masses; "they are not the sum of length, height and largeness but rather a two-dimensional dense fabric, where man walks and lives in." (Smithson 1974, 576)

By referring to a conception of the city from *stem* to *cluster* to *mat*, Alison Smithson points to an understanding of density that reaches beyond vertical stacking. Density is understood here as the firm weaving of dwellings, streets and other urban elements. It is conceived as the inextricable knitting of built and social entities at different scale levels, as it appears in the urban tissue of traditional cities. For Alison Smithson the density of an architectural project is thus a function of the capacity to weave a small part of the urban tissue. Hence, Smithson's definition of density enlarges the scale of architecture in the direction of an urban scale and, more importantly, turns urban figures into an architectural concern.

| 1 | See amongst others the different presentations at CIAM IX (Aix-en-Provence, 1953) where different groups showed elaborate analyses of existing urban environments (Mumford 2000).

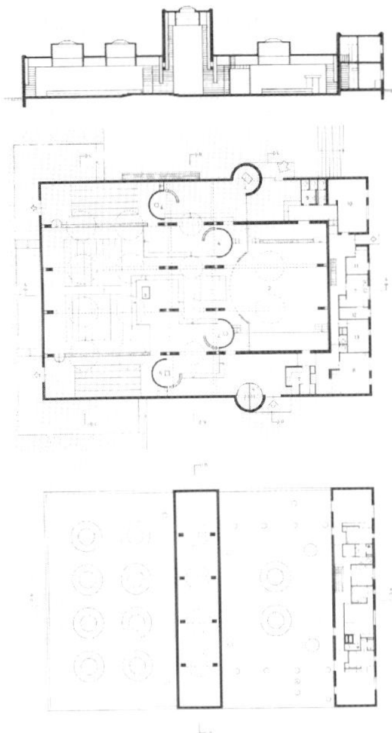

Fig. 3 | **Pastoor van Ars Church** (1970-73), Aldo van Eyck. Section and floor plan.

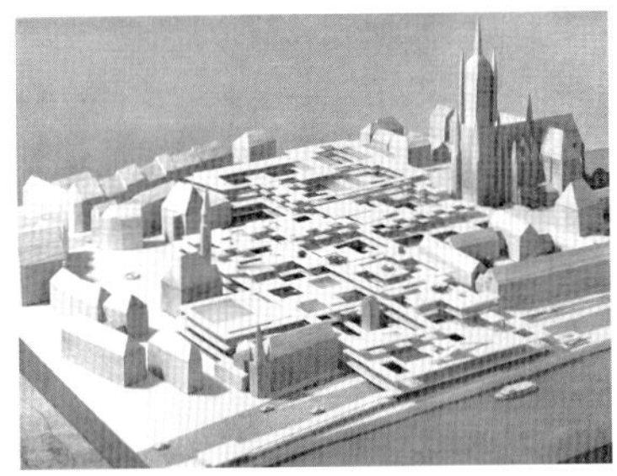

Fig. 4 | **Frankfurt competition entry** (1963), Candilis-Josic-Woods. Scale model.

This last tendency can, according to Alison Smithson, be well observed in the Pastoor van Ars Church (1970-73) of Aldo van Eyck (Fig. 3). Within a traditional closed architectural volume several urban figures are juxtaposed: chapels, sloping street ("via sacra") and meeting place ("crypt") are united in the church's austere architectonic form (Strauven 1998, 486). The different urban figures are not clearly separated; rather they dissolve into one another. Precisely this "... overlay of patterns of use: the disintegration of rigidity through this meshing (...) make this a nugget of *mat*-architecture" writes Smithson (Smithson 1974, 575).

The dense overlay of interiorized urban figures is an essential characteristic of Alison Smithson's *mat-building*. The concept epitomizes two apparently different tendencies: one being a move in the direction of urbanism, the other an increasing importance of the interior. The resulting *mats* are hybrids that embody characteristics of architecture and town planning. The *mat* differs from models with similar (urban and interior) characteristics, such as Le Corbusier *Unité d'habitation*, because of its two-dimensional character. The vertical towers of Le Corbusier are replaced by horizontal density. It is out of this perspective that Alison Smithson's claim should be understood that *mat-building* "will tend to re-establish *density* and *scale* in habitat." (Smithson 1974, 581—my own italics)

That the characteristic density of *mat-building* can not be reduced to compact two-dimensional building is illustrated though the comparison of Aldo Van Eyck's orphanage (1957-60) and Candilis-Josic-Woods Frankfurt competition entry (1963) (Fig. 4/Fig. 5). According to Alison Smithson, the orphanage is included in the essay not so much because it is recognizable as a *mat*, but rather for: "...its import as harbinger of change—for the internal language was very dense..." (Smithson 1974, 581) This exclusion of the orphanage from the canon of *mat-building* is not without meaning. The reason for this exclusion can be found in the organising principle of the *mat*.

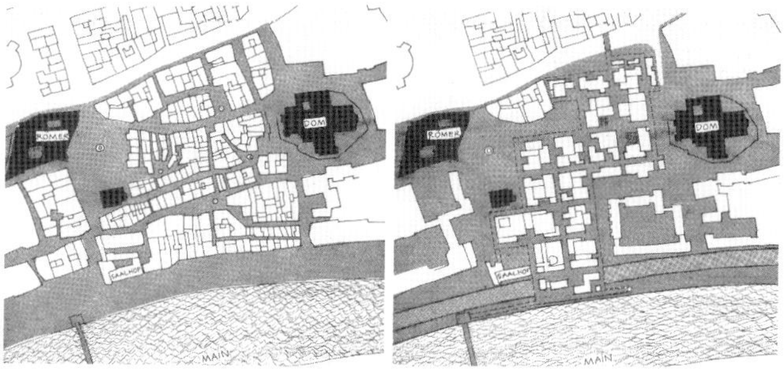

Fig. 5 | **Frankfurt competition entry** (1963), Candilis-Josic-Woods. Existing and new urban tissue.

Fig. 6 | **Cluster of dissimilar cases**, Louise Nevelson.

Through a work of Louise Nevelson, a dense cluster of dissimilar cases, Smithson illustrates that the *mat* is not an addition of isomorphic elements, but rather a structured nesting of diverse spatial and social units (Fig. 6). While Van Eyck's orphanage is the repetition of plain sameness, in the case of the Frankfurt *mat* "apparent sameness is the carrying order". The Frankfurt competition entry is a dense and structured weaving of different functions and architectural figures.

According to Alison Smithson, its composition of dissimilar urban entities also allows the *mat* to be part of existing patterns: "Part of the patterns of human association, the patterns of use, the patterns of stillness, quiet, noise... and the patterns of form." (Smithson 1974, 580) Hence, the Frankfurt *mat* is a fraction of urban fabric that introduces large infrastructural platforms as a modern "carrying order" and simultaneously attempts to reflect the morphological and associational patterns of the medieval city centre. *Mat-building* is thus not a language of recognizable form, but rather a way of situating oneself in relation to the reality and context of the project. It is an aptitude to structure the givens of a project in accordance to the existing patterns.

The *Mat*'s Role in the Work of Alison and Peter Smithson

The importance and meaning of the architectural approach termed *mat-building* for the Smithson's theory can be clarified through an historical parallel[1]. The definition

|1| The Smithsons themselves have placed their own work on several occasions in line with several of their historical predecessors.

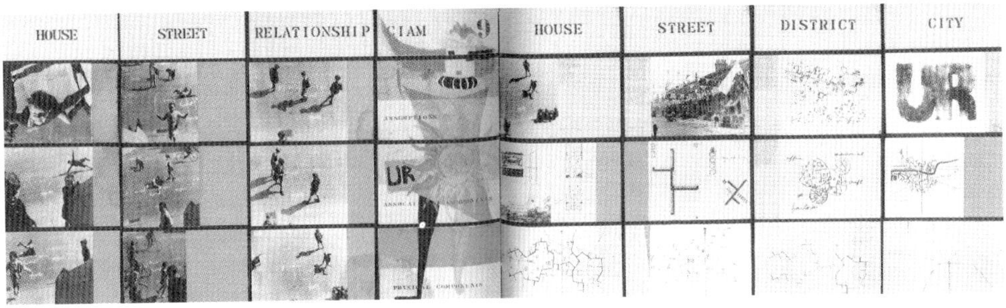

Fig. 7 | **Grid presented by Alison and Peter Smithson** at C.I.A.M. IX (1953).

of architecture through the figure of the *mat* is reminiscent of a cardinal text in modern architectural theory: Gottfried Semper's 1860 essay "Style in the Technical and Tectonic Arts or Practical Aesthetics" (Semper 1989). In this essay Semper states that building originates with the use of woven fabrics to define social space. For Semper the essential characteristic of these woven fabrics, or *mats*, is not the fact that they are placed in space as such, but rather the fact that they: "...are the production of space itself, launching the very idea of occupation." (Wigley 1997, 11) The texture of the woven fabrics, their sensuous play, like the languages Semper studied, opens up a space of exchange. The weave produces the very idea of a family that might occupy it, in the same way that a language produces the idea of a group that might speak it.

Alison Smithson's concept of *mat-building* seems to be in search of a similar relation between architectural form and appropriation. This can be well illustrated through one of the best known "*mats*" of the Smithsons: the matrix they presented at the *Congrès International d'Architecture Moderne IX* (Aix-en-Provence,1953) (Fig. 7). The Smithsons illustrate in this *mat* that they are fascinated by the way that in existing 19th century urban environments the street with its weaving of programs (houses, shops, workshops) and its close-knit relation of architectural elements (house, pavement, road) induces certain forms of appropriation. As well, programmatic interlacings, such as the nuanced architectural elaboration of the threshold between house and street in a 19th century London neighbourhood, are believed to be important parameters for the appropriation of the urban environment and thus of urban life. It is this interweaving of programmatic and architectural density that Alison Smithson points at with the concept of *mat-building*.

It is characteristic for the Smithsons that they do not approach this concept in a regressive way, advocating a return to the values of the past. They consider the described density as a challenge for modern architecture. Although the CIAM matrix consists of pictures of a 19th century workers quarter, the density and appropriation they illustrate is considered as a point of departure for the elaboration of new architectural models that should take into account that: "Today space is total and society is universal." (Smithson 1974, 573) Alison Smithson's search is thus not aimed at 19th century density, but rather at a contemporary equivalent that reflects the field of tension between universality and the human need for association. Just as Semper's woven fabrics reflect the whole essence of pre-modern dwelling, so the Smithson's *mats* attempts to summarize modern dwelling: "*Mat-building* can be said to epitomise the anonymous collective." (Smithson 1974, 573)

In Semper's definition of architecture the texture, the weave, of the fabric has a primordial role in the creation of social space because it produces the very idea of a family that might occupy it. The two-dimensional dense fabric of the *mat* plays a similarly paramount role in Alison Smithson's theory. The *mat* is an intricate juxtaposition of everyday urban elements (dwellings, streets, squares, bridges), thus "Lifting the everyday to a poetic level" (Smithson 1974, 584). The resulting dense architectural tissue with its "close-knit patterns" produces—as in Semper's example of the woven fabric—a built fabric that invites constant appropriation and re-appropriation, identification and association. Dense *mats* are thus according to Smithson not only "...the right living pattern for our way of life, and the equipment that serves it, but also (...) the right symbols to satisfy our present cultural aspirations." (Smithson 1974, 573) *Mat-building* does not symbolize this faculty of appropriation and identification through linguistic preconditions, through the adoption of a certain kind of style, but rather through its very materiality. It is the fabric of the *mat*, its material of clustered and interrelated spaces that symbolizes the possibility of appropriation. *Mat-building* turns out to be a design strategy that aims, through the introduction of density, to establish a more cultured relationship between modern man and physical space.

The *Mat* as Heuristic Tool

The concept of density that Alison Smithson terms *mat-building* continues to fascinate contemporary architectural practice. To illustrate this, it is worthwhile to regard *mat-building*, as Smithson suggested, for a moment as a heuristic tool; a specific way of analyzing architecture. Since *mat-building* is no stylistic or formal denominator but rather an indication of an architectural approach, it can not be identified through stylistic or formal characteristics. To identify the *mat*, a more distant view that focuses on architectural approach is in order: "To be able to recognize the phenomenon, calls for a specially prepared frame of mind [...] to deliberately *not look too closely* at the detailed language." (Smithson 1974, 573)

Smithson's entire article is an illustration of this heuristic approach. Although the realized examples of *mat-building*: "[...] tend to have something of the not-quite-recognisable-order of the Olympian Zeus temple..." (Smithson 1974, 573) Smithson tracks back a line of analogous approaches from Free University Berlin (1963) through the Smithsons' own work, to Mies van der Rohe's court houses. In all these examples the hybrid character of the *mat*, which epitomizes urban and interior characteristics, is accredited as the common denominator. More important however, is that *mat-building* as heuristic tool also allows for a specific interpretation of contemporary architectural production. The focus on the *mat*-characteristics of Peter Zumthor's so-called minimalist practice and MVRDV's artificial ecologies allows for the recognition of similar concerns. This can be illustrated through the confrontation of two projects that are representative for these practices: Zumthor's Thermal Bath in Vals, Switzerland (1994-1997) and MVRDV's Villa VPRO (1993-1997) in Hilversum, the Netherlands.

The Thermal Bath is a rectilinear mass (60 x 35 meters) situated on a mountain in the Valserrhein river valley and houses in- and outdoor baths, therapy rooms and rest spaces (Fig. 8). The building presents itself as an enormous three-story monolith partially integrated in the mountain's slope and with numerous caves, sunken

Fig. 8 | **Thermal Bath in Vals**, Switzerland (1994-1997), Peter Zumthor.

areas and slots that are as it were "carved out" of the dense mass. MVRDV's Villa VPRO is the headquarters of a public broadcasting network and consists of offices and studio rooms (Fig. 9). It is a coordinate column structure (50 x 50 m) of five stories with folding concrete floors that is described as "a geological formation". This rectangular formation is perforated with serpentine patios that allow the access of natural light to be combined with views out over the surroundings. The similar density of the buildings can be demonstrated by comparing MVRDV's diagrams of the villa with Zumthor's plans of the bath levels (Fig. 10). These representations show two dense urban-like structures of diverse voids and solids reminiscent of Nolli's maps of 18th century Rome. These structures encompass a mix of functions and juxtaposed programs. In the Villa VPRO private and landscape offices, cells for concentrated work, curtains and screens are intertwined. The bath building in Vals is a similar weave of different bathing "voids" and of "solids" that have acquired names indicating their functions: sweat stone, drinking fountain stone, fire bath, sounding stone...

Zumthor describes his weave of voids and solids as: "A continuous internal space, like a geometric cave system, that meanders through the baths structure of large stone blocks" (Zumthor 1998, 272). This space invites the bathers to: "climb down in the landscape of blocks and wander through the different interconnected opening and closing spaces" (Zumthor 1998, 281). MVRDV defines the Villa VPRO as a "continuous interior" of floors that "are connected to one another by a variety of spatial devices such as ramps, stepped floors, monumental steps and small rises, so providing a route to the roof". (MVRDV 1997, 88) In both cases the quality of the building seems to be illustrated through an evocation of an urban experience that takes place in the interior of the building.

As well in the villa as in the bath building, the solids and voids are arranged through the principle of "apparent sameness"; they differ but contribute to a general structure. In the baths of Vals the solids first appear as randomly placed in the perimeter of the building. However, through the matching fissures in the ceiling, providing each solid on one side with a top light, the geometric pattern that structures the plan gets illuminated in the roof. In the Villa VPRO it is the constructional diagram that is the structural layer from which all the other diagrams emerge.

Fig. 9 | **Villa VPRO**, MVRDV,
Hilversum, the Netherlands (1993-1997).

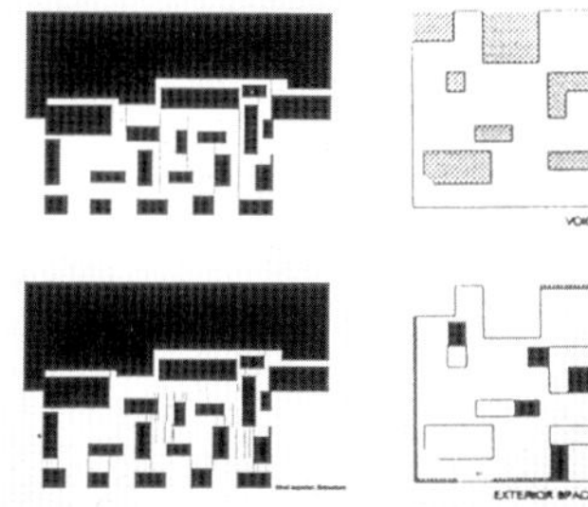

Fig. 10 | Comparison floor plans of
Thermal Bath (left) and **Villa VPRO** (right).

The specific composition allows the two projects to be part of the existing natural and associational patterns. The villa in Hilversum affects as little as possible the existing sloping Dutch landscape. With its grass roof garden, folded floors and patios the building can be described as an "...uninterrupted continuation of the landscape capable of accommodating all manner of office arrangements" (Lootsma 1997, 41). In this way the project truly deals with the existing natural and associational patterns. The Vals building has a similar landscape roof. Its carved-out fabric of solids and voids, resembling a large porous stone, connects it to the topographical pattern of the Valserrhein valley. As Zumthor writes: "The building takes the form of a large, grass-covered stone object (...) establishing a special relationship with the mountain landscape, its natural power, geological substance and impressive topography". (Zumthor 1998, 272)

Both a certain striving for density of physical spaces, functions and appropriations, and a relation to existing patterns seem to be common characteristics of the Thermal Bath of Peter Zumthor and the Villa VPRO of MVRDV. Alison Smithson's epistemological tool seems to lead to a remarkable conclusion. Notwithstanding dissimilar social and cultural contexts and in spite of different formal and stylistic attitudes, *mat-building* seems to continue to fascinate contemporary architecture. Dense two-dimensional architecture that interiorizes urban characteristics, Alison Smithson's *mat-building* seems to be a perennial model to sound out the possibilities of a more cultured relationship between the contemporary physical environment and the human need for association.

Bibliography

- Feld, Gabriel *(et al.)*, *Free University Berlin. Candilis, Josic, Woods, Schiedhelm*, London, AA Publications,1999.
- Koolhaas, Rem, *Delirious New York*, Rotterdam, 010 Publishers, 1978, p.152-159.
- MVRDV, *FARMAX*, Rotterdam, 010 Publishers, 1998.
- Lootsma, Bart, "Towards a Reflexive Architecture", *El Croquis* "Maas van Rijs de Vries 1991-1997", 1997, pp. 34-42.
- Mumford, Eric, *The CIAM Discourse on Urbanism*, 1928-1960, Cambridge (Mass.), MIT Press, 2000.
- MVRDV, "Villa VPRO", *El Croquis* "Maas van Rijs de Vries 1991/1997", 1997.
- Semper, Gottfried, *The Four Elements of Architecture and Other Writings*, (trans. HF Mallgrave and W. Herrmann), New York, Cambridge Univ. Press, 1989.
- Smithson, Alison, "How to recognize and read MAT-BUILDING. Mainstream architecture as it developed towards the mat-building" *Architectural Design*, nr 9, 1974, p. 573-590.
- Smithson, Alison, Smithson, Peter, *Ordinariness and Light. Urban theories 1952-1960 and their application in a building project 1963-1970*, Cambridge (Mass.), MIT Press, 1970.
- Strauven, Francis, *Aldo Van Eyck. The Shape of Relativity*, Amsterdam, Architectura & Natura Press, 1998.
- Webster's, *The New International Webster's Comprehensive Dictionary of the English Language*, Naples (Florida), Trident Press International, 1996.
- Wigley, Mark, *White Walls Designer Dresses. The Fashioning of Modern Architecture*, Cambridge (Mass.), MIT Press, 1997.
- Woods, Shadrach, "Stem", *Achitectural Design*, May, 1960, p. 181
- Zumthor, Peter, "Thermal Bath at Vals", *El Croquis*, nr 88/89, 1998.

Inside the Urban Density of a Brussels' Shopping District

Dieter De Clercq

This paper presents an investigation of the development and transformations of two historical typologies, the boulevard and the arcade, in a concrete urban context. Both these forms articulate different aspects of density in the 19th century city: disorder, traffic, mass, superposition, confrontation, mixing, etc. At the beginning of the 21st century the city, as well its boulevards and arcades, are undergoing major transformations. Due to these transformations the boulevard and the arcade appear in the present-day network-city in hybrid forms, as urban highway and as shopping mall. These hybrid appearances are the subject of a case study focusing on a busy and successful shopping and leisure area in Brussels, between Naamsepoort and Louizalaan. At the end of the 19th century this part of the upper town, bordering on the pentagonal ring-boulevard, was one of the busiest, most attractive and luxurious promenades of the growing metropolis. A century later this boulevard-promenade has become, together with the neighboring shopping arcades, one of the most active commercial areas in Belgium. The transformation of the old boulevard into an urban highway—for which the Universal Exposition of 1958 acted as a catalyst—provided the scene for a speculative real estate operation, which resulted in the densification of the existing dwelling tissue with a diversity of programs and functions. That the economical balance of this densification-strategy is often precarious is shown by the varying success of the shopping arcades: some are empty, others are adapted or are being appropriated by an other clienteles.

À l'intérieur de la densité urbaine d'une zone commerciale bruxelloise

*Cet article présente une recherche sur le développement et les transformations de deux typologies historiques, le boulevard et le passage couvert, dans un contexte urbain concret. Ces deux typologies articulent des aspects différents de densité dans la ville du XIX*e *siècle : désordre, trafic, masse, superposition, confrontation, mixité, etc. Au début du XXI*e *siècle, la ville, avec le boulevard et le passage, subit des transformations fondamentales. À cause de ces transformations, le boulevard et le passage apparaissent dans la ville-réseau actuelle sous des formes hybrides en tant qu'autoroute urbaine et centre commercial. Ces aspects hybrides sont le sujet d'une étude de cas, se concentrant sur une zone de commerce et de loisirs à Bruxelles, entre la Porte de Namur et l'Avenue Louise. À la fin du XIX*e *siècle, cette partie de la ville haute, à côté du pentagone, était l'une des promenades les plus fréquentées, les plus attrayantes et luxueuses de la métropole croissante. Un siècle plus tard, l'ensemble du boulevard-promenade et des passages commerciaux voisins est devenu l'un des secteurs commerciaux les mieux fréquentés en Belgique. La transformation du vieux boulevard en autoroute urbaine — pour laquelle l'Exposition universelle de 1958 a agi en tant que catalyseur — a fourni la scène d'une opération immobilière spéculative, qui a eu comme conséquence la densification du tissu urbain avec une diversité des programmes et des fonctions. L'équilibre économique de cette stratégie de densification est souvent précaire, ce qui est démontré par le succès variable des passages commerciaux : certains d'entre eux sont vides, d'autres sont adaptés ou sont appropriés par un autre public.*

Introduction

"Urbanity" cannot be reduced to a quantitative problem in terms of density, abundance and accumulation. According to René Boomkens, the *normative load* of certain practices or institutions, in a specific time-environmental context, determines what we call urban and what not (Boomkens 1998, 389). Urbanity to him can be used as a metaphor for the openness and unpredictability of modern society. These qualitative features of "modern experience" and "urban public domain" go back to sociological and psychological aspects of density, which find remarkable expression in two early modern spatial typologies: the 19th century boulevard and arcade. As described by Walter Benjamin, Marshall Berman, Richard Sennett and others, both of these historical typologies articulate various aspects of density in the XIXth century city: disorder, traffic, mass, accumulation, superposition, congestion, confrontation, mixture, etc.

At the beginning of the 21st century, the city has undergone major transformations. In the present-day network city, the boulevard and the arcade happen to appear in hybrid forms: as a cross between boulevard and urban highway on the one hand, between arcade and shopping mall on the other. These hybrid appearances are the focus of a case study of a busy shopping and leisure area in Brussels' upper city, between Naamsepoort and Louizaplaats. At the end of the 19th century this part of the upper town bordering on the pentagonal ring-boulevard was one of the most attractive and luxurious promenades of the growing metropolis. At the beginning of the new millennium, the rearranged boulevard-promenade, together with the adjacent shopping-arcades, has become one of the most frequented commercial areas in Belgium, constituting a major antipode of Nieuwstraat and the City2 complex in tourist downtown Brussels. The transformation of the former ring-boulevard into an urban highway set the scene for a speculative real estate operation, which resulted in the densification of the existing dwelling fabric with diverse buildings, programs and functions. The inside area of the existing building blocks was opened up and densified by the development of large shopping-arcades, giving access to various levels and "inside" buildings. That the economic balance of this densification-strategy is often precarious is shown by the varying success of the shopping arcades: some are empty, while others are adapted or re-appropriated by a different public. In this case-study, these various aspects of density are studied within the "generic" settings of the shopping-arcades and the recently "disneyfied" boulevard.

From Metropolitan Density to "Generic" Density

Naamsepoort (Porte de Namur) is situated at the crossing of the historical, east-west trading route (from Ghent to Namur) and the pentagon ring-boulevard, which was constructed upon the former bulwark of ramparts and fortifications[1] (Fig. 1).

|1| This historical trading route penetrated the city via Vlaamse Poort and followed the course of the present-day Vlaamse Steenweg, Kiekenmarkt, Grasmarkt and Magdalenastraat after which it mounted directly to Koningsplein (Place Royale) via the steep slope of Hofberg. From there it ran on into Naamsestraat and mounted to Naamsepoort in the direction of Elsensesteenweg. This road remained the most important shopping street of Brussels until the central boulevards were constructed perpendicularly to it.

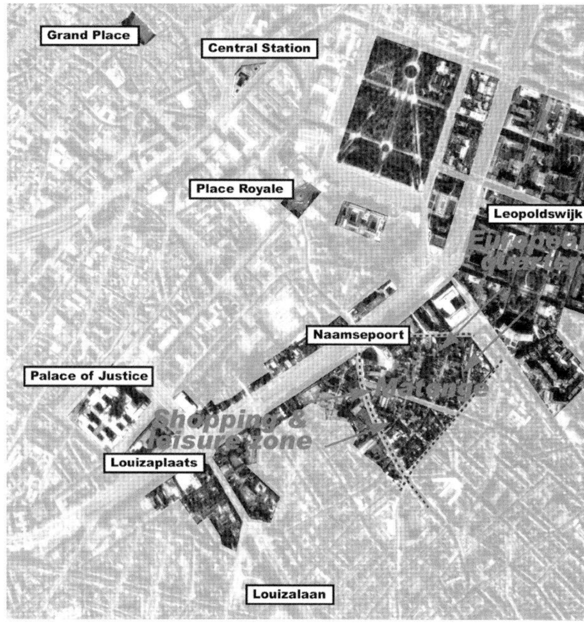

Fig. 1 | Situation of the shopping district between Naamsepoort and Louizaplaats in Brussels' upper city.

The construction of the ring-boulevard (1812-1840) released the city centre of Brussels from its straitjacket, stimulated the development of the outskirts and generated a first migration wave of well-to-do citizens to the upper city. During the second half of the 19th century, Naamsepoort developed into one of the most lively and most frequented places of Brussels. It became a meeting place for well-to-do citizens and artists and comprised lots of pubs, restaurants, luxury shops and entertainment halls. Both Waterloolaan (Boulevard de Waterloo) and Guldenvlieslaan (Avenue de la Toison d'Or), the two sides of the newly constructed boulevard-promenade between Naamsepoort and Louizaplaats (Place Louise, 1840), were gradually being discovered by Brussels's citizens. Around 1890 this part of the ring-boulevard was one of the most luxurious promenades of Brussels. The attractiveness of the site at the end of the 19th century was undoubtedly generated by the exciting and overwhelming density of functions, activities and people. However, a comparison with Marshall Berman's description of the boulevard, as a place of gathering and confrontation of various social groups, does not hold as such (Berman 1982). First of all the boulevard did not result in densely populated districts being opened up, but it did constitute the driving force for the first development and urbanization of the "terrain vague" outside the former rampart. Secondly, the boulevard became the favourite area for the upper middle class, which in the meanwhile had settled uptown.

The world exhibition of 1958 was used to force Brussels into modernization. Rather large parts of the inner city were demolished to enable car, railway and subway infrastructure to reach the city centre. In the 1950s, the former ring-boulevard was transformed into an urban highway. Hence, the original spirit in which the city promenade was designed has been lost almost entirely. The 19th century boulevard-promenade is absorbed by the logic of the network and is provided with all possible kinds of infrastructure: tunnels, tram and underground lines, underground and aboveground parking facilities and even a petrol station. The east-west trading route between upper and lower city was broken up by the construction of an underground railway link between North and South Stations (1935-1952). The rupture was still reinforced by the monumental construction of the Kunstberg (Mont des Arts), in replacement of the former Hofberg (Montagne de la Cour)[1].

Notwithstanding these radical modernizing efforts, the upper town still managed to retain its commercial character. When Hofberg ceased to constitute the commercial link between upper and lower city, shops in Brussels were concentrated in two poles. The trade in luxury goods was concentrated in the upper city, while the less expensive shops were gathered in the lower city. In order to retain this bipolarity, the upper town was transformed into a concentrated service zone, due to an intense densification of the existing fabric with apartments, hotels, commercial functions and offices. This process was stimulated by the upper middle class moving to the neighbouring residential districts in Elsene and Sint-Gillis.

Today the boulevard-promenade along Guldenvlieslaan is the link between two magnetic ends, with the shoppers commuting up and down: Louizaplaats and the chic Louizalaan (Avenue Louise) on the one hand, Naamsepoort and the generic store chains along Elsensesteenweg (Chaussée d'Ixelles) on the other hand. The linear track along the boulevard creates a short-circuit between these two vital commercial poles. This system is punctuated with lots of parking facilities and is reinforced by a dense network of bus, tram and underground connections, feeding the linear movement. Because of the complexity of the connections, a kind of "metropolitan" density is generated, uniting various traffic and pedestrian flows. The visible link and friction between a literal *flow* of people, vehicles and goods, and the "place-character" of the recently rearranged promenade are part of the urban experience of density on this location.

This present-day "city walk" constructed along the highway in 1998, can be seen as a nostalgic recovery of the old boulevard concept. The broadened promenade shows an artificial, generic world, with order, neatness and consumer glamour being the new icons. 19th century newspaper stands and lampposts, checked pavement, adapted street furniture and wrought-iron gates are its necessary decor... A Mediterranean city culture apparently has no problem tapping into this hybrid boulevard. Each and every Saturday, the atomized crowd is condensed in these generic settings. It enjoys the commodities, the terraces, the leisure possibilities, and also itself, its own numerical strength (Laermans 1997).

Generic chains such as *Quick* and *McDonald's* try to use this "uncontrollable" density to their advantage. *Quick* establishes itself on both sides of the track; *McDonald's*—by means of sponsored road signs along Guldenvlieslaan—tries to lure potential customers from Louizalaan to Elsensesteenweg. This density of customers also attracts other companies and new investments. Some years ago, the British company *Heron City* had the intention to build a new big leisure center on Guldenvlieslaan, including cinemas, bars, restaurants and shops (Vandersmissen 1999). The company was expecting three to four million people a year, visiting the center, strolling along its covered internal streets, public gardens and fountains and enjoying its "street theatre".

|1| Hofberg housed the most exquisite shops of Brussels and was the meeting place of the elegant bourgeoisie. The steep slope of this elegant shopping street, which turned out to be a hindrance for the ever-increasing traffic, had to make way for the design of the monumental Kunstberg.

The Hybrid Density of the Shopping-Arcades

The process of the luxury commercial district for the middle classes developing into a commercial area that is connected to the network, entailed a lot of renovating and modernizing operations and the construction of large shopping-arcades. All commercial arcades in Brussels are located in the eastern, wealthier part of the conurbation. Not a single arcade can be found west of the central boulevards. Probably the property developers considered that this building formula was meant for a well-to-do clientele, so that they at least had to assure a luxury appearance. Parameters such as residence density or easy access seemed to be of secondary importance. The implantation of commercial arcades at Naamsepoort and Louizalaan fits nicely within this logic. As a result of the upper middle class moving away and the ring-boulevard being transformed into an urban motorway, the luxurious commercial district was "democratized". The district was converted into a concentrated service area, due to an intense densification of the urban fabric.

The rather excessive inside area of some 19th century building blocks became the exquisite play-ground for speculative densification. In order to densify the existing dwelling fabric, a lot of experiments were carried out with modern commercial forms, all based upon the example of the 19th century arcade (Baudhuin 1958). The return to the concept of the arcade probably originated from the sharp increase in land prices after the Second World War. Lucrative opening and distribution systems were considered in order to open up the inside area of the existing building blocks, which because of their sizes and the lack of already existing connections, was normally inaccessible. The new arcades were basically conceived and developed from an important distributive demand and a high density of visitors. The arcades were linked to places with an already more than average attraction: Louizalaan, Guldenvlieslaan and Elsensesteenweg. The attraction increased even more thanks to the realization of these arcades. The densification of the building block in turn led to an increase in land values and the possibility of obtaining a higher profit margin, in case of a maximum exploitation of the area. The financial success of this real estate speculation is obvious from the successive conversions of the Louiza arcade (Galerie Louise), which eventually stretched all the way from Guldenvlieslaan to Stefaniaplaats (Place Stéphanie). Today, the Louiza arcade is longer than Nieuwstraat (Rue Neuve) and it contains more shopping space than the City2 complex in tourist downtown Brussels (D'Hooghe 2003).

Undoubtedly, the prolonged success of the Louiza arcade is based upon its multifunctional character. When it was opened in 1952, the arcade still was a dead-end corridor, giving access to various levels and to an extensive complex of apartments and offices, in the middle of the existing building block. The arcade was connected to an underground parking lot and was provided with pubs, restaurants, conference rooms, multi-purpose halls that may be used for exhibitions, receptions, plays and movies, and later on a casino. The arcade therefore was not only a centre of activity during the day, but it remained a major pole of attraction at night as well. The property developers of the Louiza arcade made no secret of their ambitions. The modern, multifunctional complex was to be a European version of New York's Rockefeller Center (Mierop 1997). The Louiza arcade was considered to be *a city within a city*

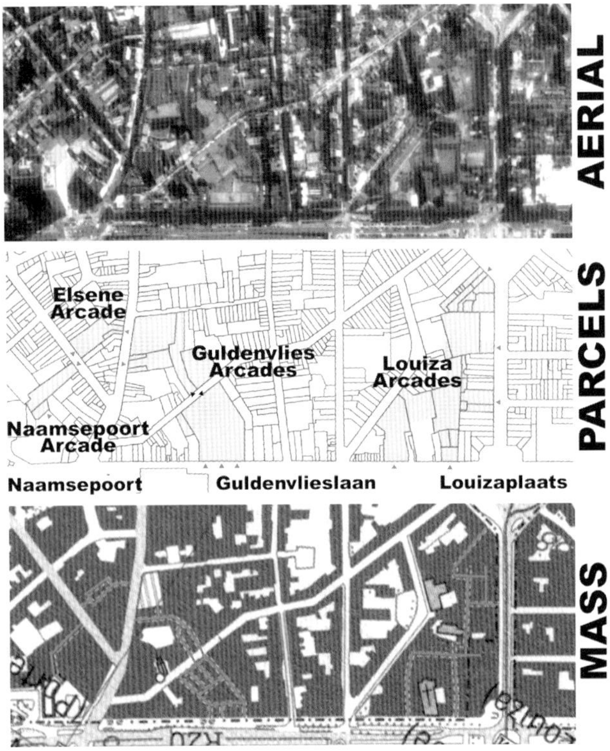

Fig. 2 | Morphological analysis of the shopping district.

—after Benjamin's conception of the 19th century arcade (Baudhuin 1958, 78; Benjamin 1983, 37). In the shopping arcade new relations become visible between density, compactness, mixed use, public property and the private dwelling space. The arcade as such is constructed around aggregations of differentiated spaces, which are closely linked to one another and to the global urban network. The horizontal and vertical connections in the arcade induce features which are associated with urbanity: density, stratification, mobility, superposition and juxtaposition.

The success of the Louiza arcade was so overwhelming that it became an example worth following. Within a period of 40 years, the existing fabric between Naamsepoort and Louizaplaats was thoroughly disordered and densified. A morphological analysis of this area shows that the inside area of the building blocks was entirely absorbed by an "octopus" of covered shopping-arcades, linked to parking lots, offices, hotels, apartments, theatres and cinemas (Fig. 2). In terms of size and complexity the arcades show the irrepressible optimism of the sixties. The Guldenvlies arcades (Galeries de la Toison d'Or), built between 1966 and 1971, make a complex connection between Elsensesteenweg and Guldenvlieslaan and extend along both sides of the Stassartstraat. The extensive network of corridors is then again doubled over two levels: the ground floor and a basement. The arcades give access both to diverse office blocks and to existing and newly-built cinemas. However, the currently empty underground shopping-arcades and the hardly finished cellar spaces and parking lots show the other side of the glamour, as recently explored in the art-project "Para-Site" (Doove 1997). The labyrinthine trajectory imposed by the underground network of corridors "counter-echoes" the careless strolling above ground. The density of programs, functions and

Fig. 3 | Functional analysis of the African Matonge quarter.

people here has made room for a desolate emptiness[1]. Also, the Louiza arcade cannot escape the downward spiral. Some of the shops are only used as display windows, thus camouflaging the fact that they are really empty. On the bottom level of the Louiza space (Espace Louise), the most recent extension of the Louiza arcade (1990), most of the shops are vacant. The various vacant shops indicate the "failure" of a specific time spirit, resulting from the changes in economy. The success of the speculative building formula was thwarted by the bad economic situation in the seventies and eighties, the changes in purchasing behaviour—because of the establishment of major shopping centres in the outskirts—and the development of international chain stores requiring increasingly huge shopping space.

Two smaller shopping-arcades were erected on both sides of Waversesteenweg (Chaussée de Wavre). After a few years of relative success, the Elsene arcade (Galerie d'Ixelles, 1954)—originally a fancy middle-class arcade—went down very fast. Throughout the seventies, it flourished again thanks to the establishment of exotic shops for an at first well-to-do Congolese clientele of scholars and diplomats. In the last two decades, however, there has been an upsurge in the migratory flows of African youth to European and North American metropoles. Although western governments are in the process of implementing new policies to crack down on the "immigrant threat", increasing numbers of African migrants continue to flock to *global cities* such as New York, Montreal, Paris, London and Brussels—often illegally (Sassen 1991). Throughout the eighties, the Brussels's *Matonge* district at the Naamsepoort—named after one of the hottest quarters in Kinshasa—developed into an African-Congolese activity centre. The African trade in this district has developed in such a way that the fancy shopping streets and shopping-arcades of the old days can hardly be recognized (Fig. 3). The exquisite shops were transformed into marginal import-export

|1| At the time of my research, a billboard—hanging on a empty shop front—symbolized this reversal: "70 boutiques, 10 cinemas, 1 theatre, hairdresser's, restaurants, snacks,... *On peut résister à tout, sauf à la tentation* (O. Wilde)".

businesses, small shops selling cosmetics or exuberant fabrics, African hairdressers, music shops, jewellers, African pubs and snack bars *(nganda)*. At present, the Elsene arcade is the spatial, social and commercial centre of the *Matonge* quarter. The specific architecture of the shopping-arcade operates as a condenser for an intense African sociability. The density and concentration of transformed small shops creates a typically African *espace ambiance*.

Concluding Remarks

From the history and transformation of the shopping area in Brussels' upper city, extending from Naamsepoort to Louizaplaats, we can draw some conclusions with regard to the theme of density. I tried to show that the connection between the hybrid forms of the boulevard and the arcade revealed some new or different aspects of urban density on this site.

1/ A morphological study of the area leads to a remarkable observation. Based upon the type of the 19th century arcade, a hybrid arcade form was developed, which was used to open up and densify the inside area of the existing building blocks. Whereas the 19th century arcade made a direct connection between two main shopping streets, the new type rather becomes independent and turns into an autonomous commercial ensemble.

2/ The developers of the arcades tried to lure as many potential customers as possible, by linking up with the boulevard on several locations. The partial densification is of major importance for the morphological structure and parceling of the current boulevard: residences alternating with hotels, apartments, arcades and office buildings. Although the surrounding 19th century dwelling fabric was not directly affected, the huge developments and the high parking pressure increasingly started to endanger the residential functions of the district. From this point of view, the current decline in the surrounding neighbourhood is significant.

3/ The urban density of this site is rather specific. It does not refer to residential density, but to a density in terms of functions and developed surface area. It is a place where a lot of people meet, who do not live there, but who go there for shopping, gathering, having a night out or for employment reasons. The urban density generates some complex and ambivalent movement patterns, because of the present interrelation and mixture of traffic flows, programs and activities.

4/ Guldenvlieslaan is characterized by a radical collage of the historical meaning of the boulevard as a centre of public life and the modern forms of traffic and transport. The aggressive signboards and the flashing neon lights along the urban highway are entirely geared to scenic observation from passing cars. (Fig. 4—see cover of this volume) The wide variety of advertising signs provides both the ancient residential buildings and the uniform office buildings with a second front, thus creating a fascinating new image of density.

5/ The shopping area can be considered as a site where this *logic of the network* makes a complex connection with the recently "recovered" *logic of the place*. Two well-known transformations of the 19th century boulevard are mounted next to one another: the urban highway and the shopping-walking street. An important flow of people is canalized through and condensed on the Disney-like boulevard-promenade. Generic chains are developing visible strategies to anticipate this new density of people.

6/ In spite of new investments, the area seems to be balancing on the edge of its economic and commercial capacity, because of the uncontrolled densification and the far-reaching exploitation of the site in the 1960s and 1970s. This fragile equilibrium is striking in the Guldenvlies arcades. While some arcades are vacant, others are being used for other purposes or are being re-appropriated. In short, they comply with the essence of urbanity. The arcades at the Naamsepoort became a new condenser for an intense African sociability. The African presence in the district also determines the new experience of density on the boulevard. In the end, the boulevard becomes a place of confrontation between various ethnic minorities and races, between classes and ranks, between rich and poor, between intimate and anonymous. This confrontation, however, is "weakened" in the generic settings of the boulevard.

Bibliography

- Baudhuin, Fernand, "Les Galeries, formules immobilières rénovée", *Revue générale belge*, nr 1, 1958, p. 73-79.
- Benjamin, Walter, *Charles Baudelaire: The Lyric Poet in the Era of High Capitalism*, (transl. Harry Zorn), London, Verso, 1983.
- Berman, Marshall, *All that is solid melts into air*, London, Verso, 1982.
- Boomkens, René, *Een drempelwereld. Moderne ervaring en stedelijke openbaarheid*, Rotterdam, Nai Publishers, 1998.
- D'Hooghe, Alexander, "Postmetropolitan Density. The Bon Marché Area in Brussels", in this volume.
- Doove, Edith, "The Art of Shopping. Para-Site in Brussels", *Archis*, nr 6, 1997, p. 26-28.
- Laermans, Rudi, "Geen Uitgang! Over de neostedelijkheid van malls en winkelcentra", *Schimmenspel. Essays over de hedendaagse onwerkelijkheid*, Leuven, Van Halewyck, 1997, p. 37 60.
- Mierop, Caroline, *De Louizalaan*, in the series: *Brussel, stad van kunst en geschiedenis*, Nr 19, Ministerie van het Brussels Hoofdstedelijk Gewest - Dienst Monumenten en Landschappen Brussel, Brussels, 1997.
- Sassen, Saskia, *The Global City. New York, London, Tokyo*, Princeton (New Jersey), Princeton University Press, 1991.
- Vandersmissen, Michel, "Britse Heron wil gezinsrecreatiecentrum", *De Standaard*, 15 december 1999.

Save Us From Quantity

uapS

This paper deals with an area in the periphery of Rome. It begins by noting the distance that separates the official representation in planning documents from the lived reality that one may witness when exploring the area. Illegally-built individual dwellings, shops, supermarkets and small factories give rise to a kind of urbanity that doesn't reach a high level of physical density (according to quantitative indexes), but that nevertheless conveys a very real sense of density. Via loosely-linked design proposals, the paper argues that a complex weaving of daily rhythms, patterns of movement and activities can induce what the authors call "programmatic elasticity", creating an important role for "potentially dense" areas, more in tune with the area's identity.

Préservez-nous de la quantité

Cet article étudie un territoire situé dans la périphérie de Rome. Tout d'abord, il constate la distance entre la représentation des documents officiels, d'une part, et la réalité vécue que l'on peut observer sur place, d'autre part. Les logements individuels construits illégalement, les magasins, les supermarchés et les petites entreprises ont fait naître un mode d'urbanité qui n'atteint pas un niveau de densité physique élevé (selon les indices quantitatifs). Celui-ci traduit néanmoins un véritable sens de la densité. Via des propositions de projets urbains, les auteurs prônent un tissage complexe de rythmes quotidiens, de modes de mobilité et d'activités qui puisse conduire à une « élasticité programmatique », créant ainsi un rôle important pour des lieux « potentiellement denses », tout en restant plus proche de l'identité actuelle du territoire.

Official Plans versus Illegal Realities

Rome is a metropolis on a vast surface area: 129 000 hectares, with an average of 2160 inhabitants per square kilometer. This means that the official Rome is a territory eleven times the area of Paris. Since the beginning of the 20th century, the official organization and planning of Rome has been based on a series of extremely simple and abstract plans. One of the simplest plans is the scheme introduced by Mussolini in 1925. It focuses on connecting Rome and the sea by developing Rome along a north-south axis. E.U.R. is the only part that was realized of this plan.

Few revisions are made of these master plans, called the Piano Regulatore Generale (P.R.G.). The current P.R.G. was made up in 1965 and has been revised only once in 1993. This P.R.G. is essentially a simple infrastructure scheme, an all-enfolding plan depending on a dense network of roads. The changes that were made complete the road network with an infrastructure of public transport and with a series of public parks in the periphery. Only fragments of this master plan can be realized, as a parallel illegal development is blocking the realization of the proposed network.

The site we studied in detail is largely characterized by these abusive developments (Fig. 1). These illegal concentrations consist mainly of family units, freestanding houses in which one family—parents, grandparents, children...— live on three or four levels. The families focus on their own house and on the parcel itself; everything outside their boundaries is neglected and left to the public domain. The private areas are maximized while the public domain is minimized. The public is simply a leftover area consisting mainly of shared access roads, treated in a minimal way—at first made out of sand or gravel, in a later phase asphalted from door to door.

The longer these illegal communities exist, the more sophisticated and equipped they get. In the end, they may include illegal shops and "supermarkets" and even illegal industries attaching themselves to some of Rome's major infrastructures. As a result of this, traffic on motorways comes to a standstill because of the many parking spaces and entrances. At a certain stage in their development these abusive concentrations get so important as a habitat that the city of Rome can no longer ignore them and is obliged to legalize these "villages". Though the community recognizes the majority of these villages, and changes its Piano Regulatore to the actual situation, at the same time Rome tries to counter this abusive planning. Urbanists and planners consider these spread out and low rise communities as peripheral, having no urban quality whatsoever. By realizing parts of the official Roman scheme, Rome tries to impose an official mode of urbanity in its periphery. Every official plan in the periphery will be urban through density. Therefore, every zone is labeled with a program, a density of inhabitants, a volumetric capacity and a minimum number of square meters reserved for public spaces. With this plan, urbanists state that the minimal density for an urban environment is ground floor + seven levels. Aside from this urban typology there is a need for a certain programmatic density. Every new community is provided with a basic programmatic kit: a school, a church with a sports field and if possible a library. On a smaller scale the envisaged programmatic density turns most ground floors into services and shops, especially on the main accesses. The imposed density is a quantitative, measurable concept.

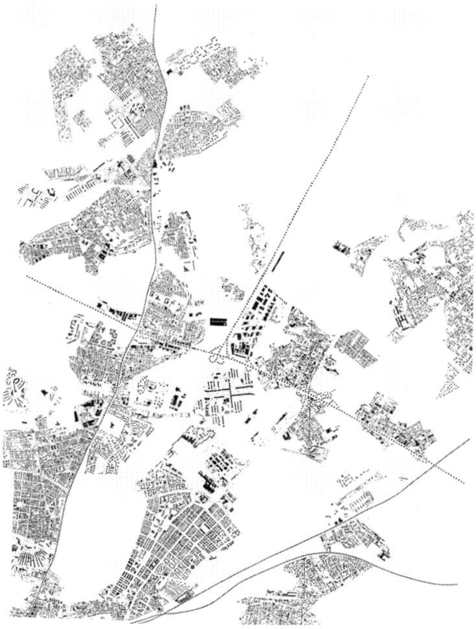

Fig. 1 |Rome as an archipelago of official and abusive developments.

Density, and through density urbanity, is simply created in a volumetric way by stacking square meters and by standard combinations of different programs.

The counterweight of this volumetric concept is found in a summer event in the same area. In the middle of the fields, in the Hippodromo Cappannelle, thousands of people gather for a yearly dance. The enormous concentration of people creates for a few weeks a feeling of urbanity never to be found in the official Roman peripheral density. It' s an uncontrollable, temporary density, leaving no trace as the event stops. Yet it is organized and like the square-meter-density it is measurable and quantitative. Both situations are exemplary for Rome's periphery. The quantity of urban ingredients is present in Rome but there is hardly any interaction between these ingredients. This is reflected in the structure of the periphery: a structure of isolated legal and abusive areas. Two parallel developments whose fragments collide with each other, leaving vast areas of fringes and wasteland. At first glance, Rome does not work as a metropolis.

Everyday Life

A closer analysis reveals a completely different metropolitan system. It reflects an urbanity in which the concept of density moves to what the French philosopher Jean Atalli calls *"la densité comme mesure d'une perception urbaine"* [1]. Density as an urban perception is not just quantitative, but relational. It is an interaction between perspective, volume, in-between-space, different types of program only linked by the space they share, different uses, social aspects...

|1| Attali, Jean, unpublished text accompanying the project submitted by the Office for Metropolitan Architecture for the competition "Seine Rive Gauche", 1995.

Fig. 2 | **Rebus Urbanity**

In the Roman periphery we looked for dense or potentially dense places by studying everyday life, by trying to find out how the area is used by its inhabitants. How do people get to work, where do they meet, where does one take one's cappuccino, what happens in the week-ends or at night, who lives where,...? Maps, like a personal territory map, show how and where relatively independent actions are concentrated. They reveal density as they reveal where, in using the city, different rhythms of everyday life collide. These maps identify, for example, fallow land, places with a specific characteristic, trajectories, infrastructures, etc., as dense or potentially dense places in the Roman periphery.

Huge areas of the periphery are fallow land. These areas are not agricultural, they are not cultivated, they are not parks—they're simply being reserved for possible future use. One of the most stunning examples of fallow land is the university site. The site, Tor Vergata, is a 500 hectare open terrain bordered by the motorway to Naples and the G.R.A., the Roman ring road. The P.R.G. reserved the site for the university. The university occupies but a small fraction of the site, the major part is left as an enormous wasteland. As a result of the city's policy to reserve maximum areas for minimal programs, the university is cut off from the urban life around it. It is an isolated entity with hardly any relation with the nearby illegal communities: no passages, no student bars or restaurants, no bookshops or copy services.

Because the university is not using the major part of its site, large parts are being taken over illegally, transformed into passages, villages, or gardens. To prevent this, the university plans the most outrageous and unnecessary projects, going from a theatre for thousands of people to the largest botanical garden in Europe. The university reserves its property by imposing programs that consolidate its isolation. By doing so the possible urban perception of the site is reduced and even blocked. On a smaller scale comparable situations can be found in the legal constructions. As these communities are conceived by simply positioning volumes, the open space between the volumes is often neglected. Public space consists mainly of enormous seas of asphalt or green fringes that take up the irregular borders of the sites. Although left over, they are used intensively as meeting points. Their use is constituted by their accessibility for cars and scooters, by car movements, by turning circles, by the position of waste containers, by bus stops, by ambulant commerce... Just like the fallow land, these open spaces are the elements where quantities of people, programs, and volumes intermingle in an urban density.

The same goes for certain very specific places in the periphery. As the environment, both legal and illegal, is quite homogeneous, certain spaces stand out by their exceptional characteristics. For example, the underpasses of the motorway are public spaces; they are cool meeting places in an area where shaded public spaces are rare.

Fig. 3 | People on their way to the supermarket.

Other points distinguish themselves through what we call "the golden combination" (Fig. 2). Throughout the site several combinations are made of a bus stop, a newspaper stand, a bar and a waste container. These points are more urban than the morphologically urban boulevards or the typologically dense housing slabs because of the concentration of daily actions: drinking coffee, waiting for the bus, reading, throwing things away.

A third potential focus of urban perception is constituted by infrastructure. Clearly, some major infrastructures attract different programs. More specific to the Roman periphery, though, is the role of different trajectories. As the area is physically built as isolated islets, it only works if the whole area is crisscrossed by trajectories. Paths using motorway bridges to reach the commercial centre, roads crossing fields to get to the metro-and-bus station, shortcuts through the university site (Fig. 3). These connections assemble a diversity of people and a diversity of rhythms and uses, in contradiction with the homogeneous character of both legal and illegal concentrations.

Studying everyday life, the ensemble of personal territories, shows that the periphery of Rome is not an archipelago, it does not work as a collection of islets held together by infrastructure. Its urbanity moves in between the masses, in between the quantities of surface area and of people. This urbanity reveals itself as an interaction between an urban form and the way this urban form is used. In that way Cinecitta Est is not dense. Cinecitta looks dense, it has a dense form but it is lacking in qualitative complexity. The territory maps show that the complex urban perception we are looking for is not necessarily geographically determined. By examining the way the urban form is used it becomes clear that elements in different areas may work as one dense and complex system. That is why infrastructure, trajectories and fallow land are valuable urban spaces.

Design Answers

uapS consists of a team of designers. Our analysis is focused on design and on creating design tools. It means that we're not interested in dissecting the Roman periphery in a scientific way in order to understand and describe every component of this environment. Scientific completeness is not our main purpose. To us analysis is a design tool, a research instrument to enable us to determine how to intervene in an evolution, how to tune different logics into one qualitative process.

Every situation demands a specific procedure to help us discover the characteristics, the potentials and the uniqueness of a certain situation. In Rome we tried to

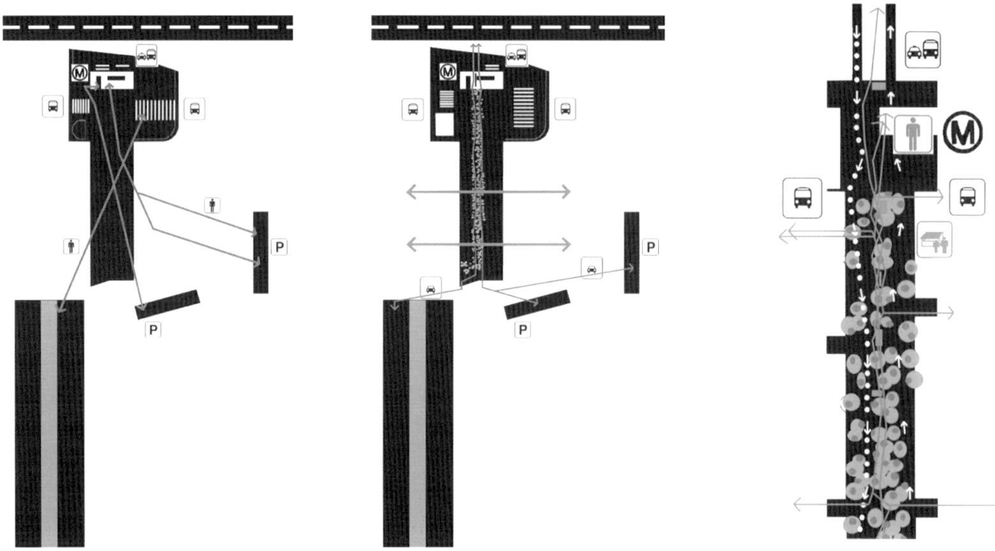

examine how urban complexity and urban perception can be stimulated in some places and introduced into others. We tried to imagine how specific needs and projects could be linked by introducing the concept of density.

We consider analysis as an approach and not as a prescribed formula. Therefore, the study in Rome will never result in the definition of a general typology, or in general conclusions. Every periphery is different and has its own design issues. If there is continuity in this research, it is the optimistic, even naïve reading of the environment, a reading done without any presumptions, without any pre-established theories.

The major link between analysis and design is the diagram. The diagram is an image—a plan, a photo, a map—in which one characteristic or quality is emphasized.

As we work with diagrams of everyday life in the Roman periphery, instead of with an overall plan for its future development, it is possible to study different interventions in the area on different scales. One intervention may be independent of any other. In some areas a new element is introduced between two existing situations. In this way we combined the spontaneous trajectory between Cinecitta Est and the metro-and-bus station Ananinga with the need to create new parking space for the station. We wanted to replace the envisaged parking building with a project that might introduce density in between Cinecitta Est and Ananinga. We soon found out that introducing density means working with open ends. It means taking into account what we called a programmatic elasticity. Dense complexity is a slow evolution that can not be fixed *a priori*. Working with density means avoiding prescribed formulas and limiting conditions, and thus introducing elasticity.

We introduced a large mineral surface, partly planted with trees (Fig. 4). The surface functions at the same time as a shady promenade and as a parking lot. Its dimensions are exaggerated so it might become a car connection, it might take up a bus line, it might very well attract ambulant commerce, it might even give access to possible future developments between Cinecitta Est and Ananinga. It might stimulate future developments without fixing an image of the future at this moment.

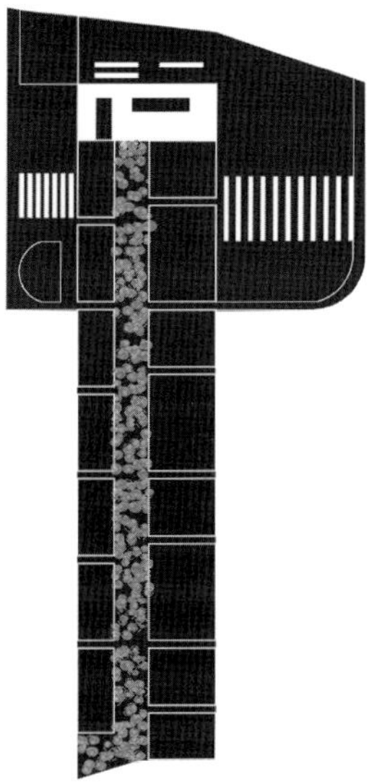

Fig. 4 | **Diagrams for the parking surface**

In other areas we intensify the existing density. In that way we intensify the way the motorway works as a boulevard. At this moment its function as a major road is blocked in such a way that Rome's plans to make the traffic more fluid by doubling the motorway are made impossible. We propose to double the infrastructure in such a way that one part of the motorway is slow and might be used intensively as boulevard, while the other part is a rapid lane. This rapid part encompasses the existing shops, which prevents them from spreading out.

In a last category we simply leave certain areas as they are. There is no need, at this moment, to intensify the density in these areas. They work perfectly as villages, as small-scaled isolated areas.

Density is a conscious strategy, only used in specific areas and specific situations.

To us density is linked to a degree of urbanity. It is an immeasurable scale of urbanity. Rome taught us that density is not exclusively quantitative. It is not a question of measurable concentrations. Density is a relational subject connecting volumes, programs, attitudes, perspectives, and people in an uncontrollable way.

Bas-relief Urbanism: Chicago's Figured Field

Sarah Whiting

This study reviews Ludwig Mies van der Rohe's plans for the campus of the Illinois Institute of Technology in Chicago (1939-1958). Whereas the project has often been described as making a tabula rasa of a part of Chicago's Near South Side, it is argued here that such an interpretation misses the mark. Rather than a symbolic black hole, the campus forms an integral part of a larger, more complex and multifarious field. It does not detach itself from its physical and social context, but enters into a complex relationship with that context. One could qualify this relationship by the term bas-relief urbanism, suggesting that the newly built campus inflects the ground plane of its urban context, forming a kind of gravitational field that reflects several interdependent urban influences emanating from the context.

Un bas-relief urbain : le champ-figure de Chicago

Cet article considère la série de projets conçus (1939-1958) pour le campus de l'Illinois Institut of Technology à Chicago conçus par Ludwig Mies van der Rohe. Alors que ce projet a souvent été dépeint comme faisant table rase d'une partie du quartier Near South Side de Chicago où il se trouve, il est démontré ici que ces critiques sont injustifiées. Plutôt que de le voir comme un trou noir symbolique, il est possible de voir les formes du campus comme faisant partie intégrante d'un territoire plus grand, plus complexe et pluriel. Il ne se démarque pas de son contexte physique et social, mais entre en relation complexe avec celui-ci. L'article propose de caractériser cette relation par le terme de bas-relief urbain, suggérant que le nouveau campus infléchit le sol de son propre contexte urbain, formant une sorte de champ gravitationnel qui reflète des influences urbaines interdépendantes émanant du contexte existant.

Even fans of Mies van der Rohe's campus for the Illinois Institute of Technology (IIT, 1939–58) describe the project as an autonomous island, a *tabula rasa* that disregards its physical and social context. Such an interpretation is only reinforced by Mies's presentation collages, which ruthlessly eliminated one hundred acres of the city's dense urban fabric in order to make way for the expansive, low-density campus (Fig. 1). Architectural culture has itself played a significant role in isolating both Mies and IIT from their context and turning them into "absolutist black holes"[1] or icons of modernism. While the campus has been recognized for its structural integrity and elegance, as well as for its innovative approach to American campus design, it has yet to be recognized as a productive urban model. When studied in relation to Chicago's Near South Side during the 1940s, however, another, more effective reading of IIT emerges: rather than "a singular black hole", the campus forms an integral component of a larger, more complex and multifarious field. Mies's plan for IIT initiated a new form of modern urbanism; at once figural and abstract, figure *and* ground, the IIT campus proffers what I propose to call a *bas-relief urbanism*[2]. This new approach to urbanism was, I would argue, part of a larger reconceptualisation of modernism that ultimately redefined the urban subject, creating a public subject that actively engaged the urban fabric. A member of a collective field, the post-war American urban subject was simultaneously individualized as an urban consumer. The urbanism of the bas-relief itself constantly vacillates between these two scales of shared field and articulated figure. The modulated topography of the Near South Side's urban bas-relief offers an example of the publicly empathetic at a large, urban, scale. Furthermore, the site's combination of institutional and public programs, combined with public and commercialized sites of recreation and shopping, demonstrate that the publicly empathetic public sphere additionally modulates the line separating the public from the private, creating a civic scale to the city that addressed multiple constituencies simultaneously.

To understand IIT and the Near South Side of Chicago as a horizontal bas-relief of interconnecting and overlapping superblocks is to highlight Mies's empathetic urban project for the campus, which has been obscured both by the initial process of land clearance that made the project possible and by the architecture eventually installed there. The bas-relief inflects the horizontal ground plane, permitting the surface itself to exhibit its socio-economic contours. It is a figural landscape, but not a figurative one: while the figures that it forms are not recognizable as typical urban forms, they are nevertheless differentiated, unlike the homogenous uniformity of a grid. The urban bas-relief ultimately unfolds the oppositional structure between modernism and its Beaux-Arts counterpart, for Mies's reintroduction of a figural urbanism does not represent a Beaux-Arts redemption or an overthrow of the modernist field, but a combination of the two that is itself parallel to the bas-relief's blending of figure and ground.

|1| Franz Schulze: "(...) Mies is a great black hole. He sucked everything and everyone into his gravitational field."; James Ingo Freed: "Yes, his absolutist field", in Franz Schulze (ed.), *Mies van der Rohe: Critical Essays*, New York, MoMA, 1989.

|2| A longer version of this text appeared in the exhibition catalog *Mies in America*, Montreal and NY: Canadian Centre for Architecture and Whitney Museum of American Art, 2001, edited by Phyllis Lambert, New York, Harry N. Abrams, 2001, p. 642-691. Thank you to Hilde Heynen for her skillful editorial hand which brought the text down to this length without damaging it in the process.

Fig. 1 | **MvdR office, IIT Campus: Photomontage aerial view showing model within Near South Side** (detail). 1947. Hedrich Blessing, Photographer.

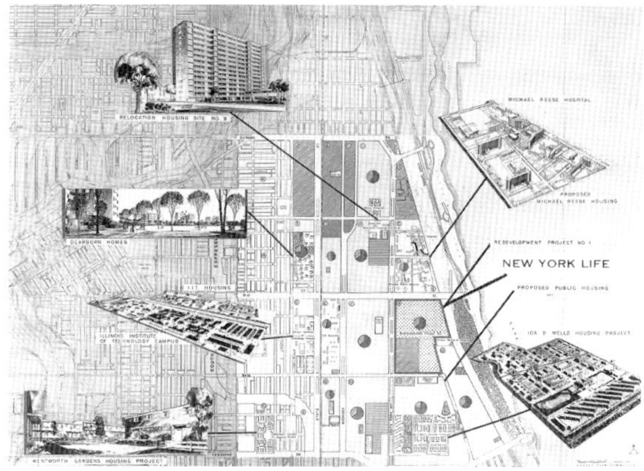

Fig. 2 | **SSPB Redevelopment Plan Near South Side**. In John McKinley, *Redevelopment Project Nr 1: A Second Report, The New York Life Insurance Compagny Redevelopment Plan*, 1950.

Although the trope of the bas-relief is most striking as a formal analogy, it additionally operates as a diagram of political overlaps and economic contingencies. Rather than understanding Mies's gravitational force as an "absolutist black hole", Chicago's Near South Side Plan forms a gravitational field of interdependent urban influences, each emanating from one of the area's institutions. From the late 1930s through the early 1950s, Chicago's Near South Side, just below the Loop, was developed into a collection of institutions whose frequently coincident corporate boards suggest that what might look to be separate superblocks in the urban fabric were in fact largely overlapping (Fig. 2).

Influenced by the British economist, John Maynard Keynes, American urban policy became, I will argue, the foundation for a new form of architectural development that consciously sought to reflect this complex alliance of public and private domains. By reintroducing urban difference into modernism's urban field, this alternative planning strategy redefined metropolitan order, as can be seen in the example of Chicago's Near South Side. First, the formal terms of this plan's order were more field- than object-derived. Unlike modernism's field, however, this post-war field was not homogeneous, but variegated—it maintained rather than eliminated gravitational forces. Second, what could be called its foreground or monumental buildings were devoted not to civic or ecclesiastical programs, but rather to private and semi-private institutional ones that nevertheless actively engaged and redefined the post-war public realm.

Reflecting new economic alliances, the Near South Side Plan also projected a protean synthesis of otherwise autonomous social, political, and æsthetic tableaux. In so doing, the public-private Plan offered a new visual and spatial language for America's post-war democracy. As the United States adopted a significant global role during the 1940s, it sought physical manifestations of its self-assigned status as the flag-bearer of democracy as well as the engine of the world's economy. The appropriate means for depicting this role were not immediately obvious, however: in order to reinforce the country's future orientation, the representation of post-war America had to be contemporary, and therefore could not rely upon classical democratic motifs. Further, architecture and urbanism had to promote collectivity without succumbing to the spectre of totalitarian collectivism. This speculative image had to depict a flexible, variegated unity.

Flatland: The Impenetrable Density Of Chicago's Near South Side

The gridded urban fabric of Chicago's Near South Side, untouched by the Great Fire of 1871, had constituted Chicago's original "Gold Coast", but by the 1920s, the area was characterized more by its burgeoning industries, which took advantage of the area's rail and water access, than by its residential splendour (De Wit 1993). In the June 1947 Museum of Modern Art bulletin *Two Cities: Planning in North and South America*, Ada Louise Huxtable described the Near South Side in dramatic terms of irreparable decay and stifling density:

"The inflexible gridiron pattern of the narrow streets, a misguided attempt to create urban order, encloses the crowded old houses with heavy, hazardous traffic. Relics of past grandeur, these ghost-houses have been divided and re-divided into cramped, dark, slum apartments, dangerously overcrowded with a constantly increasing, largely Negro population, which is confined within a limited zone because of present restrictive covenants. Scattered throughout this residential squalor are dingy industrial areas, and surrounding the whole is the random network of railroads." (Huxtable 1947, 13)

Chicago's black population began increasing during the First World War, largely due to migration from the Southern states. Restrictive covenants made it difficult for blacks to purchase property other than on the South Side, which was how the narrow strip of land between the railroads and the industrial areas south of the Loop to 39th Street acquired the nickname "The Black Belt" (Bluestone 1998, 391). Unbearable odours, sharply accentuated during Chicago's humid summers, wafted over the Belt from the Keeley Brewery to the north and the stockyards to the west. As the neighbourhood's elite moved out, many of the former mansions were divided into small flats, increasing the area's density. In contrast to the decline of the neighbourhood's building stock was the rise of a vibrant social scene unique to the Black Belt. With the closing of New Orleans's Storyville in 1927, many jazz and blues musicians—including Louis Armstrong, Bessie Smith, and Leadbelly—relocated to Chicago; by the 1930s, the section of State Street between 31st and 35th streets was dubbed "The Stroll". In depicting this period, corporate histories of the institutions on the Near South Side romanticize the Black Belt's music scene for its exoticism, but also criticize it for its influence on morals, claiming that many of the clubs violated Prohibition laws, were linked to bootlegging rings, and condoned drug use, gambling, and prostitution (Macauley 1978, 68-70; Gordon 1981, 127-130; Haller 1991). While a sincere desire to ameliorate slum conditions fuelled the drive for urban renewal, a genuine fear that this moral underbelly, combined with the deterioration of the area's building stock, would multiply and spread across Chicago, provided the immediate impetus to act (Fig. 3).

While we tend to associate IIT's *tabula rasa* plan with Mies, the school's expansion plan, consolidating multiple city blocks, actually stemmed from decisions that predated Mies's arrival in Chicago in 1938. The decision to maintain the existing site was largely mandated by the much-publicized blighted condition of the neighbourhood; the Institute could ill afford to purchase land elsewhere for what it would get from selling its holdings. Two initial campus schemes designed by faculty members were used by the development committee to raise funds for land purchasing.

Fig. 3 |**"Some of their Offspring"**. A cartoon by Joseph Parrish published in the *Chicago Tribune*, 19 december 1952, reprinted in *Report to Chicagoans 1947-52*, 1952, inside cover.

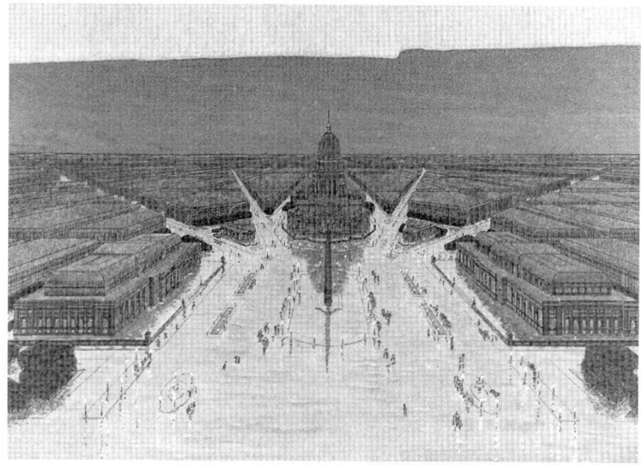

Fig. 4 |**Proposed Civic Center, Plan of Chicago,** 1909. David Burnham, architect. In Walter Moody, *Wacker's Manual of the plan of Chicago*, 1913.

The first, dating from 1937, was by John Holabird of Holabird and Root; the second, of 1940, was by Alfred Alschuler of Alschuler and Friedman. While both of these schemes are sited in the gridded field of Chicago's Near South Side, they adopt a City Beautiful, Beaux-Arts sensibility, complete with axes terminating in significantly programmed buildings. The awkwardness of inserting this Beaux-Arts logic into the relentless grid reveals the challenge of IIT's design: how to give the campus an identity while making the design work with the urban layout of Chicago. To understand Mies's solution to this challenge, it is helpful first to assess Chicago's urban orders.

Points and Fields: Chicago's Urban Orders

Traditionally, monuments (whether civic, cultural, or institutional) act as "foreground" buildings within an urban plan—that is, they provide anchors within a more generalized fabric of domestic, commercial, and industrial "background" buildings. Pope Sixtus V in Rome and Baron Haussmann in Paris both relied on point urbanism as a strategy for early urban renewal: monumental edifices provided the coordinates for an arterial logic that cut through an existing medieval fabric. Chicago, platted in 1830, was originally a field city, composing a grid that facilitated real-estate transactions. In 1909, Daniel Burnham adopted the point approach for transforming Chicago's speculative grid into a City Beautiful[1] (Fig. 4). "The aim of the architects in arranging the proposed civic center was two-fold", explained *Wacker's Manual of the Plan of Chicago*, a primer on Burnham's plan, which beginning in 1912 became an obligatory component of the Chicago Public School District's eighth-grade curriculum, thereby directly influencing a generation that would hold positions of civic and corporate responsibility after the war. "The basic idea was to provide direct ways of reaching the city's centre and of unifying the street system. The secondary thought was to express by means of mounumental [*sic*] buildings, the pride, dignity, and

|1| Platted in 1830, Chicago's grid form was derived from, as John Reps notes, real-estate speculation: "for land speculation [the grid] was, of course, the ideal pattern. The mania for buying and selling town lots that spread across the country was nowhere wilder than at Chicago." (Reps 1965, 300)

importance of Chicago".[1] As illustrated in one of Jules Guérin's bird's-eye-perspective washes, Burnham's civic centre was envisioned as a focal point for a series of diagonal streets that would fan outwards, extending out to the city's suburbs.

The historic hegemony of the "point" model was challenged perhaps most famously by Le Corbusier and Ludwig Hilberseimer, who shifted urbanism from the point to the field. Le Corbusier's towers marched uniformly across Paris in an even 400-by-400-meter grid; the slabs of Hilberseimer's vertical city similarly disappeared into the horizon.[2] The endless orthogonality of these systems was encapsulated by Hilberseimer's simple assertion of 1923: "Developing the plan of the city on lines corresponds to the fundamental principles of all architecture. The straight line, the right angle have always been its most elegant elements. Does not the clearness of the straight line better correspond to our current sensibility, to our organizing spirit rather than the arbitrariness of the curved line?"[3] The homogeneous repetition of these Cartesian systems was more polemical than real—Le Corbusier's proposal for Paris maintained certain "points", including the Arc de Triomphe; once placed within an orthogonal system, however, these points become aberrations rather than destinations—but the effect upon the city's organization was that monumentality was either called out as something entirely different from the system or was transferred from the individual edifice to the entire city. Repetition itself was monumentalized.

The most immediate means of understanding the differences between the point and field urban models lies in their privileging of certain vantage points. The directed and controlled view of the point city is consistently affirmed by ground-level one-point perspectives, whereas the infinitely expansive field city is predicated upon an overhead, planimetric view of the urban carpet. The subject whose cone of vision is restricted by the given axes of the point city is simply erased from the flattened, planimetric landscape of the field city. Information, seemingly objective, is all that resides upon a flat, cartographic surface; its volumeless plane leaves the viewer without a space to occupy. The subjects of both models have only limited agency within the terms of the metropolis. They lack the possibility of *urban empathy*—that is, the possibility of a reciprocal engagement with other urban subjects, an urban, heterogeneous, but collective subjectivity. In his recent book *Psychologizing the Modern*, architectural historian Mark Jarzombek notes that "the modern notion of empathy allowed for a more fluid and covert sequence of transfiguration of subjectivity to take place. It also stresses the importance of the interaction between people based not on the purely emotional, as one might think, but on the combination of the self-reflective and the social" (Jarzombek 2000, 59). I would argue further that an empathetic environment promotes an engagement with the city itself, whereby the subject can affect as much as be affected by her urban environment.

|1| Walter D. Moody, Managing Director, Chicago Plan Commission, *Wacker's Manual of the Plan of Chicago*, Chicago: Chicago Plan Commission, 1912; 3rd reprint, 1920, p. 118. The Chicago Plan Commission's awareness of the importance of educating/indoctrinating Chicago's young population and its success in making urban and civic planning a required element of the school curriculum are two extremely interesting topics within the larger field of urban reform and publicity (Schlereth 1981).

|2| "The architectural possibilities gained by concentration and high density have been explored by Le Corbusier; those resulting from low density and the mixed type of dwelling by L. Hilberseimer. As different as their approaches are, both have the same aim. They have the same trend towards openness and both use freestanding buildings." (Hilberseimer 1988, p. 109)

|3| Ludwig Hilberseimer, *Sozialistische Monatshefte*, June 1923, p. 355; cited in Christine Mengin, "The Architecture of the Großstadt", *Rassegna* 27, 1986, p. 37.

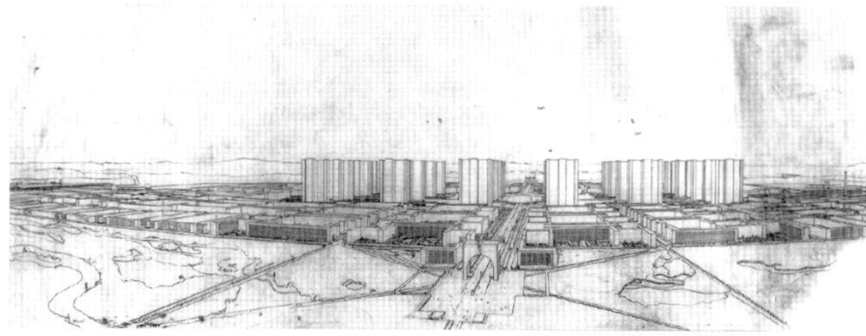

Fig. 5 |**Cité contemporaine pour trois millions d'habitants**, 1922. Le Corbusier, Architect.

Fig. 6|**High Rise City: perspective of a north-south street,** 1924.
Ludwig Karl Hilberseimer, architect.
Ink and watercolor on paper, 38-1/2x55 in.4.

Even when the field city was presented three-dimensionally, its non-empathetic aura was maintained. When drawn in perspective, Le Corbusier's Cité Contemporaine of 1922 places the horizon line at the top of the cruciform towers (Fig. 5). The point of view is thereby lifted above the typical eye level, which places the horizon at five feet above the ground. One senses a similar tension over how to position the subject in Ludwig Hilberseimer's haunting *Hochhausstadt* drawings of 1924 (Fig. 6). These perspectives are cut away to reveal the city's section, thereby forcing the viewer to float, separated from the city by a gulf of space. Cars and people are flattened and miniaturized as tiny two-dimensional black silhouettes, suggesting that this distanced viewer would have to be peering at the scene through powerful binoculars. All of these drawings reveal at once an affinity with and a critique of the one-point perspective. Although Hilberseimer deliberately chose to render his gridded *Großstadt* perspectivally, after 1938, when he moved to the United States, he abandoned perspective in favour of plans and axonometrics, drawings that dislocate the viewer altogether, thereby prioritising the field or objective city to the exclusion of all subjectivity[1].

When Daniel Burnham's Chicago Plan was depicted in a bird's-eye view in 1909, the airplane (invented only in 1903) was still a rarefied luxury if not a futuristic dream. By 1938, when Mies arrived in Chicago, that dream was becoming attainable. Air travel, though still rare, had become a reality (the first transatlantic service for mail and passengers was inaugurated in 1939). Aerial photographs of the

|1| Although it seems at odds with the *Großstadt* project, Hilberseimer chooses to represent it perspectivally. As Marco de Michelis notes in his article "Portrait of an Architect as a Young Man", "What is surprising about the radical emotionlessness of these projects is the absolute predominance of the recourse to perspective representation. The communication of synthetic essentiality is entrusted to the most formal and illusionistic type of representation. Sections and axonometrics are absent, the very plans, when they happen to be available and this is not the general case, fulfill a merely diagrammatic function of typological definition of the dwelling units."(de Michelis 1986, p. 16). According to K. Michael Hays (conversation with the author, 16 September 1999), Hilberseimer stopped producing perspectives after 1938.

Fig. 7 | **IIT Campus: aérial view looking north**, 1986. John T. Hill photographer.

IIT campus—and there are many—show it in perspective, not in plan (Fig. 7). Well above typical eye level, this angle had nevertheless become plausible. The aerial view revealed the order upon the land, but also suggested the relationships constructing that visual order. Read from the sky, institutions are both singular and relative; this particular angle introduces the possibility of mediating the gap between the point and the field, allowing for identity without determinacy.

From the air, horizontals become tableaux—the horizontal and the vertical become coincident rather than oppositional. The significance of the horizontal vista as seen from above was discussed by Sigfried Giedion, José Luis Sert, and Fernand Léger in their short manifesto "Nine Points on Monumentality" of 1943, which outlined a platform for reclaiming monumentality within the context of post-war America:

"Man-made landscapes would be correlated with nature's landscapes and all elements combined in terms of the new and vast facade, sometimes extending for many miles, which has been revealed to us by the air view.... Monumental architecture will be something more than strictly functional. It will have regained its lyrical value. In such monumental layouts, architecture and city planning could attain a new freedom and develop new creative possibilities..." (Sert, Léger and Giedion 1993, 30)

The "new and vast facade" operates as both a monumental insertion into the city and a piece of the urban fabric emerging from the landscape. Underlying Giedion, Sert, and Léger's text was a desire to redefine monumentality so that it could actively and prophetically engage the future rather than merely passively commemorate the past. The "Nine Points" manifesto initiated a decade-long discussion that reverberated across numerous symposia, exhibitions, and publications. Although Mies did not participate in these discussions, his design for the IIT campus—and, I would argue, the subsequent collaborative design for the Near South Side—resonate with a similar sensibility. Giedion's writing and Mies's project can be linked under the broad rubric of the *urban empathic*: both sought to articulate a modern architecture that could remain abstract while simultaneously engaging its individual and collective audiences in an active as well as activating manner. This engagement stemmed from indeterminate formal and spatial relations, which allowed for multiple forms of inhabitation by projecting upon surfaces, thereby animating the environment, and by combining programs to enhance levels of activation (Sert, Léger and Giedion 1993; Whiting 1998).

The American context was receptive to attempts at redefining the urban realm: in the 1940s, a period under the influence of the Depression of the previous decade and then further marked by both the horrors and the victories of the Second World War, American politicians, businessmen, planners, developers, and architects were possessed by a similar desire to found a progressive context for democracy—one that was forward-looking rather than nostalgic, iconographic, or stylised. Modernism's mutual recasting of these seemingly incompatible ideological platforms—the objective and the symbolic—affected both the production and the reception of buildings as well as the terms of urban space. For Giedion, Sert, and Léger, that reception was to be choreographed: the public's "aspiration for monumentality, joy, pride, and excitement" would be fulfilled through the use of new materials and techniques, the integration of open space, and by animating surfaces with projections, color, and movement "for purposes of publicity or propaganda" (Sert, Léger and Giedion 1993, 30). For Mies, the focus was more on sequence than public spectacle, but there was a similar desired effect of engaging the subject. Speaking with Kevin Harrington about his experience working on the campus design with Mies, George Danforth noted the importance of the emotional resonance of the spaces and sequences:

"So I think it was a matter of passing through a space, spaces that were varying in dimension and height.... You have a different psychological feeling when you come into a space with a high building versus one with a low building. So I think Mies was very careful when he studied these things abstractly in blocks, cut pieces of wood. [...] I was aware, yes, of what kind of space he was creating and what the effect was going to be by being in it.[1]"

If Giedion, Sert and Léger emphasized the facade quality of their "new monumentality", Mies concentrated more on its experience. Like them, he sought a new lyrical value, a new freedom, new creative possibilities, but even if IIT was frequently depicted from the air, the *effect* that Mies sought was from the ground. The aerial photographs were used by the school for promotional material; Mies's depictions of the campus were primarily ground-level perspectives. IIT is less a horizontal facade than a horizontal bas-relief composed of buildings of different heights, spaces between buildings, and overlapping programs and visual axes.

Mies's IIT: Bas-Relief Campus

Not really a mean between two extremes as much as a third alternative, the campus urbanism of Chicago's Near South Side combines the gravitational determinism of the point model with the dispersed logic of the field model. This strategy inserts what one could call quasi-figures into the field model, creating not points but overlapping zones of significance. The projects of the Near South Side are not singular, isolated, massive buildings and are not constructed of the materials and forms that underlie the codified vocabulary of traditional monumental civic architecture. Nor are they programmatically typical traditional monuments: the structures that comprise the Near South Side Plan are neither civic nor commemorative, but are instead private institutions that partially engage the public and thereby require a "public presence"

|1| Citation edited slightly for clarity; the exact text as transcribed is: "So I think it was a matter of passing through a space, spaces that were varying in dimension and varying in scale of height between buildings, length... You have a different psychological feeling when you come into a space with a high vis-à-vis a low, and vice-versa, building. So I think he was very careful, just in studying these things abstractly in blocks, cut pieces of wood... I was aware, yes, of what kind of space he was creating and what the effect was going to be by being in it." George Danforth in *Conversation with Kevin Harrington*, p. 96-100, CCA Oral History Project.

within the city. In this particular example, a group of institutions—IIT, Michael Reese Hospital, Mercy Hospital, and the Chicago Housing Authority—worked together in an unusual form of voluntary political, economic, and urban collaboration in order to create overlapping influences over the entire Near South Side. IIT both initiated this collaborative, bas-relief urbanism and, simultaneously, was itself engendered by the new policy and planning legislation ushered in by this urbanism.

The potential for a bas-relief to engage a viewer had been theorized already in 1893 in Adolf Hildebrand's book *The Problem of Form in the Fine Arts*, which, as he stated in the text's introduction, "concerns the relation of form to appearance [Erscheinung], and its implications for artistic representation [*Darstellung*]". Hildebrand distinguished between two modes of perception: from far away, the viewer perceives an object as a two-dimensional surface, what Hildebrand calls "pure scanning", wherein the third dimension can be perceived only through contrasts, such as light versus dark; when close, the viewer cannot perceive the object in a single glance in this manner, but has to move her eyes from point to point, reconstructing the entirety of the object in her mind—what Hildebrand refers to as "purely kinaesthetic eye activity". "This whole exists for the eye only in the form of effects that translate all actual dimensions into relative values; only in this way do we possess it as a visual idea", Hildebrand elaborates (Hildebrand 1994, 235). Understanding IIT and the Near South Side projects within such a framework, there is similarly a global, aerial view that reveals each project to be a significant insertion within a larger context, and a close view, a kinaesthetic view, which is that of the individual within each campus. As indicated by an interview that appeared in the magazine *Modern Hospital* in 1945, Mies understood planning and architecture to be a combination of these two points of view. First, he saw the process as if he were looking down at a plan from far above, from whence he could get an objective, comprehensive view:

"The home has its various elements and the furnishings must be assigned to the elements in which they are to function appropriately. So it is with cities...; they must be located by plan; nothing must be accidental. The various elements of community life must be composed in the plan and then all new buildings may rise unashamedly in the right places." (Mies van der Rohe and Whitcomb 1945, 67)

But while Mies envisioned the world as a planar, field-like order where everything had its place, he also introduced a form of subjectivity into this composition. His desire for order reflected not simply a compositional drive, but also a concern for the user's psychological well-being. Continuing his analogy, Mies noted the anxieties that can be brought on by a lack of order: "You are not really living in a house or an apartment on Moving Day, with the entire load of household effects dumped into a single room [...]. You plainly, if not silently, suffer there until furniture and equipment are put into their rightful places." (Mies van der Rohe and Whitcomb 1945, 67) Everything has its rightful place, but urban order is experienced, not just surveyed. Mies's combination of objective and subjective siting techniques at IIT merged the ultra-perspectival characteristics of the point city and the ultra-planar characteristics of the field city.

In contrast to the entirely abstract view of the high modernist plan diagram, Mies's bas-relief reintroduces a certain point of view, or subjectivity, though not the singular or constricted subjectivity that corresponds to the one-point perspective. While a plan view can be grasped immediately and does not depend upon a specific angle of vision, a reading of a bas-relief changes, even if only slightly, as the viewer changes position or as contextual conditions change, altering shadows, forms, and spatial relations. A bas-relief collapses distinctions between an abstract field and a figural object. In the friezes of the Parthenon, for example, figures emerge from the plane of the frieze, but still belong to that plane. In other words, because it introduces the z-axis, the bas-relief suggests subtle modulations, subtle differences across an otherwise even field. The bas-relief is at once field-like and figured: depending on the observer's viewpoint, a figure can be seen emerging from the field, but it never separates completely from that field so as to become an independent object. Oftentimes, only the rendered shadows of Mies's axonometrics and perspectives offer any distinction between the campus's verticals and horizontals. In her essay "Narrative Time: The Question of the *Gates of Hell*", art historian Rosalind Krauss notes that in bas-reliefs "information was also supplied, and increasingly so throughout the nineteenth century, by the intentional use of actual shadows cast onto the relief ground by the raised figurative elements.... Forms are marshalled so that the shadows they cast will direct the viewer's attention to the buried and unseen sides of the figures" (Krauss 1977, 21-22). Likewise, for Mies, despite the very precise and mathematical determination of the campus grid and the scientific attention to programmatic requirements, the power of the images that he drew of IIT lies in their shadows, in the part of a drawing that most suggests experience of the space. It is the shadowy realm, the inexplicit, that conveys the most critical information—this shaded area is what turns the field into a figured field.

Upon the foundation of public and private investments, concerns, and speculations, *a modulated empathetic topography*—that is, a continuous but figured field—was put in place at IIT, which combined the perspectival and the planometric. The empathy of this bas-relief urbanism should not be confused with the humanism that was reappearing on the architectural stage at about the same moment. The figuration that the bas-relief introduced to the field was not related to the human scale or history, but to human vision and psychology—the "figures" were not legible representations, but differentiations in the abstract field that elicited differing and multiple visceral reactions to that field. This dispersed monumentality oscillated across multiple scales: beyond the built scale of the projects themselves, it included federal and local urban and economic policy as well as the network of relations that existed among urban institutions. A re-examination of the notions of collective engagement that are raised in the forms, programs, and interconnections of these modernist yet monumental projects from the 1940s reveals a means of encouraging such engagement without programming it.

Once Mies was officially asked to design the campus, he began by studying the program, which was just being developed (and which would continue to be developed over the twenty years that Mies directed the project). After considering and testing various alternatives, he determined that a 24-foot-square module could be used to accommodate the programs of classroom buildings, lab buildings, and office spaces. Rough volumes were established and wooden blocks were cut, with gridded elevations pasted on, and then Mies and his associates played with the blocks on

Fig. 8 | Mies van der Rohe and Ludwig Hilberseimer with a preliminary model for the **IIT campus** (1941-1945).

the site: a large piece of paper, gridded with the same 24-foot module[1] (Fig. 8). Although Mies once claimed that he did not think that site was "that important", (Mies van der Rohe 1971, 35) the combination of the gridded background and the gridded blocks gives the impression that the blocks protrude from the paper—that the figures of the buildings emerge from the field of the ground plane as the grid flips up 90 degrees from a horizontal to a vertical surface. Although the decision to divide the school's program into several individual buildings predated Mies's arrival at IIT, and although this choice was probably driven largely by economic concerns (it was easier to raise money for individual departments and easier to proceed slowly if the process was broken down into pieces), this decision was also the mechanism that allowed the design of IIT to be as much the design of a campus (or quasi-urban) space as it was a design of buildings. Mies's method of moving blocks about rather than working only in plan, demonstrates to what extent he recognized the problem of the campus design to be a three-dimensional spatial issue.

At the scale of the campus, the "ceremonial" or communal programs (the library and the student union), are given significant sites, but do not serve to centralize or focus the campus as they would had they been conceived along the lines of a traditional point-oriented city plan. Rather than occupying the centre of the central courtyard space, these programs define its edge, as well as the edge of what is referred to as Mies Alley. Presentation drawings also reveal the campus's accessible institutional identity, or new monumentality. Rather than converging onto one significant point or feature, Mies's perspectival views tend to draw the outsider into the campus; their multiple side axes promise endless possibilities lying just around the corners of the drawn buildings. When the perspectives do focus upon a building's entry, the ground plane slips through the door into the lobby, suggesting a continuum rather than a boundary. In the earliest schemes, many of the buildings were on pilotis; it was Mies's dream that the entire ground plane could be one surface, interrupted only by the glass walls of the lobby spaces and stairs, smoothly taking people up into the buildings above. Each building would then have a transitional, public/private space between

|1| "We then also, as Mies got the program from the various departments of the school, we made wood blocks of the volume of the building, and on a plot of the whole site I drew up, he would work those out in some arrangement within the spaces of the buildings, having had that plot from—what was it?—31st Street down to 35th, State Street over to the tracks to the west, drawn up in a modular system that he had found workable for the contents of the program." George Danforth in *conversation with Kevin Harrington,* CCA Oral History Project.

Fig. 9 | **Chemistry Building (Wishnik Hall)**, 1953. Werner Blaser, photographer.

the exterior, public, world and the interior, private or academic, world. Even if budget considerations eventually forced the elimination of the pilotis, the continuum was stressed: once the decision was made to put the buildings on the ground, Mies put them directly onto the ground, aligning the ground floor slab with the ground itself. Even the detailing of the doors does not interrupt the flow of space between outdoors and indoors, as demonstrated by the centred, pivot-hinge doors to Lewis (now Perlstein) Hall: the door handles are kept vertical and in alignment with the doorframe, avoiding any interruption of the view (Fig. 9). Given that the campus plan was designed as if the field and the figures were one and the same—the gridded blocks emerging from the grid of the ground plane—it was not necessary for the "ground level" of the buildings and of the landscape to remain level zero: the "ground" is sometimes at grade and sometimes raised above grade, as with Crown Hall, where the main level is half a level above street level. Even the lower levels that get used—Crown, the Commons, and Alumni Memorial Hall—are more like a ground plane that has dipped downwards rather than a basement. The use of half-levels, high clerestory windows, ramps, and shallow, wide, and unenclosed stairways turn the experience of this modulated ground plane into that of a continuous horizontal surface.

Unlike the initial schemes, the final scheme is often represented with a view that looks northeast, from the campus's "back door", as it were, prioritising the central court and IIT's proximity to the Loop rather than the State Street forecourt (see Fig. 1). One could easily understand how IIT could be read as a black hole rather than a gravity field, for it seems to cut into the urban fabric of the South Side. This reading is contradicted by a telling aside. In 1942, Heald wrote a letter to Mies suggesting that, for aesthetic and security reasons, a wall be erected around the perimeter of the campus. In a particularly insensitive gesture toward those displaced by the demolition, Heald even suggested building the wall of recycled materials culled from former homes: "It has been suggested that a brick wall might be used, built from brick salvaged from some of our wrecking operations"[1]. While no reply is documented, Mies's answer is suggested by the campus's permeability. Just as the courtyards are not closed off with four walls, as on traditional university campuses, the campus as a whole is open. The field upon which IIT's buildings sit extends out from

| 1 | Letter from Henry Heald to MvdR, 30 July 1942, Heald papers, Box 17, folder 4, IIT Archives, Paul V. Galvin Library. Thank you to Phyllis Lambert for kindly pointing me to this reference.

Fig. 10 | **AIT campus, perspective sketch along 32nd Street** (1939). MvdR office, George Danforth, delineator: additions, Mies van der Rohe. Graphite on tracing paper, 16¾ x 25¾ in.

Fig. 11 | **Lake Meadows, Chicago, 1950-60: aerial photomontage.** Skidmore, Owings & Merrill, architects.

the centremost courtyards to the very edges of the campus. With such moves, Mies deliberately redirected the city grid in a positive way and at two scales: that of IIT itself, where he replaced the *tabula rasa* of the land-clearance program with a modulated abstraction, and that of the entire Near South Side, which would follow Mies's design lead.

If the point city corresponds to the one-point perspective and the field city to the flat plan view, what modes of representation emerge from an urbanism that fit neither of these categories—an urbanism that tried to be simultaneously objective and subjective? That Mies constantly shifted between a larger, planar scale of order and a smaller, more-immediate scale of personal experience can be seen from his design development drawings for the IIT campus. Plans, axonometrics, and models—all of which were used to organize the buildings by ordering them within the space of the campus—were complemented by perspectives that situated the user directly in the campus. Unlike the one-point perspectives of the point city model, Mies's are mostly two-point constructions that lead your eye off the page, away from any central focus (Fig. 10). Foliage and people often frame the right and left sides, but rather than closing the image inward, they suggest its continuation *ad infinitum*. Clusters of buildings or clumps of trees, for example, are almost always cut off by the edges of the sheet, but the viewer completes them in her mind, thereby extending the composition. Adjacent buildings and surrounding trees also give depth to the campus design, for they help to define multiple pathways heading off in different directions. These exterior "hallways" create a series of layers in the drawings, thereby rendering more visually complex the space foregrounding and surrounding the buildings, all the while suggesting multiple possibilities for experiencing that space.

One-point perspectives of the campus were drawn up because they highlighted a specific building; they were often used to raise money, as evidenced by a series of drawings in the Mies archives of a single building whose name changes from iteration to iteration, reflecting potential donors. But even here, they do not fall into the one-point conventions of the Haussmann or Burnham plans discussed above. In the IIT one-point perspectives, when a single building does occupy the centre of the page (the vanishing point), the asymmetrical spatial planning of the campus keeps the building from being fixed: they are never framed by background buildings that hold the vanishing point. Instead, as with the foliage and walkways in the two-point perspectives of the campus, the view is teased away from the centre. Even when the building's entrance is centred on the building's facade and provides the vanishing point for the perspective, that point does not form the centre of the image, which either extends further to the left or further to the right, but never the same amount in both directions. Similarly, what framing elements do exist are always uneven: a cut-off building to one side whose amputated lines pull you as much away from the vanishing point on the centre of the page as toward it; or a carefully though asymmetrically composed array of dark figures forming graceful albeit mysterious shadows whose opacity competes with the almost spectral, lightly-pencilled buildings behind them (Fig. 10). Their irregular arrangement suggests a game of tag: countering the pull of the perspective's vanishing point, the shadowy figures beg the viewer to dart among them, criss-crossing the building's forecourt. The asymmetrical campus plan, as conveyed through these representational devices, offers an urban type that is neither foreground nor background but both; when multiplied, it provides zones rather than points within the larger field of Chicago's grid.

Although Alan Colquhoun has argued that a superblock can never play a representational role within the city, the figured fields of the Near South Side, following IIT's lead did—I would argue—forge a new form of symbolic urbanism (Colquhoun 1981, 98). The Near South Side Plan makes *space* rather than *buildings* representational. In the original scheme for the Lake Meadows project, for example (Fig. 11), the street "facade" of the development resonates as a public front: a formal space is captured as a cube between the two large residential slabs (and further underscored by the more formal landscape treatment in this part of the project). In contrast, space flows freely around the lower-scaled, asymmetrically-placed row houses, in the project's "backyard" area closer to the lake. Space can become symbolic without being turned into a literal metaphor along the classical lines of representation. As Peter Smithson has commented admiringly, it is space and not the mega-structure that maintains IIT's entire ensemble: "That Space itself can be the matrix of a conglomerate ordering is a statement about this kind of making". (Smithson 1991, 62) The Near South Side's landscaped "new frontier"—the "new and vast facade" advocated by Giedion, Sert, and Léger and rendered topographical by Mies—flows across the multiple campuses of the Near South Side Plan, representing "a new freedom" of accessibility and publicness and an implication of total flexibility and movement.

Despite the uneven politics between the consumer and the corporate entity– the residents and the institutions—that so marked the Near South Side, I would nevertheless posit that Mies's understanding of the subject as being at once part of a collective—part of a planar logic—and also an individual—part of a perspectival logic—reveals the shift from the bourgeois public sphere to a consumerist mass subject, laying the groundwork, as it were, for the multiplied subjectivities of our contemporary understanding of the public realm. In an article entitled "The Mass Public and the Mass Subject", public sphere theorist Michael Warner reads the consumer sovereignty identified by Harvey as having been instrumental in the redefinition of the public sphere. If the "modern" public sphere, as theorized by Jürgen Habermas, was an abstract entity whose anonymity was one means of guaranteeing the citizens' disinterested concern for the public good, the post-war public realm is one that is mediated by the discourse of consumption: as individual and collective consumers, we make symbolic identifications in a field of choice. In other words, where the subject of the 18th century public sphere cannot be differentiated, consumer capitalism made available an endlessly differentiated subject (Warner 1993). While some of the Near South Side Plan's components may strike us today as rather naïve responses to this transformation of the metropolitan or modern subject, and while the Plan did not erase the iniquities between the residents and the institutions, it nevertheless represents a collective attempt on the part of these institutions to foster a new public realm.

At its most successful, this new realm, as defined on the Near South Side, depended upon two forms of bas-relief, one formal and one programmatic. Ultimately, however, the variations of scale that rendered the Prairie Courts project so successful, or the spatial complexity and programmatic variety underlying the IIT campus (which had a library and student union, as well as lab and classroom buildings) or in the overall plan (which called for extensive shopping venues, as well as museums, community centres, and recreational facilities along the lakeshore) were compromised. The idealism that fuelled the vision of the new post-war realm was strong enough, in short, to tie the institutions together during their land acquisition period, but it began petering once these parcels were fixed.

Between 1939 and 1958, when Mies retired from IIT, the Near South Side's urban bas-relief wove together the different institutions sited there, differentiating the seemingly neutral and totalising traits normally ascribed to the Chicago grid or to canonical modernism. The topography that the early Plan threw into relief included the multiple layers of networked relationships among the institutions, the architects, the planners, and the agencies involved, as well as the formal terms of the space itself. If the bas-relief of the Near South Side failed in certain respects, that does not warrant a total abandonment of what was a prescient if naive urban strategy. Its prescience lies in its susceptibility to the complexities of urban space and its complicity in the different networks that it spun within that space: its effort to engage the collective and the individual simultaneously, to link institutions with institutions, local politics to federal politics, private economies to public ones. IIT works because it is like a mini-city where mixed uses and scales figure space in order to provide for an empathetic, variegated, and animated public sphere. The figured fields of the campus superblocks provided a means of balancing the individualism of the real-estate parcel with the collectivity of the shared public realm. Beginning with IIT, the Near South Side Plan pulled the lakeshore's green belt inland, creating a nexus of semi-public open spaces funded by a Keynesian combination of municipal, state, and federal politics with private, local institutions. The topography of this ground plan—the seemingly inert "park" of the "tower in the park"—becomes instead a charged, infrastructural carpet, reflecting the complex relations underlying the entire area.

In forging a partially figured field at IIT, Mies projected an urbanism that lacked the easy identity of the point or field approach—an urbanism that mirrored the complex topographies of post-war Chicago. Franz Schulze is correct in saying that Mies "sucked everything and everyone into his gravitational field", but that does not make

Mies a "great black hole". The *tabula rasa* that resulted from the land clearance of the Near South Side was given formal, programmatic, political, economic, and social contours from the "everything and everyone" that both constituted and surrounded it. For a short while, while the web of the South Side Planning Board was most intact, Mies's gravitational field turned the *tabula rasa* into a bas-relief of susceptible but provocative semi-figures, thereby transforming modernism's homogeneous field into an articulated, proactive network.

Bibliography

- Bluestone, Daniel, "Chicago's Mecca Flat Blues", *Journal of the Society of Architectural Historians* 57, December 1998, p. 4.
- Colquhoun, Alan, "The Superblock" (1971), republished in Alan Colquhoun, *Essays in Architectural Criticism: Modern Architecture and Historical Change*, Cambridge (Mass.), MIT Press, 1981.
- de Michelis, Marco, "Portrait of an Architect as a Young Man", *Rassegna* 27, 1986.
- de Wit, Wim, "The Rise of Public Housing in Chicago, 1930–1960", John Zukowsky (ed.), *Chicago Architecture and Design, 1923–1993*, Chicago, Art Institute of Chicago, 1993, p. 234.
- Gordon, Sarah, *All Our Lives: A Centennial History of Michael Reese Hospital and Medical Center*, Chicago, Michael Reese Hospital and Medical Center, 1981.
- Haller, Mark, "Policy Gambling, Entertainment, and the Emergence of Black Politics: Chicago from 1900 to 1940", *Journal of Social History* 24, 1991, p. 4.
- Hilberseimer, Ludwig, "City Architecture: The Trend Toward Openness" (1960), R. Pommer, D. Spaeth and K. Harrington (eds.), *In the Shadow of Mies*, Chicago; The Art Institute of Chicago, 1988.
- Hildebrand, Adolf, "The Problem of Form", Harry Francis Mallgrave and Eletherios Ikonomou (eds.), *Empathy, Form, and Space: Problems in German Aesthetics*, Santa Monica, Getty Center for the History of Art and the Humanities, 1994.
- Huxtable, Ada Louise, *Two Cities: Planning in North and South America*, New York, MoMA, 1947.
- Jarzombek, Mark, *The Psychologizing of Modernity*, London, Cambridge University Press, 2000.
- Krauss, Rosalind, "Narrative Time: The Question of the Gates of Hell", Rosalind Krauss, *Passages in Modern Sculpture*, Cambridge (Mass.), MIT Press, 1977.
- Macauley, Irene, *The Heritage of Illinois Institute of Technology*, Chicago, IIT, 1978.
- Mengin, Christine, "The Architecture of the Großstadt", *Rassegna* 27, 1986.
- Mies van der Rohe, Ludwig and Mildred Whitcomb, "Only the Patient Counts", *Modern Hospital* 64, March 1945, p. 3.
- Mies van der Rohe, Ludwig, Interview with Katherine Kuh, published in Katherine Kuh, *The Open Eye: In Pursuit of Art*, New York, Harper and Rowe, 1971.
- Reps, John W., *The Making of Urban America: A History of City Planning in the United States*, Princeton, Princeton University Press, 1965.
- Schlereth, Thomas J., "Burnham's Plan and Moody's Manual: City Planning as Progressive Reform", *American Planning Journal*, January 1981, p. 70-82.
- Sert, José-Luis, Fernand Léger, and Sigfried Giedion, "Nine Points on Monumentality" (1943), in Joan Ockman (ed.), *Architecture Culture 1943–1968*, New York, Columbia Books of Architecture and Rizzoli, 1993.
- Smithson, Peter, February-April, 1991, "Functional to Passage", *ILA and UD Year Book, 1991–1992* Urbino, in *Changing the Art of Inhabitation*, London, Artemis, 1994.
- Warner, Michael, "The Mass Public and the Mass Subject", Bruce Robbins (ed.), *The Phantom Public Sphere*, London, University of Minnesota Press, 1993, p. 234-256.
- Whiting, Sarah, "Opening Pandora's Box: Postwar Modernism in the United States", Patrizia Bonifazio a.o. (eds.), *Tra Guerra e Pace*, Milan, FrancoAngeli, 1998, p. 290-301.
- Schulze, Franz (ed.), *Mies van der Rohe: Critical Essays*, New York, MoMA, 1989.

INTENSITY OR DENSITY AS TIME-BASED
Intensité ou la densité déterminée par le temps

Hyperdensity and the Problem of Aggregation and Acceleration

Leslie Jaye Kavanaugh

Generally, most approaches to urban density, (or should we say "global" density), regard various strategies of coagulation and assemblage of spatial elements as a separate layer from considerations of movement and displacement. Yet when space and time can no longer be thought of as independent categories due to developments in twentieth century thought, should not architecture try to develop a way of dealing with the seemingly conflicting demands of aggregation and acceleration?

In recent architectural discussions, an anti-theoretical stance has been adopted with the assumption that statistical data are somehow "pure", empirical and unpolluted by philosophical presuppositions. Yet precisely this assumption of the "pure" is to be questioned. Furthermore, in the discussion of density, I wish to suggest that the use or abuse of "facts" has led to a gross overestimation or perversion of the problem of urban density, specifically, in this case, in the Netherlands.

L'hyperdensité et le problème de l'agrégation et de l'accélération

Généralement, les manières d'aborder la densité urbaine (ou devrions-nous dire la densité « globale »), considèrent les stratégies de coagulation et d'assemblage des éléments spatiaux comme une couche distincte de celle concernant le mouvement et le déplacement. Et pourtant, à un moment où l'espace et le temps ne peuvent plus être pensés indépendamment l'un de l'autre, grâce aux développements de la pensée du xxe *siècle, l'architecture ne devrait-elle pas tenter de développer un moyen de traiter l'apparente contradiction entre l'agrégation et l'accélération?*

Nombre de discussions architecturales récentes font apparaître une posture anti-théorique, fortifiée par la présomption que des données statistiques puissent être « pures », empiriques, et libres de tout a priori *philosophique. Or, c'est justement cette présomption de pureté qu'il faut interroger. Par le biais d'une analyse du discours autour de la densité, je proposerai que l'utilisation, voire l'abus des « faits », a mené à une surestimation ou une perversion de la problématique de la densité urbaine, en particulier aux Pays-Bas.*

Generally, most approaches to urban density, (or should we say "global" density), regard various strategies of coagulation and assemblage of spatial elements as a separate layer from considerations of movement and displacement. Yet when space and time can no longer be thought of as independent categories, due to developments in twentieth century thought, should not architecture try to develop a way of dealing with the seemingly conflicting demands of aggregation and acceleration?

In recent architectural discussions, an anti-theoretical stance has been adopted with the assumption that statistical data are somehow "pure", empirical and unpolluted by philosophical presuppositions. Yet precisely this assumption of the "pure" is to be questioned. Furthermore, in the discussion of density, I wish to suggest that the use or abuse of "facts" has led to a gross overestimation or perversion of the problem of urban density, specifically, in this case, in the Netherlands.

In order to find out what we are precisely talking about, I have tried to examine what density actually means. Firstly, let us remember that density is a minority problem, albeit a problem with which we as architects and urbanists are primarily concerned. The surface of the earth is covered with a diversity of landscape conditions, only 2% of which is an urban density. In addition, satellite coverage for mobile telephones constitutes than less 20% of the earth's surface. Of the now 6 billion people populating the earth, 1.2 billion live in abject poverty in circumstances of mere survival mode. So, in spite of the fact that the majority of people in a post-industrial society live in an urban or suburban environment (70% of all Europeans live in cities of 200,000 or more), a sizable portion of humanity falls outside of the consideration of most architects and planners. Here the problem is not density, but poverty and its causes—certainly a more complex and onerous problem. I mention this in part because the problem of our thinking lies in the fact that we dismiss the earth as a whole, and specifically our architectural and urban interventions upon the earth as part and parcel of this whole environment. This wilful simplification of the problem enables not only the nature/culture divide, but the reductionist point of view which assumes that we exist as human beings in an urban environment independent of, and detached from, any larger whole. Consequently, this tendency to reduce individual conditions to a general case to be extrapolated toward a universal, as well as the reduction of complexity to a controllable simplified model, is precisely what I am arguing against. I seek to preserve not only the singularity of independent entities, but also a method of speaking about density that preserves the complexity of diversity in a network of voluntary interdependencies or associations.

Is Holland Full?

Presently, the argument that "Holland is full" is quite popular among right-wing politicians arguing against immigration, as well as architects would have us believe that if we only process and analyse vast amounts of statistical information, we will arrive at a suitable method of design. I do not argue against their often-compelling architectural spaces, rather against this unexamined assumption toward empiricism. Every school child in Holland learns from knee-high that Holland is one of the most densely populated countries in the world. Indeed, if we divide the population of Holland of 16 million people with the area of 33,426 sq.km., we get a density of roughly

484 people/sq.km[1]. This mean density certainly makes Holland one of the countries in Europe with the highest density upon average, Belgium being another. Yet we must look at the distinction between an average density and a median density. Truly, Holland has a high competition of land uses. Unlike other countries in which much of the land is either mountainous, desert or swamp—thus uninhabitable or non-arable—every parcel of land in Holland is closely examined with regard to "best use", and therefore is severely regulated in urban planning schemes. In contra-distinction to this supposed high density is the "empirical" fact of experience. One only has to travel ten minutes by train or car outside of Amsterdam to note the fields of cows grazing and the fields of flower bulbs growing. The viewpoint from an airplane shows the landscape to be highly intense in its uses, especially the western part of the country that includes all the larger cities: Amsterdam, Rotterdam, Den Haag, and Utrecht. However, considering the fact that Holland has as many cows as people, these uses are often agricultural in nature. Due to the poor soil-bearing properties—Holland being built below sea level on swampland—the built environment is rather diffuse. Amsterdam never experienced the phenomenon of high rise building until recently, the occurrence of which has exploded in every other urban environment in the world. Consequently, Amsterdam's population of about 760,000 cannot attribute its density to a vertical dimension[2]. In point of fact, socio-economic conditions changing from the post-war period have lead to a real *decrease* in density. Birth rates, as in many other European countries, have fallen below replacement levels[3]. The family size is not only

|1| As of November 2002 at 16:25, there were 16,189,718 people living in the Netherlands. 690,393 persons are foreigners, of whom 270,858 are from other EU countries. This fact obtained from the most recently published statistics from the *Centraal Bureau voor de Statistiek* (Central Office of Statistics in the Netherlands; see cbs.nl), means that roughly 2.6% of the population residing legally in Holland has a passport other than from the European Union. This fact has been totally ignored by the press in the Netherlands. Instead, the equally true fact that 900,000 persons living in Holland profess Islam as their religion, was widely disseminated, thereby playing into the altogether increasingly popular expressions of xenophobia.

|2| Everyday more than 680,000 people who don't live in the city come to the centre of Amsterdam in their car, bike, or with public transportation (*Stadsnieuws*, January 2000). With regard to hyperdensity, we must consider that the density of the city changes over any 24-hour period, not to mention the speed of aggregation. In recent years, the annual national holiday—"Queen's Day"—brings more than 1.2 million visitors to Amsterdam for the day. On average in the Netherlands, a person will make 3.07 journeys per day, which means more than merely going to work and home again. The average distance travelled is 31.75 km/day, which takes on average 59.58 minutes per day. Since the beginning of this statistical record keeping in 1995, contrary to many persons' daily experience, the distance and duration of travel have slightly decreased every year. Notably, the scientific discipline of urban ecology now considers a high urban density as beneficial for the "natural environment". "Density and verticality", the hallmarks of big cities, were once bad words in an ecologist's vocabulary, but are now seen as invaluable allies. By concentrating large numbers of people in limited areas, they leave substantial areas for forests, meadows, wetlands and the wide-open spaces needed for many species to survive. "If large numbers of people didn't live concentrated in cities, the world would be a nightmare", Ms. Alfen-Norodom added. As ecologists have begun to study city environments, they have been surprised at the level of biodiversity they contain. "In the New York metropolitan area, within a radius of 50 miles, we have recorded over 3,000 plant species: 2,000 native species and 1,000 introduced to the area", said Steven E. Clemants, vice president for science at the Brooklyn Botanic Garden... "This is not as unlikely as it may seem, Mr. Clemants says, when you consider that New York has a higher percentage of open space—some 25 percent of its land surface—more than any major city in the United States." From "Wild Cities: It's a Jungle Out There", in *The New York Times*, 23 November 2002.

|3| Italy has resorted to a broad public service campaign to try to convince young people to marry and to have children. Apparently, even the Catholic Church has proven ineffectual in this regard. In England, studies show that at present more than one-third of all women over 30 years of age have no children at all.The falling birth rate in addition to the demographic shift in the age of the population with the average age increasing every year means that the burden of pension funds and taxes for public services falls upon the shoulders of a proportionately smaller number of younger people. In *The Wall Street Journal* of January 7-8, 2000, a headline article reads: "IMMIGRATION IS VITAL to Europe's economic health, the UN says. The European Union's statistical office says European birthrates are at their lowest level since World War II... the number of births in 1999 dropped 0.5% from the year earlier. Eurostats puts the EU's population at 376.4 million at the start of the new millennium. The office says that, if not for immigration, the population of Germany, Italy and Sweden would have decreased... Europe's population is projected to decrease dramatically over the next five decades—primarily due to low fertility rates. The UN-study highlights the need for Europe to increase its intake of immigrants over the next 50 years to maintain population levels and the size of its work force."

appreciably smaller, but increasingly more people live alone—students, non-marital relationships, older retired or widowed people. Consequently, the number of independent households is higher than ever, making the density actually lower in spite of an increase in population [1]. So one may ask: from where do the conclusions come about a high population density in Holland?

In comparison with other urban areas in the world, where the population of, for example, Mexico City or Tokyo, is approaching that of all of the Netherlands, Amsterdam is still a village. Which is not to say that we escape the growing problems of urbanization; rather, the problem—and hence the solution—must be scaled to a density appropriate to Amsterdam. In other words, the density of concepts coincides with the appropriate urban density. For example, New York City has an urban density of over 9500 persons/sq.km., whereas the overall density of the United States is 30 persons/sq.km. Obviously, this density is of an entirely different order than the Western part of the Netherlands. Conclusively, to examine only the statistics about average density is to misrepresent local conditions, masking the real problem with which we have to deal as architects and planners.

Is Space Itself Full?

At the base of the problem of density is a larger concern of concepts of space itself. Unfortunately, space is still largely considered to be a vacuum or emptiness containing isolated objects. Consequently, most approaches to urbanism or global density tend to see an individual architectural intervention only in terms of its independent impact, or its place within a project. Yet we cannot really speak of the urban and the sub-urban, but of a gradation of identities of density. Admittedly, the original reduction of space and time to separate categories served a valuable purpose. Taken separately they were seen to be more manageable, and therefore more controllable. Yet the ability to control urban or global growth has largely been frustrated by the sheer complexity of the problem.

One can only surmise what the possible consequences would be on hyperdensity if space and time were rethought in a more originary manner. As is common practice in philosophy, a beginning to understanding a solution comes from a thorough understanding of the problem. In order to take another turn, I will begin with taking apart the problem by looking at the concept of composites from Leibniz (Leibniz 1965). Leibniz was a seventeenth-century philosopher whose considerable work constitutes "a road less travelled", which probably makes him all the more attractive to Deleuze in his reading of the unfulfilled significance of his philosophy in *The Fold: Leibniz and the Baroque* (Deleuze 1993). His philosophy remains largely unfulfilled because the philosophy of Descartes, and later Kant, gained the hegemonic position that would determine our modern way of thinking, becoming so dominant as to be

|1| The most recent statistics in Holland, published 14 November 2002, state that there are 2,354,302 households with only one person. Households with more than one person total 4,586,961; thus making the average size of a household 2.29 person at present in the Netherlands. However, emphasizing the local condition, rather than an average for the country as a whole, the central district of Amsterdam has approximately 80,000 inhabitants in a total of 44,000 households, thus achieving an even lower density of 1.82 persons per household (*Stadsnieuws*, January 2000).

almost beyond question. Specifically with regard to matters of space and time, the modernist reduction to a radical subjectivism means that all objects, including our environment, are set up in opposition to a thinking subject, that is to say our perceiving and experiencing mind. Precisely this oppositional and dichotomous way of constructing our world would lead to a general consideration of all objects outside of ourselves as "other" with the resulting problem of communication with those exterior objects. Obviously this modernist approach thought of man in contradistinction to his environment, setting up an opposition—perhaps unintentional, yet persisting to this day—viewing disparate objects in space existing only to be measured, tied down, and ultimately controlled.

On the other hand, Leibniz proposed in his *Monadology* a way of considering objects innately interconnected with each other. With his conception of a composite, individual things retain their autonomy, their *haecceity* (autonomy, individuality), yet are gathered together in aggregates in an interconnected relationship. An assemblage is an aggregate of simple substances—what Leibniz calls a monad. Each singular is not reduced to a single consideration, nor is there only one possible environment. Rather, a multiplicity of possible aggregations of composites exists alongside an infinity of possible interconnections between composites at various accelerations.

"For all space is filled up; therefore, all matter is connected; and in a plenum or filled space every movement has an effect upon bodies in proportion to their distance so that not only is every body affected by those which are in contact with it, and responds in some way to whatever happens to them, but also by means of them the body responds to those bodies adjoining them, and their intercommunication can be continued to any distance at will. Consequently every body responds to all that happens in the universe, ..." (Leibniz 1965, 265)

In contrast to even systematic thinking about the interactivity of individual objects such as buildings, here Leibniz suggests a way of thinking about these "bodies" that connects them within an intercommunication, both acting and responding in a plenum of space. Space is not a void container with objects tied down within it, rather space is filled up and all matter is connected.

In the contemporary discussions, many of the propositions of the early modernists have been overturned. Yet a residual *free-floating* anxiety persists about nebulous dispositions and vague multiplicity. Questions about the nature of objects in space remain. Although the impetus for the static constructions has somewhat waned, the implications of the wandering monad, of the dynamically flowing, of fully transforming space are just beginning to be explored in architecture. Now we ask *(in flux)*: what could be some possible consequences of a dynamics from Leibniz, as opposed to the path taken by Newtonian mechanics and Cartesian philosophy?

Specifically, Leibniz describes an active subject (the person) effecting and effected by a spatial environment. "Leibniz can define extension *(extensio)* as *continuous repetition* of the situs or position—that is, of point of view: not that extension is therefore the attribute of point of view, but that the attribute of space *(spatium)*, an order of distances between points of view, is what makes this repetition possible." (Deleuze 1993, 20) This point of view avoids becoming a gross subjectivity by interpreting *extensio* not as distance but as an infinity of curves framing in a serial repetition. "Point of view" clearly becomes a plurality, yet without lapse, void, or discontinuity.

This extension is not a passive Cartesian subject dominated by a universal point of view. "Everywhere the subject swirls in the midst of forces; they exert stress that defines the individual body, its elasticity, and its bending motions in volumes that produce movement in and of extension. The subject lives and re-enacts its own embryonic development as a play of folds (endo-, meso-, and ectoderm) rather than as a battleground pitting the self against the world." (Deleuze 1993, xvii) In place of fixity come mobility, morphosis, modulation, and mutability.

Obviously, the concept of time or accelerated movement cannot be generalized out of the equation concerning hyperdensity (see further) "because all bodies are in a state of perpetual flux like rivers, and the parts are continually entering in and passing out" (Leibniz 1965, 267). Which is not to say that their individuality comes into question, rather each body unfolds itself over time. "It cannot all at once open up all its folds, because they extend to infinity." (Leibniz 1965, 265) Each body participates in an operation of continual creation, interconnecting with others in aggregates, unfolding at various accelerations over time, and preserving traces of the past in the infinity of positions in space/time. "Physical mechanisms are infinitely tiny fluvia that form displacements, crisscrossings, and accumulations of waves, or 'conspiracies' of molecular movements." (Deleuze 1993, 97) Modality is manner of being.

These assemblages are constituted from heterogeneous elements, free to aggregate, coming together at certain moments, joining in space, and moving on at differing accelerations. So instead of "building blocks", we must think about assemblages as possible constructions and not permanent ones because at any point in space/time they can disband and rejoin in another configuration. Only lines of inquiry converge, leaving "nothing more than a name as the trace of an intensity" (Deleuze & Guattari 1987, 4). In addition, fragments of work can be folded into one another, picking up unused forms, constituting a multiple, a total work, a magnum opus. Rather than constructing an edifice in a linear/temporal fashion, these aggregates make a series in a multiplicity of becoming. An architecture of hyperdensity can be thought to be situated in the simultaneous presence of aggregation and acceleration.

Modalities of Aggregation and Acceleration

In this way we can re-examine our concerns with *hyperdensity*. Along the fold, both acceleration and aggregation are enveloped into a process of immigration. We can identify four extreme cases of a modality between the fold of aggregation and acceleration. First, would be a scenario of maximum aggregation and minimum acceleration—e.g. a densely populated city at night, or the Twin Towers NY, at noon (see epilogue). Here the change in position is relatively slow while the density of bodies is high. Secondly, would be the scenario of minimum aggregation with maximum acceleration—e.g. High Speed Trains where the physical density is lower while coupled with high speed. Thirdly, minimum aggregation with minimum acceleration—e.g. rural or uninhabitable environments. And fourthly, would be a scenario of maximum aggregation with maximum acceleration—e.g. airports connected with rapid rail and other transportation systems. This condition is that of hyperdensity, mostly occurring at the networks where the intensity of speed, changing positions and a high concentration of aggregate bodies combine to compress along the fold. "Complex and diverse elements can be grouped together so that they cooperate." (Salingaros 1999, 61) Although each body occupies a clear zone, this environment is not unchanging. Folding and unfolding in a succession of limits, the hyperdensity of architecture engages in the self-creating/becoming that is an infinity of possible aggregations/accelerations.

In conclusion of this underlying discourse, I propose a possible concept of hyperdensity: hyperdensity could be defined as a condition of maximum aggregation in conjunction with an accelerated connectivity. Therefore, density must not be thought of as only a tight agglomeration of disparate objects in a vacuous space, but rather as a density of connection. Obviously, an enormous density of connections must be made in a hyperdense environment. Yet organizing these connections need not be rigid. Two or more sites can be connected with an ultimate level of flexibility. "...Different levels cross and overlap, providing cross-connectivity." (Salingaros 1999, 66) In contrast, a hierarchical ordering system, as is commonly employed, requires all parts to fit into the whole. What does not conform to the whole must be expelled from the system. The web of connectivity, on the other hand, is able to organize complex and divergent parts into a whole by the provision of each being connected in some way to at least one other component of the system. In this manner, each individual component retains its *haecceity* (autonomy, individuality) while contributing to a highly complex aggregation. Every node in the web need not be connected with every other, just as long as it is connected some*where*. In addition, these connections need not be permanent; they are also determined in time, therefore can be fleeting and temporary. Each object is free to not only connect in a manner meaningful to itself (thereby *creating* meaning), but to terminate and initiate connections at will. Consequently, every assemblage evolves in time, constantly redefining its relation with others (Dupuy 1992). Every object becomes its own centre, so that one can not even speak of de-centering or poly-centricity.

Nevertheless, a more nuanced view of the possibility of a non-hierarchical and dynamic notion of hyperdensity must also be brought forward. Traditionally, we have thought of our cities as centered and fundamentally hierarchical. Yet, "one very important feature of Central Place and Network systems is the type of cultural structures they give rise to. As with many other structures, the raw materials (in this case, cultural habits and norms) need to accumulate slowly and then consolidate, as more or less permanent links are established among them. Hierarchical constructions tend to undergo a homogenization before their materials harden into a pyramid, while *meshworks*[1] articulate heterogeneous elements, interlocking them without imposing uniformity" (de Landa 1997, 39-40). However, de Landa, in *A Thousand Years of Non-Linear History*, goes on to warn that "it is crucial to avoid the facile conclusions that meshworks are intrinsically better than hierarchies (in some transcendental sense). It is true that some of the characteristics of meshworks (particularly their resilience and adaptability) make them desirable, but that is equally true of certain characteristics of hierarchies (for example, their goal-directedness)". (de Landa 1997, 69)

|1| "Meshwork" is a term from Stuart Kaufmann in *The Origins of Order: Self-Organization and Selection in Evolution*, Oxford, Oxford University Press, 1993.

He would instead advocate a combination of all the possibilities of a hierarchically ordered system in a hybrid with various nets, webs, folds, and meshworks.

In the end, the spatial and temporal separations of layers collapse. Each layer has a weight as determined by its density of aggregation as well as a direction as determined by the vector of its place in space/time. Each place becomes, as William Mitchell argues in *City of Bits*, "multiplexed and overlaid; we will find ourselves able to switch rapidly from one activity to the other while remaining in the same place, so we will end up using that same place in many different ways... Ambiguous and contested zones will surely emerge" (Mitchell 1995, 101). Most radically, density can occur with only slight (even negligible) displacement in space, as in for example the intensity of experience or the density in time that occurs while sitting restfully behind a computer, yet surfing over the entire world. Place has become totally disentangled from any notion of *topos*. Consequently, a high density in time can occur with an extremely low density of space (low aggregation). Yet networks are typically developed in areas of high density development. "During the nineteenth and twentieth centuries, cities have been transformed by successive waves of transportation and communications technology. At each stage, new combinations of buildings, transportation systems, and communications networks have served the needs of the inhabitants. Now, as the *infobahn* takes over a widening range of functions, the roles of inhabited structures and transportation systems are shifting once again, fresh urban patterns are forming, and we have the opportunity to rethink received ideas of what buildings and cities are, how they can be made, and what they are really for." (Mitchell 1995, 163) Nevertheless, as Saskia Sassens maintains in *The Global City*, in spite of the possibility to connect to the world from the middle of nowhere (a low-density environment), most conditions coincide with the historical reasons for high density environments (Sassen 1993). People seem to still want to "be where things are happening", regardless of the increasing accessibility of the corners of the globe, contributing to the further development of hyperdensity in the intense aggregation of persons and ideas.

Given this theoretical background with the help of Deleuze's re-reading of Leibniz's contribution to philosophy, I have tried to develop a concept of hyperdensity as the condition of maximum aggregation in conjunction with an accelerated connectivity. Nevertheless and most importantly, at the base of the problem is a larger concern not only for space itself, but for each urban condition in its singularity. All aggregations are connected, but each has a separate identity deserving not to be subsumed into a whole in order to fallaciously comfort ourselves with dreams of universality and "pure" statistical empiricism. Ah, if the problems of density were only so simple!

Epilogue—Three Years Later

In the last few years the questions of immigration have become even more urgent in Holland, as well as in the rest of Europe. Unfortunately, no common immigration policy has yet been approved of in the European Union. Meanwhile, the discourses of "Holland is full" have moved from the extreme radical right to the centre right, which was swept into power in the wake of the murder of Holland's populist politician, Pim Fortuyn.

If indeed a strong argument can be made that we globally are connected in a hyperdense environment, then the need for tolerance is more—not less—imperative.

In addition, I had given the Twin Towers, the World Trade Centre in New York, as an example within the theory of hyperdensity of maximum aggregation and minimum acceleration. Here would be a high concentration of individuals displacing themselves at a relatively rather low rate of speed. In the "wake of September 11", the editors of this volume requested that I discretely omit this reference to the WTC. How can an example of density be given for a site that is now a mere vacuous void? The Twin Towers are already being edited out of photographs and films of New York City. What was once a proud emblem is now an altogether painful reminder. Yet, I argue, the fact that the WTC gathered together the collective imagination into a highly evocative icon of power, technological prowess, and beauty, is precisely why it was effective as a target of those who would object to these evocations. Although the building and the persons who died there no longer exist, I maintain that the WTC endures "under erasure", in the minds and hearts—more powerfully than ever—of people all over the world, joining together in shock and sadness. The site, although "empty", has in fact coagulated into a density of meaning, becoming a metaphor for grief. The WTC is more "full" than it ever has been. Consequently, I wish—with the deepest respect and dedication to those who died and to those who survive—to let the Twin Towers stand, if only in my text.

Bibliography

- Battey, M. and P. Longley, *Fractal Cities. A Geometry of Form and Function*, London, Academy Press, 1994.
- Castells, Manuel, *The Rise of the Network Society*, London, Blackwell, 1990.
- De Landa, Manuel, *A Thousand Years of NonLinear History*, New York, Zone Books, 1997.
- Deleuze, Gilles, *The Fold. Leibniz and the Baroque*, trans. T. Conley, Minneapolis, University of Minnesota Press, 1993.
- Deleuze, Gilles and Felix Guattari, *A Thousand Plateaus. Capitalism and Schizophrenia*, trans. B. Massumi, Minneapolis, University of Minnesota Press, 1987.
- Deleuze, Gilles and Felix Guattari, *What is Philosophy?*, trans. H. Tomlinson and G. Burchill, London, Verso, 1994.
- Descartes, René, *Philosophical Writings of Descartes*, ed. Cottingham, Cambridge, Cambridge University Press, 1985.
- Dupuy, Gabriel, *The Urbanism of Networks: Theories and Methods*, 1992.
- Fishman, R., "Metropolis Unbound: the New City of the Twentieth Century", *Flux, Internationals Scientific Quarterly on Networks and Territories*, nr 1, p. 43-55.
- Graham, S. and S. Marvin, *Telecommunications and the City. Electronic Spaces, Urban Places*, London, Routledge, 1996.
- Leibniz, G.W. von, *Discourse on Metaphysics. Correspondence with Arnauld, Monadology*, trans. G. Montgomery, La Salle (Ill.), Open Court, 1995
- Leibniz, G.W. von, *The Leibniz-Clarke Correspondence. Together with extracts from Newton's Principia and Optics*, ed. H.G. Alexander, Manchester, Manchester University Press, 1970.
- Leibniz, G.W. von, *Monadology and Other Philosophical Essays*, trans. P.&A.M. Schrecker, Indianapolis, Library of Liberal Arts, 1965.
- Leibniz, G.W. von, *Philosophical Writings*, ed. Morris & Parkinson, London, Dent, 1984.
- Mitchell, William J., *Cities of Bits. Space, Place and the Infobahn*, Cambridge (Mass.), MIT Press, 1995.
- Salingaros, Niko, *The Theory of the Urban Web* (unpublished manuscript, 1999).
- Sassen, Saskia, *The Global City. New York, London, Tokyo*, Princeton, Princeton University Press, 1993.
- Sassen, Saskia and K.A. Appiah, *Globalization and its Discontents. Essays on the New Mobility of People and Money*, New York, New Press, 1999.
- Toulmin, Stephen, *Cosmopolis. The Hidden Agenda of Modernity*, Chicago, University of Chicago Press, 1990.

Intensity versus Density

Bernard Kormoss

The issue of "density" has been recently introduced and mediatized by the younger generation of Dutch Pragmatism—the so-called "OMA Reference" Generation. Inspired by OMA's theoretical interest for questions of "Congestion", "Bigness" and data-related research methods, the concept of density has been defined as a technique for the "maximization of difference". Contrary to OMA's form-theoretical proposals which are embedded in a larger theoretical discourse on architecture and city, it appears that the mere pragmatic and technical dimension of density is overshadowing its theoretical counterpart. This paper attempts to rediscover the hidden theoretical dimension of density and proposes a more complex theoretical alternative, "intensity", based on Deleuze's concept of "intensification" and tested on Peter Eisenman's formal and theoretical framework. "Intensity" could be defined as a self-sustained process of intensification of matter and form, that is as a stratified field of interaction of matter and form. This process of intensification accelerates the interaction between "theory" and "praxis", as one can discover in the work of both Eisenman and Koolhaas. In their work, there is a sort of "perpetuum mobile" of writing and re-writing, stratification and destratification, in which the overall tools of theory and practice are constantly put into motion and reciprocal tension.

Intensité *versus* densité

Le thème de la « densité » a récemment été présenté et médiatisé par les jeunes architectes de ladite « OMA Reference Generation ». Inspiré par l'intérêt théorique porté par OMA pour des thèmes et des méthodes pragmatiques (cf. « Congestion », « Bigness » *et autres méthodes d'analyse factuelles), le concept de densité a été défini, dans le texte « Datascape » de MVRDV, comme une technique de « maximalisation de différence ». Contrairement aux propositions théoriques de Koolhaas qui découlent d'une vision stratégique sur l'architecture et la ville, il apparaît que, dans la proposition de la jeune génération, la dimension purement pragmatique et technique l'emporte sur le discours théorique et critique. Ce texte se propose de découvrir la face théorique cachée de la densité, une face qui pourrait se définir en termes d'« intensité », plutôt que de densité. Le concept d'« intensité », qui s'apparente au concept deleuzien de l'« intensification », sera analysé et testé dans le cadre de l'œuvre théorique et formel de Peter Eisenman. Le thème de « l'intensité » pourrait être défini comme un processus d'intensification de la matière et de la forme, c'est-à-dire comme un champ d'intense stratification et d'interaction entre matière et forme. Comme on peut le découvrir dans l'œuvre d' Eisenman ou de Koolhaas, ce processus d'intensification accélère l'interaction entre la théorie et la pratique. Car dans leur œuvre, il y a une sorte de mouvement perpétuel d'écriture et de réécriture, de stratification et de déstratification, qui fait que la théorie et la pratique se trouvent entrelacées dans un continuel mouvement de tension réciproque.*

Today, the question of density arises amidst a perceptible reconfiguration of architectural theory, both within the realm of architectural praxis (as a tendency towards bottom-up pragmatics) and outside of it (as a theoretical academic discipline *à part entière*). Complexity and differentiation, the cornerstones of most of the current theory, have found their own operational way into the new vocabularies and strategies of architectural praxis, both in the United States and on the Continent. Curiously enough, one has to admit that the pressure of the on-going media-digitalization has been a major accelerator of this process of normalization of critical theory within praxis, maybe because of its systematic similarities with "paste-cut-copy". On the verge of going mainstream, the risk for critical theory is then to be commodified and instrumentalized within praxis as a mere formal technique, losing thereby most of its critical potential.

It is with this broader *mouvance* of the architectural praxis-theory spectrum in mind, that I would like to problematize today's theme of density, whose tactical potentiality I would like to test in relation to the more strategic concept of intensity and intensification. I will begin by analyzing some problematic issues encountered around the theme of density in the discourse of the new generation of pragmatics and will continue on the theme of intensification which I will link with the theoretical framework of both Eisenman and Koolhaas.

Within the broader spectrum of current "maximalist" pragmatisms—the "max" qua form, function, material or technique/computation, as opposed to the "minimalists"—two younger tendencies have been particularly well mediatised: the mainly American computational diagrammatics (grouped around G. Lynn, A. Zaero-Polo, B. van Berkel, S. Kwinter, S. Allen, R. Somol, etc.) and the Dutch pragmatics of the ex- "OMA Reference" Generation (MVRDV, Big Soft Orange etc.) (Kormoss 1998). Both have a lot in common with the other—e.g., "critical operationality", multi-functionalist pragmatism, immanent self-generative processes, non-linear and non-dialectical approach, complexity and difference, etc. However, they mainly differ in the way they effectuate their strategies, the former pursuing a maximizing of form (through computational diagram processes and Deleuzian rhyzomatics), the latter a maximizing of matter (through a subversive *détournement* of "extremised research" via surrealist avant-garde techniques, and through the internalization of urban conditions). Underscoring the theoretical tension between both attitudes, we recognize some theoretical traces and formal imprints of Eisenman and Koolhaas respectively, each acting as a sort of "strange attractor"—i.e., at the same time claimed and rejected by his own environment.

Dutch Pragmatics

The theme of density—or better, hyper-density—has never been so well mediatized as in the recent publication of MVRDV: *FARMAX*. As leading protagonists of the new Dutch pragmatics, MVRDV explore an experimental field hovering between maximalism and diagrammatics. I could summarize their main maximalist statement as follows (Maas 1998). Starting from a restrictive definition of density as the "amount of available space per person", the authors bluntly suggest to "carry the densities to an extreme" and to "pump up" the circumstances and constraints to such a maximization as to reach a point of hyper-density and "massiveness". At this point of extravaganza, architecture would bifurcate towards both interior and urbanism, and "gravities" and events would "emerge from within the tapestry of objects". By adopting "extremising as a technique of architecture" and by extrapolating the data of their research ("datascape"), the authors expect the society to question its own massive behavior of demands and norms. Artistic intuition would be replaced by research hypotheses enabling us to "observe, extrapolate, analyze and criticize our behaviour" all together.

Taken mainly from their major text *Datascape,* these arguments reflect well the overall scope of MVRDV's conceptual culture, which is one of systematically cultivating paradoxes, multiplicity, pluralism and difference to their extremes, but also one in which difference is systematically used as a formula, a parameter to apply to objectified data.

While hyper-density is initially meant as a critique of chaos theory, it is funny to discover their hidden structural similarities since both are focusing on the point of disruption and bifurcation of rational systematics toward unforeseen, chaotic behavior. Besides this, a lot of other arguments remain questionable. Systematizing density as a technique of "maximization of difference" greatly jeopardizes and commodifies the differentiating aspect of difference "in se", understood in its spatio-temporal dimension of process of continual differentiation. The reification of difference as operational tool or *technè*, also renders mute its transformational and critical dimension, which could lead to a hopeful cathartic change of perception and behavior of the masses and create new meanings which would overcome the barriers of dialectical oppositions—to paraphrase their own argument. However, the systematization of difference and paradox as operational tools can simply not resolve their inherent problematic dimension. There is neither extravaganza nor redemptive nirvana beyond the point of "massiveness".

On the other hand, the question can be raised whether the subversive dimension underlying the maximization of (sociological) "research", is not undermining the "research" strategy in the first place. There is a sort of ambivalence in undertaking comprehensive research for objective data and parameters inflecting a project—in a sense a hyper-functional attitude—only for the sake of objectifying and aestheticizing them in a way of pseudo-scientific mannerism. It is thus not granted whether the end-result is really overcoming its hyper-functional underpinnings, whether the maximization of functionalism (as hyper-functionalism and hyper-density) is really leading to a disruptive criticality, as expected.

Lastly, I would like to refer to the broader heritage of the OMA generation and to what appears to me as a sort of retro-active looping of OMA references. By zooming and enlarging a specific part of the OMA culture—the lines which revolve around Manhattanism, Congestion, Bigness and the Generic—abstraction is made of the complexity of its original milieu, the *in-tensive* undecidedness of the complex network of intertwined concepts. Of course, this semantic abstraction is a typical OMA act, but, when magnified and re-injected within the breeding OMA culture, it is as if, under the objectified field, re-emerges the problematic dimension of these "gravities", which then become systemized and reified as individual wholes. It is interesting to discover how FAR the MAX of the Metropolitan pace, which is the real motor of hyper-density, has been internalized and digested by architecture, as to make it, as in a magic trick, completely disappear and reappear as its *Doppelgänger*, the City. *Großstadt* in Excess!

Intensification

Rather than conceiving density only from its dimension as a tactic of compacting physical data, I would rather approximate it as an internal strategy of intensification, i.e. as a "hyper-and-hypo intensity" ("more" and "less"; rather than "more is more") of matter-form, which relies, for its problematization, on notions such as immanence (or self-generation) and repetition of difference. Following loosely Deleuze and De Landa's description of intensification (Deleuze & Guattari 1996, 502-511; De Landa 1997, 11-21), I would like to approximate it as the intensification of the strata of significance, that is as a field of matter-form which varies in intensity all along the thicknesses of its stratifications. Through a continuous process of in-formation of matter and materialization of form, a sort of self-sustained process of intensification is put into motion, which is, as it were, growing from the inside. Considering the differentiated play of resistance and attraction of form and matter, the parameters of intensity differ all along the strata of the field of significance, producing a non-homogeneous and non-linear field of intensities.

In the perspective of the problem of the theory-praxis relationship, it is possible to imagine this process of continual intensification as an accelerator of the whole process of actualization of diagnosis into praxis, and vice versa, so to create a continuous movement of differentiation in the overall field of design (Deleuze 1996). It is in this context of the theory-praxis relationship, that I would like to test this notion of intensification: first and more extensively, in relation to the conceptual and formal framework of Eisenman, and then, as a way of final open reflection, in relation to some less exposed intensive aspects of Rem Koolhaas' pragmatics.

Both Eisenman and Koolhaas, starting from opposite perspectives, have been thinking of conceptual strategies and formal tactics as processes of objectivization which could be transgressive of the normally subjective dimension of the design process. However, their way to overcome the "too much" of meaning, determinism, aesthetics, subjectivism etc. is paradoxically one of intensifying the complexity of its field of *signifiance*: in order to get rid of the linearity of the classical signification links (the classical signifier-signified relationship), both opt for an extreme intensification of *signifiance* of flows of matter-form.

If we look to the strategic dimension of both Eisenman's and Koolhaas conceptual toolboxes, we discover a sense of intensification between theory and praxis, which, by the continuity of its movement of differentiation, strongly contrasts with the linearity of, for instance, MVRDV's extremizing techniques or Van Berkel's operational diagrammatics. There is a sort of *perpetuum mobile* of writing and re-writing, stratification and destratification, construction/deconstruction, in which the overall set of elements and tools, diagnoses and processes are constantly put into motion and reciprocal tension. Contrary to Van Berkel's claim to avoid post-theory and pursuing an actual "real-time" theorizing of praxis (Van Berkel & Bos, 1998), there is here a simultaneous process of proto- and post theorization which puts the design process in a continual motion of un-decidedness. The act of deciding, that is the act of cutting the links, is repeated over and over as a movement of repetition of difference (Eisenman 1997; Eisenman 1998; Eisenman 1999). The continual in-tensification of the flows of matter-form as differentiation, energizes the whole process of actualization of diagnosis into praxis: there is a continuous re-enactment, re-energizing of difference which spans the overall field of design. This is different from, for instance, the unidimensional temporality of MVRDV's "massiveness" whose transformative effect of bifurcation only occurs at the end-stage of a tedious data-scape research of maximization. Till then, the whole process of rationalization remains utterly unidimensional in its hyper-functionality (MVRDV 1998). The same can be said of Van Berkel's operational diagrams, or Gregg Lynn's computational diagrams which are linearly limited and determined by their own machine-like development.

Now, a closer look at Eisenman's conceptual framework will probably offer us more clues about the possibility to approach the theme of density as intensification of matter-form, rather than as densification of mere matter. For Eisenman does not conceive matter in its pure physicality or objecthood, but as a relational process in which matter and form are paradoxically interacting on each other as in-formed matter or materialized form. In this paradoxical one-twoness, matter is thought of as the necessary resistant presence of the physical embodiment, and form as the absence within the presence which subverts and exceeds matter from within. Matter as objecthood refers to the necessary but not sufficient conditions of the functional, programmatic, structural, physical, semantic, cultural etc. embodiment of an architectural object, without which neither building nor architecture can be conceived. Form, conceived as differentiating interiority or being "in se", is an energetic factor of pure relational acceleration, movement and transformation: a sort of strange attractor which subverts, transforms, dislocates matter as an outside inside (Kormoss forthcoming).

When confronting density as a process of compacting physical matter with Eisenman's ambivalent qualification of matter as matter-form, we are somehow limited by the narrow scope of density's linearity. Flows of matter-form cannot be compacted or de-compacted as easily as physical data. Therefore one could state that the problem of density has bifurcated to another stage, which I described earlier as a process of intensification, that is a complex process in which the parameters of intensity are not linearly and not homogeneously distributed all along the strata of the process, and in which there is a continuous play of attraction/repulsion between the physical resistance and the formal energies which inform it from within.

Examples

Many aspects of Eisenman's conceptual framework are motivated by this process of intensification. Let us take three examples, one relating to the architectural design techniques, one to the general theoretical discourse and one to some specific formal and conceptual tools.

1 / Considering the overall design strategy at work in Eisenman's office, one discovers a back and forth blurring of the design techniques involved: rather than converging into a single synergetic design process, the different techniques at work—the physical modeling, the three-dimensional computational modeling, the diagrams and the text—are all confronted with each other in a discontinuous process of reciprocal resistance and stimulation. This means that, at the final stage of the project, all four discourses, which continued their development at their own speed, are not exactly congruent with each other, delivering a not-homogeneous end product which cannot be reduced to one of the means of representation, say the final model, the diagrams or the text.

2 / Within the general scope of Eisenman's conceptual discourse—as formulated in a series of texts and essays written over a period of thirty years—this aspect of multi-textuality, of continuous re-writing and misreading, is even more clearly perceptible. If it is somehow possible to map Eisenman's theoretical development according to some major theoretical references—Colin Rowe in the mid and late sixties, Noam Chomsky in the seventies, Foucault, Tafuri and Derrida in the eighties and Deleuze in the nineties—over time it becomes more and more difficult to track back the specific inputs of the one or the other, since the later inputs could not really erase the previous ones. All of these theoretical references have, at one time or another, been critical in the development of Eisenman's conceptual apparatus, as they helped to shape Eisenman's critical perspective in reading and writing architecture—following, in terms of *Zeitgeist*, the paradigmatic shifts from Rowenian neo-kantianism, via transformational structuralism to post-structuralism. However, when analyzing the major lines of thoughts—such as the question of autonomy, conceptuality, critical theory, immanence, subject-object relationships, representation and textuality, architectural form and so on—one discovers a curious contamination of perspectives which can only be explained by this continuous process of intensification and blurring of references—a process in which philosophers, architects, critics, artists, broad cultural phenomena, architectural problems etc. are confronted with the resistance of the architectural discipline, whether in theory or in practice. In short, there is here at work a process of endogenous intensification, of mutual engrafting and cross-fertilization of concepts, elements and outside references which are all confronted with the resistance of architectural interiority and anteriority (Eisenman and Somol 1999). However, outside references are never linearly instrumentalized in Eisenman's intensification process, since, in their process of theoretical assimilation, they have to confront a field of multiple resistances and deviations.

Eisenman's theme of the not-classical (Eisenman 1984), for instance, was modulated as a result of intensification between Foucault's differentiation of the classical and the modern episteme, Baudrillard's theme of simulation, Derrida's textuality and deconstruction and finally, the specific connotation of the classical and the modern in the field of architecture. Ten years later, this issue of the paradigmatic shift will be reinterpreted around the issue of the Digital vs. the Mechanical Paradigm, this in contrast with Benjamin's statement in "The Work of Art in the Age of Mechanical Reproduction" (Eisenman 1992).

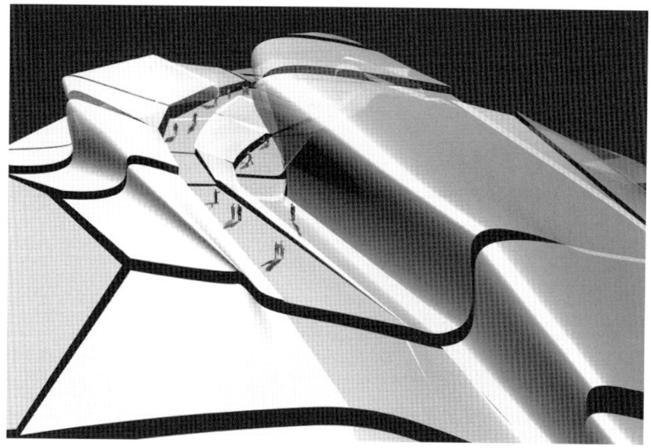

Fig. 1 |**Competition project for a Concerthall in Bruges**, Peter Eisenman.

To take another example, the issue of Conceptual Architecture (Eisenman 1971; Eisenman 1973a; Eisenman 1973b), which came up in the seventies, was articulated around an interpretation of Rowe's neo-kantian differentiation between the conceptual and the perceptual (i.e. between the literal and the phenomenal), which was confronted with the conceptual in the field of Conceptual and Language Art, to Chomsky's semantic-syntactics differentiation, and finally to Eisenman's own interpretation of Terragni' s multi-layering design techniques, which he described under the term "Cardboard Architecture".

To take a last example, the issue of autonomy started, in the seventies, from an analysis of the autonomous self-referential object in the Russian Avant-Garde, and continued in the early eighties as a reflection on the autonomy of the architectural discipline as institution (we recognize here the input of Italian negative thought and French structuralism); in the late eighties, under influence of Derridean post-structuralism the issue of autonomy becomes a problem of insidedness and presentness (Eisenman 1995), that is an immanence, as an "outside inside"; and in the Deleuzian nineties, it would be again modulated as a question of interiority vs. exteriority (Eisenman and Somol 1999). However, it is clear that at the end of this intensification process, Eisenman's interiority, still pregnant with the resistant voices of earlier interpretations, does not really match the Deleuzian description.

Actually we can find in Eisenman's architecture a nice formal parallel to this slow conceptual transformation. Whereas the early Houses of the late sixties-seventies, were conceived as Cardboard models put on top of the surface with no real anchorage in the ground (the object is cut off from its context), we find at the end of the seventies and in the eighties a tendency to ground the project by means of excavation and grid superposition, while in the nineties it looks like the object is emerging from the materiality of the ground itself. It is as if the object has lost the strong physical linearity of its objecthood, to become a "weak object" [1], impregnated by the flows of matter-form (Fig. 1).

|1| For P. Eisenman, architecture should be considered as a "weak form" (i.e. an arbitrary, undecidable and excessive sign system), rather than as a strong form discipline (i.e. an architecture in which there is a one-to-one correlation between meaning, function, structure and form) (Eisenman 1991).

Fig. 2 | **House II**, Peter Eisenman. View as built.

3/These examples bring me to my third point, in which I would like to say something on the intensive relationship between the conceptual tools and the specific formal tools at work in Eisenman's design strategies. Already in the seventies, in his Early Houses, Eisenman used such formal tools as the repetition of structural elements, as a means to blur the semantic relationship between the object and the perceiving subject. By doubling a wall structure with a second columnar grid system in House II (Eisenman 1975), Eisenman introduced a dimension of un-decidedness on the vertical datum: which of the two elements, the wall or the column, was the real supporting element (Fig. 2). In the span of his career a great list of other formal tools have been developed, such as superpositions, dislocations, decompositions, scalings, traces, rhetorical tropes and so on, which all intend to blur the whole palette of significance of matter-form relationships by introducing repetition of difference. Whereas, in the seventies, these formal interrogations were more concerned with the problem of syntax, sign and representation, they gradually rather involved questions of textuality, writing and spacing. These formal tools were not invented for the sake of mere aesthetics or pure pleasure of blurring: they conceptually tend to problematize questions of interiority and anteriority of architecture. In fact, most of the formal strategies are triggered by a deeper interest for critical and theoretical issues: transcending the purely formal dimension of architecture, they attempt to tackle the problematic question of architecture as a critical theory and praxis at once. This implies that there is an intense and complex interaction between the conceptual tools of the architectural theory and the formal tools of the architectural praxis.

Conclusion

I would like to end my intervention, with a sort of retroactive loop which brings me back to the question of density and Dutch pragmatism. This is more than a *boutade* about the end as a new beginning, since I would like to suggest the possibility of another, slightly different reading of Koolhaas's pragmatic "dirty realism", a reading in which the strategic un-decidedness of his pragmatics, its rhetorical intensity, would be acknowledged. In a recent article, Koolhaas analyzed the "new" urban conditions encountered in the Pearl River Delta, which consisted in dry diagnosis of data, with no pretence to conclusive or ready-made recipes whatsoever (Koolhaas 2001). Highly significant of his presentation was the great contrast between the sheer

Manhattanism — Density — Culture of Congestion
"Manhattanism is the one urbanistic ideology that has fed, from its conception, on the splendors and miseries of the metropolitan condition—hyper-density—without once losing faith in it as the basis for a desirable modern culture. Manhattan's architecture is a paradigm for the exploitation of congestion. It reveals a number of strategies, theorems and breakthroughs that not only give logic and pattern to the city's past performance, but whose continuing validity is itself an argument for a second coming of Manhattanism, this time as an explicit doctrine that can transcend the island of its origins to claim its place among contemporary urbanism. With Manhattan as example, this book is a blueprint for a Culture of Congestion."

Cf. R. Koolhaas, *Delirious New York*, New York, Monacelli Press, p. 10-11.

Copyright
Levine, that is, de-monstrates the grammatological writing appropriate to the age of mechanical reproduction in which "copyright" now means the right to copy anything, a mimicry or repetition which is originary, producing differences (just as in allegory anything may mean anything else).

Density[1]
The impression of declining densities would be incomplete, even misleading, if the special impact of multifamily dwellings upon the figures were not recognised. Density per acre of ground assumes a quite different significance when we begin to pile dwelling units on top of one another and give up the amenity of the individual yard.

Cf. O.M.A., Rem Koolhaas and Bruce Mau, *S,M,L,XL*, Rotterdam, 010 Publishers, 1995, p. 252,286.

ARCHITECTURE© Stocks, commodity, profit, status; otherwise only marginally related to the art and science of building. ARCHITECTURE© is designed in the Pearl River Delta under unprecedented pressures of time, speed, and quantity.

AMBIGUITY© Policy of indeterminacy, or half-hearted embrace, to exploit possibilities for political or economic gain. AMBIGUITY© allows tensions and contradictions to coexist in matters of state sovereignty and territory. AMBIGUITY© used by the Chinese Communist Party in one circumstance becomes leverage in another.

DIALECTICS© A classic method of argument that weights contradictory facts or ideas with a view to the resolution of their real, or apparent, contradictions. In the Pearl River Delta, the concept has acquired enough fuzzy logic to be used to justify and contradiction—political policy or otherwise.

MERGE© In the Pearl River Delta, DIALECTICS© collapse into MERGE© (the first a method to understand and synthesize oppositions, the second a brutal collapsing of opposites to create new conditions: Landscape + city = SCAPE©, business _ pleasure + BUSINESS VACATION© socialism + the MARKET©—the socialist market economy...

MORE IS MORE© The conclusion of an evolution that began with Mies as "less is more" and passé through Ventury as "less is a bore," now ends in a paroxysm of the quantitative in the PRD as MORE IS MORE©. Five hundred square kilometres of urban substance is built every year, of which 6.4 million square meters is found in Shenzhen alone. In addition to quantity, redundancy proliferates: five international airports exist, with two more nearing competition; in one building alone, twelve different curtain wall systems are used (see CURTAIN WAR©), while five lighting systems are deployed in a single 15-square-meter room; ten revolving restaurants are constructed with four square blocks; 414 holes of golf are open for play, and 720 more are under construction.

PHOTOSHOP© The same power offered by Photohop, to combine everything into anything—the uncritical accumulation of desire—is exercised literally in the Pearl River Delta, PHOTOSHOP© is the freedom to manipulate not image but urban substance, regulated only by the rules of FENG SHUI©.

Cf. R. Koolhaas e.a., *Project on the City 1*, Harvard Design School, Koln, Taschen GmbH, 2001, p. 704-709 (glossary).

Fig. 3 | **Definitions** by Rem Koolhaas.

informative character of his presented material and the intensive, excessive overuse of the copyright symbolization, which seemed to indicate a subversive tendency to transgress the dirty realist approach of his own new urban pragmatics (Fig. 3). Koolhaas' act of copy-writing seemingly banal concepts (most of them economically oriented), historically loaded idioms (as "tabula rasa", or the revisited "more is more") or fresh neologisms, all together reformatted a configuration of concepts which are all abstracted from their common signifying context in order to be exposed to the shocks of semantic multiplication and blurring—a surrealist gesture which re-enacts the paranoiac critical method of the metropolitan culture of congestion. Now, there is something paradoxical in marking these items with a seal of semantic abstraction, while making them ready for market and computational consumption by normalizing their copyright—a problematic double meaning which is certainly meant by the author.

When considering Koolhaas' earlier writings as *Delirious NY* or *S M L XL* (especially the dictionary), one recognizes in this copyright diagnosis a curious intensification of the urge to "name" and "rename" things, over and over again. The copyright list says not only a lot about Koolhaas's conceptual and formal toolbox—which tools to use when (this to the delight of all pragmatics), it says also a lot about his sense of rhetoric, which clearly exceeds the level of pure consumerism and neo-functional pragmatism it appears to espouse. In a sense, this rejoins Eisenman's own preoccupations with rhetorical excess and over-signification as subversive of the normative condition. However, both attitudes, far from being mere gratuitous gestures of rhetorical persuasion, singularize themselves by their critical intention to internalize the problem of *signifiance* from within architectural *Jetztzeit*.

Bibliography

- De Landa, Manuel, *A Thousand years of nonlinear History*, New York, Swerve Editions, Zone Books, 1997.
- Deleuze, Gilles and Felix Guattari, *A Thousand Plateaus*, B. Massumi, (Trans.), London, University of Minnesota Press, 1996.
- Deleuze, Gilles, *Foucault*, Sean Hand (Trans.), London, University of Minnesota Press, 1996.
- Eisenman, Peter, "Notes on Conceptual Architecture: Towards a Definition", *Casabella* nr 359-360, Milan, November/December 1971, p. 48-58.
- Eisenman, Peter, "Architettura Concettuale: dal Livello Percettivo della Forma ai Suoi Significati Nascoti", *Contemporanea, Incontri Internazionali d'Arte*, Florence STIAV Press, 1973, p. 317-19 (1973a).
- Eisenman, Peter, "Notes on Conceptual Architecture II A", *Environmental Design Research Association II*, Stroudsburg, Pennsylvania, 1973, p. 319-22 and On Site nr 4, New York, 1973, p. 41-44 (1973b).
- Eisenman, Peter, "Cardboard Architecture: House II", in P. Eisenman, *Five Architects: Eisenman, Graves, Gwathmey, Hejduk, Meier*, New York, Oxford University Press 1975, p. 25-27.
- Eisenman, Peter, "The End of the Classical", *Perspecta 21, The Yale Architectural Journal*, Cambridge, Summer 1984, p. 154-172.
- Eisenman, Peter, "Strong Form, Weak Form", *Architecture in Transition: Between Deconstruction and New Modernism*, Munich, Prestel, 1991, p. 33-45.
- Eisenman, Peter, "Peter Eisenman: The Affects of Singularity", *A.D.*, nr 62, November/December 1992.
- Eisenman, Peter, "Presentness and the Being-Only-Once of Architecture", Anselm Haverkamp (ed.), *Deconstruction is/in America*, New York, New York University Press, 1995, p.134-148.
- Eisenman, Peter, "Processes of the Interstitial: Notes on Zaera-Polo's Idea of the Machinic", *El Croquis*, nr 83, 1997, p. 21-35.
- Eisenman, Peter, "Diagram: An Original Scene of Writing", *Any*, nr 23: Diagram Work, 1998, p. 28-29.
- Eisenman, Peter, "Diagrams of Anteriority", in Peter Eisenman and Robert Somol, *Diagram Diaries*, New York; Universe Publishing, 1999, p. 26-43.
- Eisenman, Peter and Robert Somol, *Diagram Diaries*, New York, Universe Publishing, 1999.
- Koolhaas, Rem e.a., *Project on the City 1*, Harvard Design School, Koln, Taschen, 2001, p. 704-709 (glossary).
- Kormoss, Bernard, "Control Alt Shift: or how to reset diagrammatic time", in Cynthia Davidson (ed.), *Anyhow*, Cambridge (Mass.), MIT Press, 1998, p. 268-269.
- Kormoss, Bernard (ed.), *Eisenmanual* (forthcoming publication, ongoing PhD at the T.U. Eindhoven).
- Maas, Winy, "Datascape", in MVRDV, *FARMAX: Excursions on Density*, Rotterdam, 010 Publishers, 1998, cover pages, p. 98-103, 598, 614 a. o.
- MVRDV, *FARMAX: Excursions on Density*, Rotterdam, 1998.
- Van Berkel, Ben and Caroline. Bos, "Diagrams—Interactive instruments in operation", *Any*, nr 23: Diagram Work,1998, p.19-23.

Dispersion *versus* densité : la porosité

Hubert Lionnez/Roberto Zancan

L'histoire de la ville et du territoire est celle de l'alternance entre périodes de dispersion et de concentration du bâti. Cette pulsation continue s'est accélérée avec la révolution industrielle rendant plus floues les limites entre ville et territoire, entre bâti et non bâti. Face à la congestion des tissus urbains, à partir du XVIIIe siècle, se sont imposées les pratiques urbanistiques de la « table rase », de la « dilatation » et du « zoning ». En somme, ce qui a prévalu est un processus de simplification contraire à la spontanéité de l'accumulation des phénomènes urbains engendrés par l'agrégation sociale, économique et productive. Si la densité semble dominer la réflexion sur la ville contemporaine, celle-ci ne peut ignorer la complexité inhérente aux phénomènes urbains et passe inévitablement par la prise en compte de la réalité physique de la ville, par la compréhension de sa nature sédimentaire et de son rapport au territoire. Comme alternative à l'opposition entre dispersion et densité, nous voudrions proposer la figure de la porosité comme une des figures marquantes de la condition urbaine contemporaine. La porosité rend compte des rapports complexes qu'entretiennent le plein et le vide et implique la densité sans exclure la diversité, la complexité, la mixité. Nous devons aujourd'hui découvrir des modes divers d'intervention, capables d'affronter la complexité urbaine sans la réduire, qui fassent de l'informel et de la différence une richesse, qui travaillent entre les choses et conçoivent un espace topologique et non absolu. Notre propos cherchera à construire cette hypothèse à travers la mise en perspective de diverses tentatives, parmi lesquelles la réflexion sur la nature stratifiée de la ville et sa modification menée par Secchi à Prato, les « densifications spatiales » de Rivkin à l'île Seguin et Lorient, la congestion urbaine opérée par de Geyter au cœur de Bruxelles sont les plus emblématiques.

Sprawl versus Density: Porosity

The history of the city and territory consists of an alternation between periods of sprawl and concentration of buildings. This continuous pulsation gathered momentum with the industrial revolution resulting in a blurring of the dividing line between the city and the countryside, between the built and the non-built. Faced with the congestion of urban fabrics, as from the XVIIth century, the urbanistic discipline imposed the practices of "tabula rasa", "dilation" and "zoning" in town-planning. In short, what prevailed was a simplified process in contrast to the spontaneity of the accumulation of urban phenomena generated by social, economic and productive aggregation. If density seems to dominate our thoughts on the modern day city, the latter cannot ignore the complexity inherent in urban phenomena and inevitably must take into account the physical reality of the city and appreciate its sedimentary nature and its relationship with the territory. As an alternative to the opposition between sprawl and density, we would like to propose the concept of porosity as one of the outstanding concepts of contemporary urban condition. Porosity makes explicit the complex links between the filling and the void and comprises density without excluding diversity, complexity, mixing. Today we must find different ways to intervene which are able to cope with urban complexity without diminishing it, which make richness out of informality and diversity, which specify the links between the objects and which devise a topological and not an absolute space. Our proposal aims to develop this hypothesis by putting into perspective different trials including the reflection on the laminated nature of the city and its modification led by Secchi in Prato, the "spatial denseness" of Rivkin in the Seguin island and in Lorient, and the urban congestion performed by de Geyter in the heart of Brussels, which are among the more emblematic.

> *La ville poreuse est une ville dans laquelle rien n'avance suivant une ligne nette; [...] qui n'affronte pas ses problèmes au travers de macro-projets, sur la base d'une rationalité logocentrique, qui ne réduit pas le complexe des tensions, des conflits, qui ne tend pas à les annuler mais bien à les assimiler et, quasi, à s'en nourrir. Ceci est une image très forte, aujourd'hui où l'on parle tant de différences, de conflits et de la productivité du conflit. Avant tout il faut thématiser, faire une mise au point, avoir ceci bien clair. Ensuite nous extrairons ce qu'il y a à jeter, ce qui doit être amélioré. [...] Certes porosité c'est aussi le rapport inextricable entre l'architecture qui émerge et celle qui vit en dessous.*
>
> Cacciari 1992, 162-163

Le concept de densité a, depuis le XIXe siècle et la naissance de la discipline urbanistique, revêtu de multiples significations relatives aux différents moments de l'évolution des villes et de leurs conditions d'émergence. Toutefois l'évolution de ce concept — dont les grandes étapes pourraient être celle d'indicateur d'analyse des maux de la ville chez les urbanistes hygiénistes, celle d'élément de programme et de composition chez les urbanistes fonctionnalistes et en définitive celle d'indice et de normes administratives — en consacre l'application abstraite évacuant bien souvent toute considération sur la réalité physique de la ville et son rapport au territoire. Face à la congestion des tissus urbains se sont imposées les pratiques de l'éventrement, du *zoning* fonctionnel et de la substitution radicale des tissus existants, en somme un processus de simplification contraire à la complexité propre à la ville et dont nous pouvons trouver des expressions paradigmatiques dans le projet du centre directionnel du Golden Triangle de Pittsburgh, et le projet d'îlot insalubre n°6 de Le Corbusier pour Paris.

La densification, opérée suivant les principes fonctionnalistes, atteint son paroxysme avec les projets modernistes de l'après-guerre suscitant de vives critiques de la part de mouvements intellectuels divers comme celui de l'Internationale Situationniste guidée par Guy Debord qui propose la redécouverte de la ville et sa défense face aux agressions capitalistes à travers la pratique de la « dérive ». Cette attention particulière pour la complexité et la diversité de la ville trouve des prolongements dans les nombreuses propositions architecturales qui feront suite aux critiques émotivo-artistico-politiques et parmi lesquelles les plus manifestes sont de deux types : d'une part un plaidoyer pour la « reconstruction de la ville », amorcé par Maurice Culot et les frères Krier, lequel en définitive aspire à la reproduction mimétique de la ville pré-moderne et d'autre part la revendication du principe de la congestion urbaine, tel que le prône Rem Koolhaas, qui quant à lui correspond à l'extension à l'échelle de la ville d'une image formelle extraite d'un seul édifice : le gratte-ciel new-yorkais.

Il semble qu'aujourd'hui, dans la continuité du débat d'idées évoqué brièvement ci-dessus, la question de la densité soit intimement liée à celle de la complexité et que leur recherche conjointe soit fréquemment évoquée comme garant de la qualité urbaine. Cependant, si beaucoup de projets contemporains font de la congestion et de la densité un objectif, en réalité les formes qu'ils produisent sont réductrices et la ville qu'ils engendrent simplifiée et ce, avant tout, parce que le regard qu'ils portent sur la ville cherche peu à comprendre et à décrire la complexité des formes urbaines existantes et des mutations qui les accompagnent. D'autre part, il nous semble que les raisons fondamentales de la densité sont intimement liées aux transformations profondes qui ont cours dans la ville contemporaine dont les conditions d'émergence marquent le passage de notre société d'une phase de croissance extensive (avec la planification moderniste de l'après-guerre comme apogée) à une phase de croissance intensive (tant d'un point de vue démographique, qu'économique ou politique).

Paradoxalement la discipline urbanistique demeure encore fortement ancrée dans des logiques formelles héritées d'une logique de croissance extensive. Au contraire, il nous semble que la question de la densité doit être posée au regard de cette condition contemporaine qu'est la nécessité de construire la ville sur la ville. Notre exposé tentera donc de préciser, à travers la présentation de projets qui s'inscrivent de manière significative dans la problématique de la transformation de la ville, les modalités selon lesquelles la recherche de densité débouche sur la « construction d'espaces » qui affrontent la complexité de la ville sans la réduire mais en en proposant l'intensification des relations.

Afin d'argumenter notre propos nous procéderons à l'analyse de quatre projets différents : celui de Bernardo Secchi pour la transformation d'un quartier de Prato [1], les projets de densification spatiale d'Aldo Rivkin pour la transformation des usines désaffectées de Renault Billancourt sur le site de l'île Seguin à Paris et pour l'ex-base de sous-marins allemands à Lorient et le projet de Xaveer de Geyter pour le carrefour de l'Europe à Bruxelles (de Geyter 2001, 79-95). Ces projets ont retenu notre attention parce que tous les quatre témoignent du même souci de substituer à la pratique de « faire de l'espace » celle de « construire l'espace » à savoir de penser des espaces denses et articulés aux qualités complexes et variées et non simplifiées. En effet, ces projets ne répondent pas de manière univoque à une approche strictement formelle mais prennent en compte le caractère de « porosité » de la ville auquel fait allusion Cacciari. Ceci signifie scruter la capacité de la ville à être transformée, s'interroger sur les « matériaux architecturaux » qui la constituent — ceux qui sont « durs » et doivent être conservés, ceux qui sont « malléables » et peuvent être modifiés. Cela signifie également interroger les rapports qu'entretiennent les espaces construits et les espaces libres, les espaces publics et les espaces privés, questionner leur valeur d'usage, en repenser ou en confirmer la distribution et les affectations, affronter l'accumulation des phénomènes urbains réclamée par l'agrégation culturelle, sociale, économique et productive, penser la mixité, créer le cas échéant des compressions ou des dilations, physiques, sociales, économiques dans la ville.

|1| Le plan régulateur de Prato a été publié dans le volume *Un progetto per Prato*, l'ensemble des résultats des séminaires et *workshops* organisés en marge du plan régulateur sont repris dans le volume *Laboratorio PratoPRG*, Florence, Alinea Editrice, 1996. Prato et les plans contemporains de Secchi-Viganò ont également fait l'objet d'une présentation synthétique par leurs auteurs dans l'article « Secchi & Viganò » 1998.

Prato — Bernardo Secchi. La densité comme élément de la syntaxe compositive de la ville

Chargé de l'élaboration du plan régulateur de la ville de Prato, Bernardo Secchi s'est en tout premier lieu attaché à la description de la constitution de la ville, cherchant à préciser les différentes étapes de sa formation afin de permettre la compréhension de la complexité des tissus urbains qui la composent. L'étude de Secchi nous intéresse tout particulièrement pour l'analyse qu'il fait des parties de la ville de Prato qu'il nomme *« città fabbrica »* qui se caractérisent par une forte mixité d'habitations et de petites usines textiles typiques du lieu. Avant toute chose, Secchi montre comment la forte densité construite de ces quartiers est le résultat d'une accumulation progressive sur le territoire, initialement colonisé par point, de bâtiments de nature et de type différents, fruits des investissements d'une multitude d'acteurs divers. Par ailleurs il fait l'inventaire des « matériaux architecturaux » et des configurations types qui constituent la *« città fabbrica »* précisant les règles d'implantation, la morphologie, les dimensions, le rapport entre plein et vide, le rapport entre volume construit et surface construite, le rapport à la rue et à l'espace public qui les caractérisent.

Cette démarche passe par l'interprétation des indices de construction non seulement comme instrument de définition de la valeur d'un terrain ou d'un bâtiment mais comme éléments fondamentaux de la grammaire et, par leur distribution spatiale, de la syntaxe compositive de la ville. En ce sens l'approche de Secchi vise la reconnaissance des différentes parties constitutives de la ville, de leurs caractères et de leurs possibilités propres et l'attribution d'une signification urbanistique au processus de restructuration et de transformation de la ville. Le plan de Secchi naît donc d'un processus sélectif qui cherche la mise en valeur des différentes parties de la ville via une juste politique des rôles et des fonctions plus qu'à travers une politique des indices qui, inévitablement, donne lieu à une gestion bureaucratique de la ville. En particulier il propose le maintien de la densité du tissu de la *« città fabbrica »* en explorant par le projet les modes, les critères et les règles de sa transformation imaginant comment ceux-ci pourraient se décliner dans le temps. (Fig. 1)

Par ailleurs cette exploration s'inscrit dans une réflexion globale sur la ville et ses rapports au territoire; laquelle met en évidence les séquences d'espaces libres encore disponibles, précise leur nature et leur articulation afin d'en permettre une plus grande jouissance. Le scénario d'ensemble établi par Secchi nous semble particulièrement intéressant en ce qui concerne la question de la densité : en qualifiant les espaces libres de la ville, d'une part il révèle leur qualité d'espace structurant et leur capacité à orienter la lecture de la structure de la ville et ses rapports au territoire et d'autre part, en y empêchant la prolifération de l'habitat, il évite l'abandon des parties denses et mixtes caractéristiques de la ville de Prato dont il renforce le caractère propre à travers la précision des modalités de transformation. La réflexion sur la densité s'inscrit donc dans une stratégie générale et une figure d'ensemble qui reconnaissent les différentes parties constituantes de la ville, révèlent leurs identités et leurs potentialités et permettent aux projets singuliers de trouver une imbrication, un sens et un principe d'implantation précis à l'intérieur d'une lecture de la ville riche d'intersections, de relations et d'échanges.

Fig. 1 | **Transformation du tissu mixte d'un quartier de Prato.**
(Prato PRG — Bernardo Secchi avec la collaboration de R. Collovà)

Fig. 2 | **Reconversion des usines Renault sur l'île Seguin.**
(Photomontage du projet d'Aldo Rivkin et Jamil Mehdaoui Fecit)

L'île Seguin et Lorient — Aldo Rivkin — Densification spatiale et programmatique

Dans les deux cas, l'intervention est entendue comme la modification de la qualité spatiale des lieux d'intervention sans en réduire la complexité et cherchant à maintenir et à augmenter la sociabilité du milieu. Chacun des deux projets présente des choix structurels et constructifs intimement liés aux solutions spatiales et aux contenus de la critique sociale et politique faite à la production contemporaine de l'architecture de la ville et tout particulièrement aux positions qui simplifient les procédures et provoquent la disparition de sens. Dans de tels projets, l'un pour l'île Seguin et l'autre pour le récent concours pour l'ex-base de sous-marins allemands de Lorient, ce n'est pas un hasard si on trouve une forte critique des programmes proposés par les promoteurs. Selon Rivkin, la complexité et les modalités productives actuelles consentent des conditions de spatialité bien plus riches et fascinantes que celles proposées par les traditionnels projets urbains, qui en effet pratiquent la voie de la simplification, de la séparation et de l'éloignement des fonctions et en définitive du choix d'espaces de ségrégation.

Dans l'aire désaffectée des usines Renault, le projet reconnaît en particulier le caractère « totalement construit » de l'île et fait de cet extraordinaire *manufacto* un élément dans lequel « creuser » et produire de nouveaux événements (Fig. 2). Si l'entière structure constructive est maintenue, le sol de celle-ci est entièrement reconstruit, permettant la mise en place de l'ensemble des infrastructures et des câblages informatiques nécessaires à la production électronique actuelle. Résidences, productions artistiques et productions traditionnelles peuvent ainsi coexister à l'intérieur d'un parc serre à croissance spontanée. Par ailleurs l'idée même de tour, généralement réduite à la superposition de plateaux horizontaux tous identiques et accueillant l'indifférence des bureaux, est ici repensée. Il ne s'agit plus ici d'une superposition simpliste de plateaux mais de véritables collines qui trouvent leur forme et structure constructive par excavation des bâtiments en une forme organique qui s'implante et se modifie suivant les besoins non plus indistincts et indéfinis, mais pas à pas spatialement définis. Sur la baie au-delà du fleuve, la stratégie mise en œuvre est différente. À cet endroit où se sont implantés de grands édifices unitaires de production, l'intervention procède par excavation de ces corps unitaires donnant naissance à de véritables mines à ciel ouvert, sorte de cavité dans ces espaces denses, lesquelles donnent lieu et lumière au déroulement d'activités différentes.

À Lorient, le propos est semblable. Plutôt que de libérer de l'espace, comme l'ont fait la plupart des concurrents, Rivkin ajoute des « potentialités spatiales » qui articulent l'existant. De nouveau l'intention n'est pas formaliste mais plutôt « idéologique ». À l'instar d'une véritable architecture baroque, les plis, les évasements, les plans ondulés et les figures topologiques accrochent entre eux les différents bunkers des sous-marins et les préparent aux utilisations complexes que leur affectera le futur. Par la même occasion, la surface des dalles acquiert la possibilité de se transformer dans le temps grâce à la création d'une pelouse et l'apport d'éléments végétaux qui changeront avec les saisons et le temps.

Bruxelles, le carrefour de l'Europe — Xaveer de Geyter — Stratification et congestion

L'objet du concours était celui de l'aménagement du boulevard de l'Impératrice et des espaces attenants afin de lui conférer une plus grande lisibilité et de renforcer le lien qu'il constitue entre les différents bâtiments publics existants : la cathédrale, la Gare Centrale, la Bibliothèque Royale. L'analyse des nombreuses transformations de cette partie de Bruxelles au cours des quatre derniers siècles porte de Geyter à formuler une hypothèse de projet inverse. En effet, plutôt que de confirmer le vide du boulevard (avatar d'un projet de pénétration urbaine avorté), il propose la densification du site via la reconstitution d'un îlot qui assemble les bâtiments existants isolés et le sous-sol, les soude par l'ajout d'infrastructures, de nouveaux bâtiments et d'espaces couverts et constitue un super bloc comprenant la gare centrale comme cœur battant (Fig 3).

Le super bloc de de Geyter propose une traduction architecturale très forte de l'image de la « ville poreuse » à laquelle nous nous référons, celle d'une ville où existe « un rapport inextricable entre l'architecture qui émerge et celle qui vit en dessous ». Il révèle également comment les dispositifs de la stratification et de la congestion peuvent générer la densité sans exclure la complexité de la ville. En procédant par densification, le projet de de Geyter va à l'encontre du processus de transformation de cette partie de Bruxelles où les grands travaux liés aux grandes étapes de la constitution de Bruxelles — celle de ville marchande régionale, celle de capitale nationale et celle de métropole européenne — ont toujours procédé par substitution radicale du neuf à l'ancien, en niant les logiques endogènes de la ville et sans chercher à faire coexister les différents niveaux de la réalité bruxelloise. En densifiant de Geyter inverse

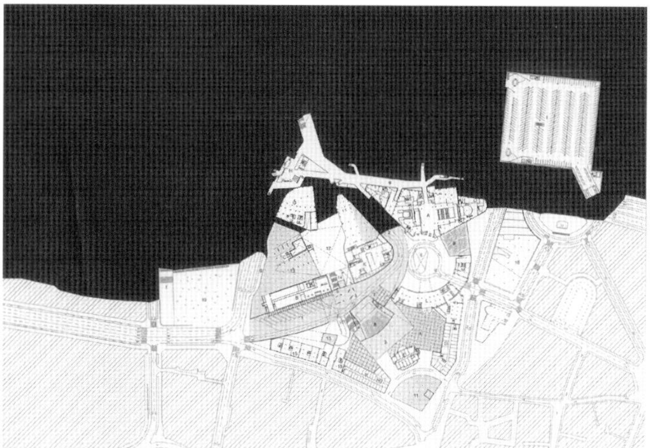

Fig. 3 | **Bruxelles Carrefour de l'Europe** : le super bloc de Xaveer de Geyter (plan du niveau 34 m).

ce processus de mise à distance des objets architecturaux et propose de retisser les liens entre le haut et le bas de ville.

Conjointement au souci d'inscrire le projet dans la structure du tissu urbain, le super bloc explore les potentialités de la congestion urbaine. À l'intérieur de celui-ci, l'espace public est converti en un chapelet d'espaces nouveaux et existants mettant en relation les différents services et fonctions publiques présents sur le site auxquels s'ajoutent d'autres programmes suscités par les potentialités et les besoins de sa localisation dans la ville, conférant à l'ensemble un caractère de mixité et générant de la sorte de nouveaux usages et de nouvelles pratiques sociales. Une gare de bus en forme de tunnel incurvé creusé dans le conglomérat dessert le flot des touristes. Le Palais des congrès et les services proposés par les hôtels sont reliés par le réseau des espaces du métro, lesquels débouchent sur des espaces publics intérieurs qui accueillent de nouveaux services où se rencontrent les navetteurs, les employés des bureaux et les habitants des logements prévus autour du hall de la gare centrale et dans les niveaux supérieurs de la tour du Loto.

La prise en compte de la nature stratifiée de Bruxelles et la volonté d'intégrer les différents bâtiments existants, lesquels répondent à des logiques monofonctionnelles contradictoires, témoignent d'une étude très minutieuse de la réalité construite du site visant à dégager les potentialités de sa transformation. Élément particulièrement significatif, la topographie prononcée du site est exploitée pour créer des connexions à différents niveaux. Ainsi trois jardins de ville, constitués de surfaces horizontales insérées dans le plan oblique de la ville, provoquent à des niveaux divers une ouverture vers l'extérieur des galeries de métro. Ces connexions sont complétées par des percements qui s'inscrivent dans la logique des galeries royales St-Hubert et Ravenstein. Par conséquent, l'intégration des programmes relatifs aux différentes dimensions de Bruxelles et l'augmentation de leur valeur d'usage se conjuguent à l'articulation spatiale et formelle du projet aux différentes échelles de la réalité physique et sociale bruxelloise.

En ce sens le super bloc de de Geyter présente, de manière manifeste, un projet pour Bruxelles métropole européenne construit sur les couches précédentes, celle de Bruxelles ville régionale et celle de Bruxelles capitale nationale dont il propose l'intégration et l'achèvement par le biais de leur transformation.

Les enjeux de la densité

Les explorations de la question de la densité proposées par les projets analysés ci-dessus ont retenu notre attention dans la mesure où les dispositifs formels qu'ils développent et les stratégies qu'ils mettent en œuvre, rendent compte des enjeux particuliers dont cette question relève au sein de la problématique centrale de la transformation de la ville contemporaine. L'image de la « ville poreuse » proposée par Cacciari, celle d'une ville « qui ne réduit pas le complexe des tensions, des conflits, qui ne tend pas à les annuler mais bien à les assimiler et quasi à s'en nourrir », celle où subsiste « le rapport inextricable entre l'architecture qui émerge et celle qui vit en dessous », constitue le dénominateur commun de ces projets qui indiquent les voies d'une effective « productivité du conflit ». Ce faisant, ils rendent compte également de la nécessité du passage d'un urbanisme normatif à un urbanisme suggestif, c'est-à-dire, à un urbanisme qui envisage le projet d'une part comme le moment privilégié de la description de la ville et de sa complexité et d'autre part comme la formulation des scénarios possibles de sa transformation au-delà des processus de fragmentation et de ségrégation qui caractérisent la société contemporaine.

Bibliographie

- Cacciari, Massimo, « Non potete massacrarmi Napoli ! », in Claudio Velardi (s.l.d.), *La Città porosa : conversazioni su Napoli*, Naples, Cronopio, 1992, p. 157-190.
- Secchi, Bernardo et Paola Viganò, « Un programma per l'urbanistica », *Urbanistica*, n° 111, décembre 1998.
- *Xaveer de Geyter Architecten*, Gand, Ludion, 2001.

Post-Metropolitan Density. The Bon Marché Area in Brussels

Alexander D'Hooghe

Density as a strategy has sex appeal in the contemporary discourse of architecture and urbanism. Its evocation of the destabilizing, revolutionary and simultaneously mythic force of the crowd during the peak of the European Metropolis in the early 20th century is easy to aestheticize. Is density as a contemporary strategy an instance of nostalgia or can it resuscitate a 21st-century metropolitanism? An investigation of specific spaces of metropolitan density from their first appearance until today may contribute to an insight into the (lack of) promise of contemporary density. One such case is the Bon Marché (BM) area in Brussels. From colonization via consolidation through evacuation to repopulation: this summarizes the evolution of density in the BM case from 1822 until 1999. Recent repopulation—or re-densification—is deceptively reminiscent of metropolitan density. But the resulting densities no longer have their metropolitan revolutionary promise. Yes, it may be possible to resuscitate density and crowds. But, at least in the case studied, this post-metropolitan density lacks the promise of its metropolitan ancestor. It is a zombie-version of the original: a look-alike without a promise of change, without consciousness, without future. It is a live simulation of metropolitan density, in which we are all part of the décor.

Densité post-metropolitaine. L'îlot du « Bon Marché » à Bruxelles

La densité comme stratégie est un sujet sexy dans le discours contemporain de l'architecture et de l'urbanisme. Son évocation des foules déstabilisantes, révolutionnaires et en même temps mythiques du début du XXe siècle dans les métropoles européennes invite presque à être esthétisée. Est-il possible que cette fascination de la densité soit seulement une passade nostalgique, ou pourrait-elle être capable de ressusciter un métropolitanisme pour le XXIe siècle ? Une investigation de différents espaces à densité métropolitaine depuis leur conception jusqu'à aujourd'hui pourrait nous aider à comprendre la promesse (ou la stérilité) de la densité contemporaine. Un cas exemplaire est le quartier du Bon Marché (BM) à Bruxelles. De la colonisation via la consolidation, par l'évacuation jusqu'à la repopulation : voilà le résumé de l'évolution de la densité dans le cas du BM de 1822 à 1999. Les repopulations — ou re-densifications — récentes ressemblent parfois à la densité métropolitaine. Mais les résultats n'ont plus la promesse révolutionnaire engendrée par la densité métropolitaine. Certes, il est possible d'orchestrer la densité et les foules. Mais — au moins dans le cas du BM — cette densité post-métropolitaine ne porte pas en elle la promesse de son prédécesseur. Au contraire, il s'agit d'une version zombie, un semblant de promesse de changement, sans conscience, sans futur. C'est une simulation de la Métropole, et nous faisons tous partie du décor.

Introduction: the Appeal of Density

Density as a strategy has sex appeal in the contemporary discourse of architecture and urbanism. It evokes the destabilizing, revolutionary and simultaneously mythic force of the crowd during the peak of the European Metropolis in the early 20th century, and it is easy to aestheticize. Is density as a contemporary strategy an instance of nostalgia or can it resuscitate a 21st century metropolitanism? An investigation of specific spaces of metropolitan density from their first appearance until today may contribute to insight into the (lack of) promise of contemporary density. One such case is the Bon Marché (BM) area in Brussels [1].

But first, what is it about our perception of density that makes it so appealing? By the end of the 19th century, the density of activity, people and built surface in the industrial metropolis had become almost uncontrollable. If one looks at Grand Central Station in New York for instance, it seemed that "By the turn of the [19th] century, the very triumph of technology coincided with the breakdown of order in the streets, through the sheer force of the overwhelming numbers of people" (Raynsford 1996). The crowds are exciting and overwhelming: their experience is one of a violent intoxication, in which it is not possible to maintain one's sense of individuality because one is engulfed by a mass of energy breaking down all barriers in order to unify its constituents. This is not a homogeneous, controlled and precisely choreographed mass like the one analysed in Kracauer's *Mass ornament* (Kracauer 1995). It is more accurately described as an impulsive torrent with a will of its own, which nevertheless cannot be located or controlled: this is what Cannetti called the open crowd (Cannetti 1982). A gulf of energy that could easily threaten all forms of order that stand in its way, this perception of intoxicating density contains a revolutionary promise.

The densifying metropolis does not only unify individuals but also exposes contradictions between them: "He was walking along the Kameny-Ostrovsky Prospect [in St.-Petersburg] in a ragged uniform. Toward him comes a dignitary...without moving aside. At that time Lopukhov practiced the rule, "Except in the case of women, I will not move aside first for anyone." They banged into each other's shoulders. The [dignitary], making half a turn, said, "What's the matter with you, pig? Cattle!"... Lopukhov turned toward the individual, picked him up bodily, and deposited him carefully in the gutter... and said: If you make a move, I'll push you in further. Two peasants passed by, looked, and... smiled broadly". This passage by Chernyevsky, quoted by M. Berman, illustrates the revolutionary promise of the metropolis (Berman 1982, 217-218). The confrontation between classes is made possible by their presence in one space—in other words by densifying and collapsing the spatial order, which then starts to expose social contradictions and becomes the possible locus for change. The experience it brings about will in this context be called awakening.

|1| This is the text of a presentation at the "Inside Density" Conference in Brussels, November 25th-26th 1999, organized by NeTHCA. The presentation was titled: "The hybrid descendants of the Metropolis: The Rogier Area in Brussels" and has been re-titled "Post-Metropolitan Density: The Bon Marché area in Brussels". This paper discusses results of research done as FWO Research Fellow in 1998-1999, at the OSA Research Group of the University of Leuven, directed by Prof. A. Loeckx. The text has been revised for publication in November 2002 by the author.

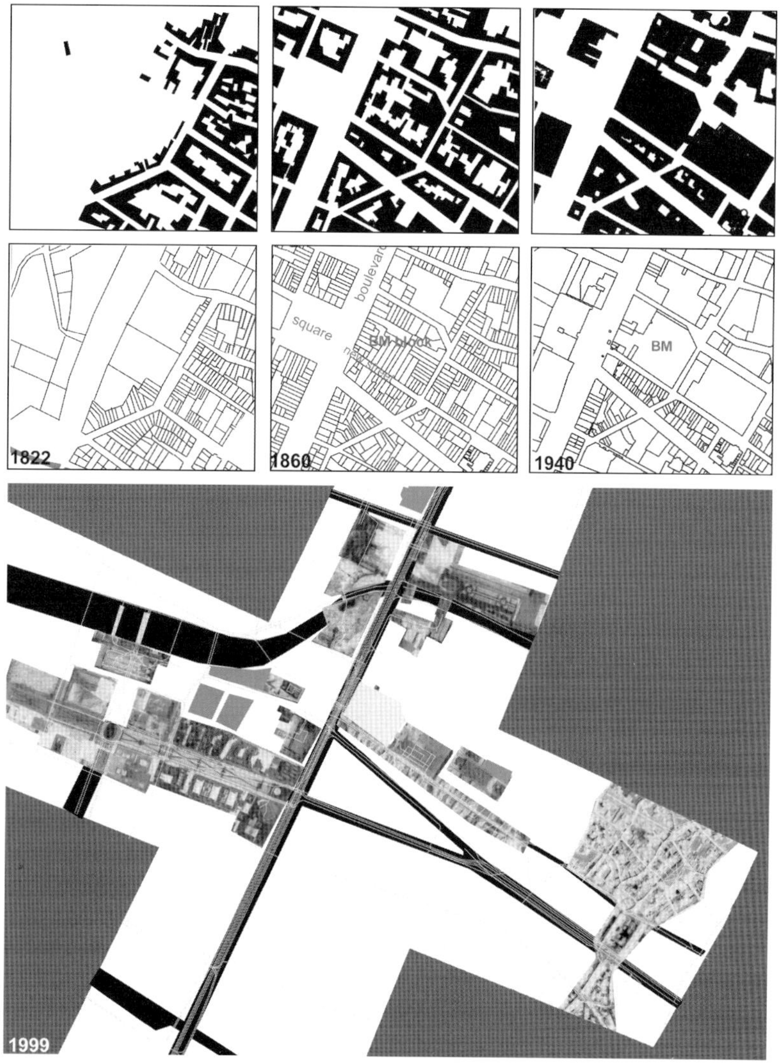

Fig. 1 | Top: the densification and consolidation process from 1822 until 1940. Below: the resulting archipelago city in 1999, image produced by Alexander D'Hooghe.

These brief quotes underscore the enormous promise of metropolitan density —as a condition to expose social irrationalities and to generate the energy necessary to overcome them.

Around middle of the 20th century, many of the western metropolises had started to unravel, and soon enough all that remained was a memory of the revolutionary energies staged by metropolitan density. Shortly afterwards the process of recuperating the metropolis began. First, the studies of Lynch, Rossi, Rowe and others investigated layers of metropolitan experience which seemed absent in the new diluted urban region, such as formal legibility and history. But starting with 1978's *Delirious New York* (Koolhaas 1978), the recuperation of the "primal matter" of metropolitan dialectics began: density and its revolutionary potential. Soon after that, Neutelings

(Neutelings 1988) and Tschumi (Tschumi 1994) proposed the "programmatic density" of the event, reminiscent of the metropolitan intoxications but nevertheless outside of the metropolitan centre. More recently, Koolhaas' publications on Metabolism in Asia (Koolhaas 1995) or MVRDV's studies of maximum density (Maas 1999), translate the density of the crowd into a density of architectural form and program.

The Bon Marché Area in Brussels

From colonization via consolidation through evacuation to repopulation: this summarizes the evolution of density in the Bon Marché (BM) case in Brussels. (Fig. 1) But trends of contemporary re-densification of urban centres are deceptive. The resulting densities no longer hold their metropolitan revolutionary promise. Yes, it may be possible to resuscitate density and the crowd. But this postmetropolitan density lacks all of the promise of its metropolitan ancestor. It is a zombie-version of the original: a look-alike without a promise of change, without consciousness, without future. It is a live simulation of metropolitan density, in which we are all part of the décor.

1822-1860: Densification as Colonization. The Rise of the Metropolis.
Brussels' pre-industrial centre is located in the Zenne river valley. It belongs to the Lower City, and was complemented in the 19th century by a commercial-industrial apparatus and considerable amounts of middle class and working class residential stock. The Upper City, on a northern plateau, was colonized primarily in the 18th, 19th and 20th century to fulfil Brussels' vocation as a capital. It still accommodates among others the Belgian and European institutions. Until 1822, the BM site was on the edge of the lower city, although *intra muros*. It exemplified the periphery of the historic city: agricultural gardens, a bleaching area and, right outside the fortifications, a plague house. Only a path led into the centre.

After the destruction of the fortifications, a grand boulevard (presently known as the Boulevard Leopold II) was built. As the main infrastructure for the urbanization of the surrounding land, it remains until today the only clear axis connecting Upper and Lower city. The modest path was upgraded into an important street ("New Street"), which connected the boulevard with the central market.

On the city side, the gardens and bleaching grounds were replaced by large building blocks aligned on the old paths. The blocks were divided in long parcels with deep gardens. The BM would be born in the corner block between New Street and the Boulevard. On the country side, construction of a large new train station, called the North Station, in 1840 further boosted the area's rapid urbanization. The station, with a square in front, faced the BM block, New Street and the city centre. A new street grid around the station allowed for quick urbanization of the rural land.

Already long before this transformation, the 17th century New Street was aligned with a number of "hôtels", or meeting places for the local gentry to have parties, meetings and entertainment. The dawn of the bourgeois began a process of stratification, with on the one hand a vulgar re-invention of the "hôtels" as variété spectacles, with music, dance, comic theatre and other entertainment extravaganza [1], and with on the other hand a bourgeois re-invention of the hôtels as "artistic circles", clubs for gentlemen to discuss matters of arts and culture.

Almost every parcel along the main streets of Brussels's newest district became a beacon of entrepreneurship. Also in the BM block, the spectacles and circles were juxtaposed to stores, shops, even small factories, hotels and housing. The stores featured mostly fashion (clothing and tapestries), and modern mass-produced objects (including bicycles and buffet pianos). Moreover, the station under construction attracted several hotels for travellers. At that point the district functioned as a petri dish for all sorts of capitalist experiments: numerous businesses were opened, closed, sold, reinvented, and re-opened.

The station, pumping and sucking thousands of people every day and the countless stores in the narrow New Street probably aroused intoxicating densities. Drawings from that period evoke this urban madness. At the same time, the confrontation of differences in New Street but above all at Station Square may have awakened some of the participants. There are strangers, dwellers, visitors, flaneurs, workers, gentry, shopkeepers, peasants, consumers, actors, prostitutes, and businessmen. There are hotels, factories, houses, shops, cafes, clubs; there are meetings, parties, events; there are trams, horses, horse-carriages, trains and pedestrians; there are men, women, children; there are Belgians, English, French, Germans (including Karl Marx, who lived just a few blocks from the Boulevard). The scene described by Chernyevsky could very well have occurred in this area as well. Around 1860, this industrial Metropolis reaches its zenith. It is a time and place of both excitement and deceit, of intoxication and awakening, promise and potential.

1860-1940: Densification as Consolidation. The Bon Marché.

The construction of the Station started in 1840, but was not finished until 1869. In the meantime, a nearby goods transfer station left numerous imprints of industrialization: in the side streets, factories and cheap worker housing increased. Around 1860 a new district and another new station were being erected elsewhere, in the Upper City (the present Leopold district). Logically, the gentry preferred to invest in classy, new architecture in the proximity of High Arts, Politics and Banks. This emerging stratification reduced the pressure on the BM area, and the exodus of the gentry created opportunities for emerging middle class entrepreneurs. One of them was François Vaxelaire.

In 1864, he opened a "Bon Marché" ("*good market*" as well as "*good deal*") store for clothing and fabric on 87 New Street. It was a typical narrow deep parcel, 6m wide and 150 square meters in area. The sole employees were Mr. and Ms. Vaxelaire. Their commercial techniques must have been successful, because in 1869 and 1880, Vaxelaire bought the adjacent properties and transformed them from a general store and a tobacco shop into a fabric store three times as large as the one he had first opened. In 1889, he acquired two more parcels, a drugstore and a suitcase shop. The five parcels were refurbished and unified, and when the "new" Bon Marché opened,

| 1 | Dubreucq suggests that the first building erected in the new development along the station is a variété theatre at the Station Square, which was then still under construction (Dubreucq 1999).

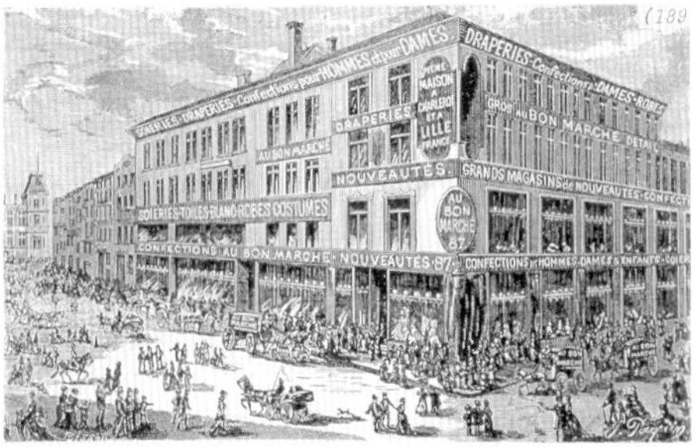

Fig. 2 | **The Bon Marché in the last decade of the 19th century: Metropolitanism**, Dubreucq 1999.

Fig.3 | **The Bon Marché with skybridge and automobiles**, Dubreucq 1999.

every female customer was offered a bouquet of flowers. In 1897, Vaxelaire bought two more adjacent houses and replaced them by a three-level store (Fig. 2). Between 1901 and 1910 Vaxelaire acquired four parcels in the adjacent block on New Street. He then built a sky bridge to allow customers to shop everywhere in the store without having to cross the street (Fig. 3).

In 1920, Raymond Vaxelaire passed away, but his sons Raymond and Georges continued the expansions: sometimes the acquisitions themselves were multi-parcel properties. In 1935, the management replaced the 3-level buildings at the square by an 8-level complex, an architectural mixture of both Harrods in London and the "Streamline" style. By 1938, proliferating car traffic inspired the Vaxelaires to build a pedestrian tunnel from the Station Square, under the Boulevard, to the Bon Marché. By 1940, almost the whole block and a part of the adjacent one belonged to the Bon Marché. The empire had become an octopus.

Furthermore, already early into the 20th century the Vaxelaire empire had started to expand into other cities. It had reached a point where the acquisition of a few parcels generated relatively little profit growth compared to the sheer size of the Bon Marché: the store had moved beyond the city. As a result, branches of the Bon Marché mushroomed in other cities: Bruges, Antwerp, Ostend, Liege and Charleroi, and even in the Belgian Congo.

Meanwhile, the surrounding city expanded and densified: "farmer's trams" were introduced in 1892, linking the centre with peripheral and agricultural hinterland. The Station Square became an interface for all scales of traffic, as national and international trains practically ran into farmer's trams. Bon Marché sat right at the intersection, and the (potential) customer flows kept growing as every new tram or train line opened up new consumer markets. As the initial greenery of the square was replaced by pavement in order to accommodate all this traffic, the hotels around the square consolidated and mushroomed from three to seven or more floors [1], with each new building surpassing each previous one. BM thus illustrates how local family-based entrepreneurship evolved into international capital, consolidating itself by multiplying a successful generic formula.

Also in relation to the city, the meaning of the BM shifted towards autonomy and monumentality. First, it evolved from a mom and pop store into a semi-independent shopping realm. The sky bridge and underpass confirmed the early decline of the street in order to suck in consumer flows directly from their point of origin. The flaneur forcibly became a shopper. Second, the store became a monument: an 8-floor point of reference in the city, the first edifice striking the travellers exiting the Station. From being a part of the fabric, it became an exception to it.

This densification was simultaneously metropolitan and anti-metropolitan. Intensification and consolidation went hand in hand, because crowds, floors and surfaces increased while the blocks were homogenized: larger crowds required larger crowd control. In that sense, metropolitan urbanity itself was in a meta-stable situation: stimulated and endangered by the same force. Nevertheless, the roaring interbellum period shows itself here as both intoxicating and awakening. This is the metropolis we all love to romanticize: crowds, clamour, things growing ever higher and bigger—the intuition that this whirlwind of energy must erupt in a radically new urban order.

1940-1978: Evacuation of the Crowds. A Container Amidst the Ruins.

During the fourties and fifties, a glimpse of that new order is made apparent by two giant urban renewal operations: the rail connection of Brussels main stations through the center [2] (the Jonction) and the Universal Exposition of 1958 (Expo 58). As beacons of the modernization of Brussels by the public sector, they propelled Brussels and the BM into the age of automobile-driven consumerism. But the immediate consequence is the total degradation of BM's location in the urban grid.

The Station moved to a new site, half a kilometer north from the Square; urban fabrics north and east of BM were cut off by huge railroad infrastructures. The construction itself took more than a decade and was finished by 1952. Moreover, a highway was built on top of the Boulevard, thus bringing the national highway network into the city. As a result, the flows that once provided consumers for the complex became more dispersed or moved out altogether. The massive introduction of personal automobiles generated a new wave of urban expansion, leading to car-based suburbs with a new commercial logic. The opening in 1963 of the first suburban shopping mall in the eastern periphery of Brussels (Woluwe Shopping Centre), followed by another one on the western side in 1976 (Westland Shopping Centre), established alternative shopping empires better suited to the new era. City life had moved

|1| Due to the invention of the elevator and accompanied by a process of consolidation in which several smaller parcels turned into a few larger ones. This is reminiscent of the process of *manhattanization* described by Rem Koolhaas (Koolhaas 1978).

|2| It may be no coincidence that a city such as Paris never decided to start such an operation, while Brussels did. Paris, after all, is the center of France, the end-station of many French on the move, whereas Brussels, especially since WW II functions merely as a hub, as a transit zone where through traffic is redistributed—a logic proper to its status as a capital without a country, namely the center of EU operations.

beyond the city. An exodus of people and means left the BM surrounded by the people in the lower margin of the middle classes: elderly, jobless, prostitutes, and immigrants. This is a strangely logical end of the road that began with the exodus of the gentry halfway the 19th century. It also was the deathblow to the Bon Marché.

Nevertheless, the Belgian Government's decision to build a subway system signaled a potential revitalization. In 1974, the construction of a subway crossing under the Square brought a trickle of new potential customers to the area. Although more local and commuter-based (barely resembling the intense flows of the past), it provided at least a perspective for future investment and re-densification. The SCC Corporation, which owned sixty-five shopping malls in Western Europe, planned to re-develop retail activity in the area, and in 1978, something new appeared in the ruins of the Bon Marché. It is called "City2", a modest mall copied from larger suburban models. It occupies only one third of the former Bon Marché, and has three levels, with a cinema complex, parking and a connection to the subway. Apart from a theatrical staircase facing the Square and the highway bridge with *Las Vegas* style billboards, its facades are closed concrete walls. The container seemed powered not by the street, but by the subway and highway. It was not meant to be part of the actual city, but it aspired to be another realm: another city, namely "City2", or more precisely: a revised representation of the city in a box. It was the city after being packaged in suburban logics—a density strictly controlled and interiorized.

1978-1999: Repopulation

The Mall of Darkness

City2 was an instant success, with a steadily increasing turnover ever since its creation. However, in the early eighties incidents and riots started to affect City2's reputation. The evacuation of the urban environment had been incomplete: immigrants, often Maghreb youngsters, increasingly wanted to make themselves visible and chose the mall as their stage. The management of City2 could not pretend these groups did not exist, unlike their suburban colleagues. After a while it decided that harsh confrontation would not solve the problem, and it built a strategy on diplomacy and soft disciplining, rather than confrontation. It was based on accepting Maghreb minorities in the complex, even if that implied scaring off some of the white middle class, perhaps because the management realized that the latter were not its main clientele. Simultaneously, the security force grew to include several Maghreb young men. Moreover, storeowners started recruiting Maghreb personnel. Self-discipline and profit-sharing prove successful. In the early nineties, a white lower middle class and the Maghreb communities shared the space, united in shopping.

The combination of rather dark interiors and shops selling cheap jewelry as well as the presence of the Maghreb communities generated an atmosphere distinctly different from that of an ordinary suburban shopping mall. It seemed almost as if the area resisted the attempts to be gentrified, commodified and disneyfied. As a result, it transformed into something else: a mixture between Shopping Mall and bazar (Fig. 4).

This evolution reached its apotheosis at its very disappearance: in 1999, the construction of a new, bigger shopping mall transforming the existing City2 changed the complex into a large construction site. Nevertheless, all retail activities were

Fig. 4 | Life in the underground section of City2. Density after the Metropolis (1999), picture taken by Alexander D'Hooghe.

Fig. 5 | situation in July 1999, picture taken and modified by Alexander D'Hooghe.

maintained. As a result, the hybrid mixture of Mall and bazar also included a Labyrinthine Construction Site, dirty, chaotic, dangerous, and uncontrolled: everything the ordinary mall is not. This noisy temporary setting had deconstructed passages, fake gold and foreign conspiracies, white trash and a large bookstore. It may have amounted to Brussels' translation of *Blade Runner*. City2, for a while, became an actual second city. Its only right to exist was its temporariness.

The Archipelago City of Post-Metropolitan Density

In the meantime, the surrounding district had again drastically changed. New Street was refurbished and numerous chain stores for clothes and fashion had made their main address along what was by then becoming an open-air mall. In the meantime, hundreds of thousands of square meters of new office space, as well as a park, had been erected around the new Station, extending all the way to the former BM site. The highway bridge had been torn down and replaced by a tunnel; and the boulevard was reconstructed as a 19th century boulevard (fig.5). The underground of the old square had become a convention centre. Carried by a wave of public-private investment, the area was re-asserting itself. But this time the audience was different: white, middle-class, suburban. They commuted to work in the office towers and to shop in New Street.

By the early nineties, the SCC Corporation witnessed the post-metropolitan resurrection of the area, and it realized that City2 could make a larger profit by tapping into the new flow. SCC's response was the New City2. This project again occupied the whole block, but also contained large offices. Its facades were again opening (windowed) to New Street. The New City2 was no longer a beacon of metropolitanism; it was more like the starting point of New Street—an open air shopping paradise. Patios were larger than in the previous mall, allowing more light to enter. Moreover, its facades were full of mythical historical references, decorated in generic 19th century eclecticism with obvious references to Harrods. It opened on November 26th 1999, fully equipped for another millennium of capitalism, and on the very day this paper was presented (Fig. 6).

This area has been rising like a phoenix from its ashes. It has been finding a way to survive the latest paradigm shift. But the New Street-City2 is no longer a central location in the urban traffic flow, connecting North Station with the city centre. Instead, it has become an enclave, a destination in itself. It is now an autonomous shopping

Fig. 6 |Artist rendering of the New City2, opened Nov 26th 1999, promotion booklet by SCC Management, 1999.

island amidst a sea of infrastructures. Neighbouring blocks are evolving similarly. The new Station district has become a self-referential enclave; and also the remaining hotels on the old Square have turned inward to become autonomous universes with little reference to the urban environment. As a result, the area looks more and more like an archipelago, with transport infrastructures connecting separate thematic islands. This is a far cry form the 19th century building-block-street logic. There, identity emerged at the scale of the parcel; by the early 20th century, it emerged at the scale of the block; and recently, it has emerged at the scale of the district: New Street, Station District, and others. In the archipelago-city, something resembling metropolitan urbanity occurs only occasionally at a few specific crossings.

This transformation displays both a homogenizing and a "heterogenizing" process. It is homogenizing because several building blocks with a variety of parcels and programs have been transformed into one giant building program. It is heterogenizing because the city is made up of giants like this, each with its own themes and programs. The basic organizational unit of the city is now much larger than a century ago. The interplay of difference and continuity in public space that characterized the early metropolis still exists, but it is now beyond the horizon of pedestrian experience, which is absorbed in single homogeneous islands.

A Hybrid Descendant of the Metropolis

The manager of City2 once proclaimed an interest in taking over the adjacent subway infrastructure, in order to inject it with City2's retail logic. This statement is not surprising. Observations on the underground level (-2) connecting City2 and the subway show that a curious mixture is emerging between the distinct flows of both. Around the crossing there is a mixed crowd of school children and teenagers, office clerks and shoppers of all ages, kids hanging around, and some tourists. There is a police station on the lowest level. The flows peak in the morning and the evening. The City2 shopping mall on the contrary is more constantly occupied from morning to evening. The audience is predominantly young, trendy, cheap and mixing different constituencies.

Level -2 belongs partially to City2 and partially to the subway company. The only barrier is a series of glass doors that are open from 8am to 9pm. Subway flows disperse into City2 and vice versa. Subway Police usually do not enter the mall section; and Mall security officers don't enter the subway section. Moreover, Mall security cannot maintain the usual behavior control standards on level -2: there are too many people and too many deviating behaviors to control it as systematically as on the above Mall levels. Here, two socio-spatial logics run into each other, overlap, creating a higher crowd density (intoxications?) and a higher density of differences (awakening?) than on the other floors or on the nearby streets.

Here are some observations of simultaneous events on a regular day in Level -2:

A woman is walking her dog (underground!), holding it tight while strolling past the supermarket. She meets a Maghreb member of the cleaning personnel who spends the day cleaning level -2. A group of people in wheelchairs has exited the subway and is re-organizing itself at "Pierrot's", where some other individuals are having a sandwich. This is also where the corridor becomes narrower, and in no time there is a traffic jam. Some businessmen—possibly from the Sheraton—walk rather fast past the crowd, looking for gifts and presents. Another group, this time of male teenagers, hangs out for more than two hours around an escalator; they meet there, see their friends and talk loudly about school and other things. Then they leave to go upstairs into the mall. Just to their left, two african expatriates are having a meeting (it seems as if they haven't seen each other for a while). They are discussing something intensely while watching the crowd as it is passing by. Some workers from the City2 construction site take a break. The old foundations are visible through the holes in the painted canvasses that are supposed to cover the construction site. A kid, maybe 6 or 7 years old, has taken away some of the supermarket baskets and is running away with them. There is no mother or father around. Musicians arrive to play some songs. They attract a lot of people, among them two suspicious-looking police officers. The cleaning guy stands up for his rights: he cleans and those who pass by better watch his steps and his cleaning equipment. A shop is closing and a boy is waiting for his girlfriend to lock the counter, close the shop and join him to go to other places. He is picking her up, and waits outside the store. All this is in a span of some 15 minutes, from just one perspective.

These anecdotes are meaningless in themselves, but their combined presence in one spatial entity underground is interesting. The basement of a formerly metropolitan area, it can be considered as a survival of weakened metropolitanism. It maybe even exists only on its own terms, if calling it metropolitan is attributing too much power to it. For there are two major distinctions with the formerly metropolitan experience: despite its crowd and diversity, the underground area lacks a revolutionary spirit of the modern. It is not about a newly arrived reality that has not been fully exploited yet. Rather, it is functioning as a refuge from the predictability of the city above the ground. Despite the density of crowd and difference, it turns out to be neither intoxicating nor awakening, just busy. It is urban, but not metropolitan. This area is too gloomy, too dystopian, to be considered as the source of potential for an alternative future. It is just there, and despite all density and diversity, it does not justify the glorification of metropolitanism as a contemporary alternative project to the urban transformations going on above the ground. The very fact that both levels have been stratified shows the impossibility of resuscitating metropolitanism today.

More specifically the concept of density as inspiration and motivation to re-construct metropolitan space should be questioned. Density may be achieved all right, but without the social conditions that surrounded it at the end of the nineteenth century, much of its power and potential seem irretrievably lost. It therefore is not necessarily valid as an urban strategy *per se*. Urbanism, in order to regain momentum, will need more boldness than that.

A hybrid is biologically the result of the crossbreeding of distinct species. It is sterile. It is an experiment conducted by nature: interesting, but without a future. This is in my assessment the case of the underground space: it is a combination of different situations (metropolitanism gone underground, mal/transfer station/left-over) and it can be thought of as a contemporary residue of metropolitan urbanity. It is urbanity gone underground: surviving, but without a promise of a being an alternative project to the above ground spectacle.

Capital concentration movements and network technology infrastructures may have abolished the metropolis, but its hybrid descendants are, for now, surviving underground.

Bibliography

- Berman, Marshall, *All that is solid melts into air*, New York, Simon and Schuster, 1982.
- Cannetti, Elias, *Crowds and Power*, New York, Seabury Press, 1982.
- Dubreucq, Jacques, *Bruxelles 1000: une histoire capitale*, sixième volume, Brussels, Weissenbruch S.A., 1999.
- Koolhaas, Rem, *Delirious New York: a Retroactive Manifesto for Manhattan*, London, Academy Editions, 1978.
- Koolhaas, Rem, *S,M,L,XL*, New York, Monacelli, 1995.
- Kracauer, Siegfried, *The Mass ornament: Weimar Essays*, (trans. by Thomas Levin), Cambridge (Mass.), Harvard University Press, 1995.
- Maas, Winy, *FARMAX*, Rotterdam, 010 Publishers, 1999.
- Neutelings, Willem-Jan, *De Ringcultuur: een studie naar het Ringmechanisme*, (Vlees en Beton 10), Vivenkapelle, Laat XXe Eeuwse Genootschap voor Architectuur, 1988.
- Raynsford, Anthony, "Swarm of the Metropolis: Passenger Circulation at Grand Central Terminal and the Ideology of the Crowd Aesthetic", *Journal of Architectural Education*, vol. 50, nr 1, Sept. 1996, p. 2-14.
- Tschumi, Bernard, *Event Cities*, Cambridge (Mass.), MIT Press, 1994.

CODA

Network Fever

Mark Wigley

This article traces part of the pre-history of virtual space. It analyses how the work of Buckminster Fuller, Marshall McLuhan and Constantin Doxiades developed the discourse on networks and how they thought about the impact of electronic media upon human settlements. Fuller, McLuhan and Doxiades entered into a remarkable partnership through the regular interdisciplinary meetings that Doxiades organised from 1963 onwards in and around Delos (Greece). McLuhan's contention that networks of communication, like any technology, are prosthetic extensions of the body, was shared with Fuller and further explored by Doxiades in his reflection on the growing city, presented in his periodical Ekistics. *Connections with other intellectual networks were established mainly through Jacqueline Tyrwhitt, a planning professor from Harvard, who, as the editor of* Ekistics, *played a key role in establishing links with CIAM (Giedion), the Metabolists, Archigram and Team X. Especially the latter groups displayed a fascination for networks, in a structural sense (as exemplified in the work of Konrad Wachsmann) as well as in an infrastructural sense (as exemplified by the many city diagrams that are based upon networks of transportation and communication).*

La fièvre des réseaux

Cet article retrace une partie de la préhistoire de l'espace virtuel. Par le biais d'une analyse des travaux de Buckminster Fuller, de Marshall McLuhan et de Constantin Doxiadis, il montre comment ces derniers ont stimulé le développement d'un discours spécifique sur le rôle des réseaux et l'impact des médias électroniques sur l'environnement humain. Au début des années 1960, Fuller, McLuhan et Doxiadis initièrent un remarquable partenariat au travers d'une série de réunions interdisciplinaires organisées en Grèce par Doxiadis. L'affirmation de McLuhan — que les réseaux de communication, comme toute technologie, seraient des extensions du corps, des espèces de prothèses — trouvait un écho auprès de Fuller. Doxiadis, par le biais de sa revue Ekistics, *explorait les implications des idées de McLuhan et de Fuller dans le contexte de la croissance urbaine. D'autres réseaux intellectuels entrèrent en contact avec les trois partenaires, en grande partie grâce à Jacqueline Tyrwhitt, professeur d'urbanisme à Harvard, qui, en tant que rédactrice en chef de* Ekistics, *assurait le lien avec le CIAM (S. Giedion), avec le courant « Metabolist », Archigram et Team X. Ces deux derniers, en particulier, étaient très intéressés par les réseaux autant au sens structurel (comme, par exemple, dans le travail de K. Wachsmann) qu'au sens infrastructurel (comme dans le cas des diagrammes urbains basés sur les réseaux de transport et de communication).*

We are constantly surrounded by talk of networks. Every third message, article, and advertisement seems to be about one network or another. We are surrounded, that is, by talk on networks about networks. It is as if our technologies feed on a kind of narcissistic self-reflection. Everyone has become a kind of expert, ready to discuss the different types of nets (computer, television, telephone, airline, radio, beeper, bank...) or scales (global, national, infra, local, home...) or modes (cable, wireless, digital, optical...). And where would we be without our opinions about *the* Internet, a net of nets against which all others are now referenced? How many ways do we have to express our amazement at such a vast space in which any address is just a few clicks away from all the others? Attaching oneself to a seemingly marginal thread soon accesses an endlessly dense weave, as if a walk down a quiet country lane would suddenly bring one to the heart of a metropolis of unprecedented dimensions. In celebrating this new kind of territory, we recast questions of individual identity in terms of unimaginable levels of connectivity, ignoring the equally dramatic rise of new forms of inaccessibility to stage an institutionalized simulation of euphoria in which discourse about openness, democracy, free exchange, and speed dominates over that of control, surveillance, blockage, sedation, and crime[1].

The message is clear. Nowhere escapes the net. A map of all the webs passing through any particular space would be impossibly dense. Invisible networks seemingly threaten visible means of defining space, dissolving the walls of buildings. The architecture of borders, walls, doors, and locks gives way to that of passwords, fire walls, public key encryption, and security certificates. Indeed, the idea of a space occupied by networks or superimposed by them has been replaced by that of overlapping networks within which physical space only appears as a fragile artifact or effect. Space itself can only be seen when caught in the net. It is as if the modern perforation and lightening up of architecture in the face of speed, industrialized technology, and mass production at the turn of the twentieth century has gone a step farther as buildings dissolve into information flow, to be either discarded as a relic of a previous time or nostalgically preserved as a quaint memento.

The Internet is relatively new, emerging out of ARPANET, a 1969 cold war operation of the U.S. Defense Department that combined the computers of four universities. It grew exponentially ever since and now bounces from school to house to car to plane to beach. But what if we are actually at the end point of the network logic? What if contemporary discourse about the net simply realizes nineteenth-century fantasies that were acted out throughout most of the last century? What if the much-advertised dissolving of architecture occurred long ago? What if much of our net talk is just an echo? An echo of an echo?

Dancing Gurus

The radical confusion of architecture and networks can be marked by the July 6, 1963, meeting of a short man in dark pants, close-fitting white jacket, crisp shirt,

|1| The proliferation of electronic forms of public space has been matched by the proliferation of highly restricted private networks. New forms of inaccessibility breed under the cover of our utopian image of infinite mobility. Half aware of this, since by definition one cannot be fully aware of the spaces one cannot enter, we all too eagerly celebrate the new forms of connection.

and tie with a tall man in light pants and a loose-fitting summer shirt covered with a geometric pattern. The shorter man was born in the last decade of the nineteenth century and has been using communication networks as a model for architecture since the late 1920s. The taller one is a forty-year-old expert in communication who has just published a book on networks in which architecture plays a decisive but less obvious role. Photographed together on the deck of a boat, the architect is clearly no stranger to the sun but stands a little defensively, holding a text with two hands in front of him, as if about to deliver an important statement somewhere else. The communications expert is pale but leans casually toward the camera with his hands tucked behind his back, smiling openly as if he has nothing much to say and will stay on deck for as long as possible. Yet the odd couple take an instant liking to each other and quickly become a kind of intellectual tag wrestling team, tormenting colleagues and audiences around the globe until the younger man's death at the end of 1980. Both were regarded as entertaining but crazy in their respective fields. Both regarded their fields as crazy. But their mark is everywhere. They voiced so much of what is said today. They wrote a lot of our script.

Buckminster Fuller and Marshall McLuhan met for the first time after boarding the *New Hellas* in Athens for an eight-day boat trip around the Greek Islands. The two gurus of the electronic age had been invited on the trip, along with thirty-two other leading intellectuals from fourteen countries, by Constantinos Doxiadis, a Greek architect and urban planner. The idea was to have a "symposion", a radical mixing of intellectual activity and sensual pleasure as the boat travelled from island to island. Each morning, the group would have informal but intense discussions onboard about "the evolution of human settlements". In the afternoon and evening, they would leave the boat to go swimming, visit famous historic sites, eat in restaurants, see performances, go dancing, and shop. High-level theoretical discourse was well lubricated with retsina and ouzo.

McLuhan and Fuller admired each other's eccentricity. McLuhan liked to speak in aphoristic punch lines thrown as grenades into the morning discussions. A pun was as likely as a formal statement. Fuller surprised the group by seeming uncomfortable with the rapid exchanges. Having difficulty following the conversation because of his bad hearing, he preferred to give speeches. He would talk for hours on end, continuing his line of thought during meals, while drinking, and while changing in the cabin—enthralling yet ultimately exhausting everyone[1]. McLuhan said Fuller gyrated like a wildman when he talked. Fuller said McLuhan danced like one:

"After dinner on the Doxiadis ship we used to dance and Marshall would dance with his wife all over the place, so much so that he took up the whole dance floor. He thought we had all stopped to marvel at his and his wife's performance, but that wasn't it; the way he was dancing there wasn't room for the rest of us and we had to leave the floor.[2]"

|1| "On a certain day, Bucky gave an afternoon presentation. [Norman] Cousins says: 'Then they adjourned for dinner, but Bucky kept right on talking, not eating himself, and resumed in the saloon after dinner. Then he walked with the individual participants to their cabins. Finally he ended up with Doxiadis and Jim Perkins in the former's cabin long after midnight. [...] Perkins and Doxiadis, totally exhausted, looked at this man, who by now had been on this talking marathon for nine hours. You can picture it-Doxiadis getting undressed, Jim Perkins slumped down in a chair, and Bucky sounding off his thoughts, exhilarated, fresh, energetic. And there was no doubt in either Doxiadis's or Perkins's minds that he could have kept on through the entire night, and he would still be fresh.'" Albert Hatch, *Buckminster Fuller: At Home in the Universe,* New York, Crown, 1974, p. 234.

|2| Letter from Buckminster Fuller to E. J. Applewhite, July 10, 1973, in E. J. Applewhite (ed.), *Synergetics Dictionary: The Mind of Buckminster Fuller,* New York, Garland, 1986, p. 592.

Even if the others on the boat regarded McLuhan as "outlandish", as he later wrote to a friend, his arguments had a marked effect. The group included some prominent architects and planners, but most came from outside the traditional limits of architectural discourse. Led by superstars like Margaret Mead and Barbara Ward, there were representatives of psychiatry, engineering, economics, sociology, anthropology, political science, language, law, metallurgy, animal genetics, meteorology, biotechnology, aesthetics, physics, history, philosophy, literature, agricultural science, and geography. Each field was seen to have an important contribution to make to architectural discourse. When Doxiadis sent his letter of invitation to McLuhan just seven weeks before the event, for example, he said that he had just read *The Gutenberg Galaxy* of the year before and saw ideas in it that are "essential" to a reconsideration of human settlements [1]. McLuhan had no problem seeing his work in that light. He wrote an unsuccessful fund-raising letter to another Canadian who had been invited to the event, citing the letter of Doxiadis and explaining that he was currently completing a book "which includes matters of immediate concern in housing and town planning". Since the extension of the human nervous system in an electric age "confuses the problems of living space", his own participation in the event "could be of very real importance to the study of changing problems of our national housing" [2]. Once onboard, McLuhan used the event to explore the architectural implications of his work. The boat became an amplifier for his argument that electronics is actually biological, an organic system with particular effects. The evolution of technology is the evolution of the human body. Networks of communication, like any technology, are prosthetic extensions of the body. They are new body parts and constitute a new organism, a new spatial system, a new architecture. This image of prosthetics—which McLuhan had first presented a year earlier in *The Gutenberg Galaxy* and was busy elaborating for *Understanding Media*: *The Extensions of Man*, which would launch him to superstardom when it came out a year later—was now reframed as an architectural image. McLuhan only waited until the second morning of the boat trip to get up and present his work as a question of urban planning, insisting, in a paradoxical twist, that the latest technologies have expanded the body so far that they have shrunk the planet to the size of a village, creating a "tremendous opportunity" for planners [3].

|1| "I realize of course that this is a rather belated time to invite someone on such short notice but I want to say frankly that I have just finished reading your wonderful book *Gutenberg Galaxy,* in which I found so many of the things that we also believe in and so many of the ideas which I think are relevant and essential to human settlements and their problems." Letter from Constantinos Doxiadis to Marshall McLuhan, May 20, 1973, cited in letter from Marshall McLuhan to Stewart Bates, June 17, 1973, in Matie Molinaro e.a. (eds.), *Letters of Marshall McLuhan,* Toronto, Oxford University Press, 1987, p. 289.

|2| McLuhan to Bates, June 17, 1973.

|3| McLuhan noted that, "The electronic age with its tremendous speedup of communications has created a situation of 'implosion' rather than explosion. The technological age extended man's physical senses enormously, the electronic age is now extending the nervous system. Technology separated our different functions and distributed them widely in space; electronics fuses them together and overlays them. We have all become totally involved and—in terms of communication—the whole globe has been compressed to the dimensions of a village. This global extension of the human brain is as involuntary as seeing when one's eyes are open. It represents a new kind of continuous learning and an enormous upgrading of man. The task of the planner is to prepare the environment for the exploitation of this new tremendous opportunity." Notes from the second meeting, July 8, 1963, "Delos Documents", Avery Classics Collection, Columbia University. McLuhan's statement was reproduced, without identifying the date of the meeting, in "The Delos Symposium", *Ekistics,* nr 16, October 1963, p. 206. McLuhan continued in a similar vein: "Electronic technology has extended the brain to embrace the globe; previous technology had only extended the bodily servants of the brain. The result now is a speedup of information that reduces the planet to the scale of a village-a global consciousness thus becomes the new human scale." *Ibid.,* p. 257.

This was all too familiar to Fuller, who had been describing technology as an extension of the body ever since his first, but not well known, book, *Nine Chains to the Moon* of 1938, and had been insisting that traditional architecture had to give way to a "world wide dwelling services network" modelled on the telephone network. Indeed, Fuller had visualized global electronic networks long before they arrived. Unsurprisingly, he felt that his ideas, including the concept of the global village with which McLuhan would soon become famous, had been taken without acknowledgment. Yet a strong friendship was immediately established. This was greatly assisted by the fact that, as Fuller recalls it, McLuhan was carrying copies of his *Nine Chains to the Moon* (which had just been republished) and *No More Second Hand God* when they first met on the boat, declaring, "I am your disciple. [...] I have joined your conspiracy"[1]. McLuhan, who had denied getting the idea of prosthetic extension from anyone until he met Fuller, later told his friends that Fuller was too much a "linear" thinker[2]. Fuller told his friends that McLuhan never had original ideas, nor claimed to[3]. He simply remixed available material in an original way. Yet a firm bond was established, and from then on they defended each other's work, seeking out any opportunity to be together and pursuing the global implications of prosthetics and networks to the limit.

Animate Nets

Doxiadis was ready for such sport. Like Fuller and McLuhan, he always thought at the scale of the planet. To say the least, he was a global architect. The design office that he started in Athens in 1951 had already completed major buildings, complexes, infrastructures, urban plans, and regional studies in Greece, Pakistan, India, Ghana, Spain, Denmark, Sudan, Libya, Syria, Venezuela, Lebanon, the United States, Australia, Iran, Jordan, and Iraq. After just a decade of work, he was able to publish a world

|1| Letter from Fuller to Applewhite, July 10, 1973. The prosthetic argument also appears in *No More Second Hand God*, as when Fuller refers to "irreversible physical evolution technologically extrapolated as extra-corporeal simplex or complex of tooled man-process extension and augmentation." Buckminster Fuller, *No More Second Hand God and Other Writings*, Carbondale, Southern Illinois University Press, 1963, p. 77.

|2| "Have you encountered the work of Ed. T. Hall? He says he got the idea of our technologies as outerings of sense and function from Buckminster Fuller. I got it from nobody." Marshall McLuhan, *Sheet* (privately circulated newsletter), February 27, 1962, in Molinaro e.a. (eds.), *Letters of Marshall McLuhan*, p. 287.

|3| "McLuhan has never made any bones about his indebtedness to me as the original source of most of his ideas. The 'Global Village' indeed was my concept. I don't think he has an original idea. Not one. McLuhan says so himself. He's really a very great enthusiast, a marvelous populariser and teacher. He has an irrepressible sense of the histrionic, like no one I've known other than Frank Lloyd Wright. [...] My concept of the 'Mechanical extensions of man' is the basis for his talk of the 'Electrical Extensions' of man. [...] McLuhan has always been the first to say 'Bucky is my master. I am only his disciple.'" Letter from Fuller to Applewhite, July 10, 1973. "Regarding McLuhan, I have known him for five years. He acknowledges use of my concept and phrasing of the 'Mechanical' and other 'Extensions of Man' which was first published in the 'predictions' in my preface to the *Nine Chains to the Moon*, Lippincott 1938, and also in my charts in 1938 and republished in my book *The Epic of Industrialization*, written in 1940. I speak about such phenomena as a scientist, McLuhan speaks as a Professor of Literature. He is well read and has good insights [...] [and] he is skilled in verbal dueling. [...] I greatly enjoy his foot and rapier work. I have been present when hostile audiences thought they had him on the run only to discover themselves chasing themselves up dead-end alleys as he himself reappeared far down another highway. I like him, personally, respect him and appreciate the respect and friendliness he shows toward my own work." Letter from Buckminster Fuller to John Ragsdale, editor of *the Biophilist*, November 7, 1966, in Molinaro e.a. (eds.), *Letters of Marshall McLuhan*, p. 308.

map dotted by all his projects as if by a spreading virus[1]. Indeed, global spread was his obsession. Doxiadis was an expert in growth. His starting point was that cities were expanding out of control, as marked by the Tokyo Taxation Department's decision that it could only keep up with the spread of buildings by using aerial photography. Insisting that the speed and scale of such growth defied traditional analysis, Doxiadis launched the field of "Ekistics" in the mid-fifties and founded the Athens Technological Institute in 1958 as a research center and architecture school based on the idea of global statistics. The idea was to think at the largest possible scale by domesticating vast amounts of global information. If the data could be controlled, cities could be controlled. Courses in statistical analysis became "indispensable" for architectural training. Spatial patterns would follow from detecting patterns in the flow of information. Design would begin with precisely calibrated charts rather than artistic sketches.

For Doxiadis, a settlement is a continually evolving "organism", at once biological and technological, a technology with a biology. On the one hand, he keeps referring to the city as a body with nerves, arteries, and heart and uses the growth and multiplication of organic cells as a model—presenting images from biology textbooks to clarify the behavior of urban form. On the other hand, he represents the evolution of cities with sequences of "electromagnetic maps" and computerized "cartographatrons" showing shifting patterns and hidden force fields through time. The combination of biological and technological images creates the impression of a dynamic biotechnological organism, ever widening its scale of operation until it becomes dysfunctional or extinct.

Doxiadis never tired of insisting that the real dimension of cities is not space, but time. What counts is a city's trajectory of development rather than its form. If a city simply grows radially outward from its centre, as usually happens, pressure increases on the centre until the organism collapses. "Surgery" on its "heart", like feeding new "arteries" as highways into the core, will only speed up its death. Doxiadis's prescription, as worked out in most of his projects since the mid-fifties, is that a city should grow in one direction. The core itself needs to move sideways and expand as the scale of the city increases. Such a city doesn't simply grow; it moves across the landscape. Growth becomes movement.

Settlements become a mobile species, and their movements are further accelerated by the multiple patterns of mobility made available by numerous overlapping networks. Despite designing many fixed buildings, complexes, and neighbourhoods, Doxiadis rejected the traditional conception of architecture as a static self-contained object in favour of nomadic organizations animated by circulation patterns. The internal life of each building is extended by ever-larger-scaled networks, from the pedestrian journey to a neighbour's house to an airline flight to the opposite side of the planet. Doxiadis's basic image of a building is a minimal form, a single thick semicircular line defining a shelter containing a dense internal life that is extended out

|1| The map appears on the cover of *Ekistics,* nr 12, July 1961. By 1956, Doxiadis had five hundred colleagues working in six countries and two continents. By 1961, the branches of his office were working in every continent. By 1966, "our responsibilities, commissions and colleagues had increased even more, to the point that growth had to be controlled in order to avoid creating a mammoth organization." C. A. Doxiadis, "Fifteen Years of Life", *DA Review*: House Organ of Doxiadis Associates, Consultants on Development and *Ekistics,* nr 3, January 1, 1967, p. 1.

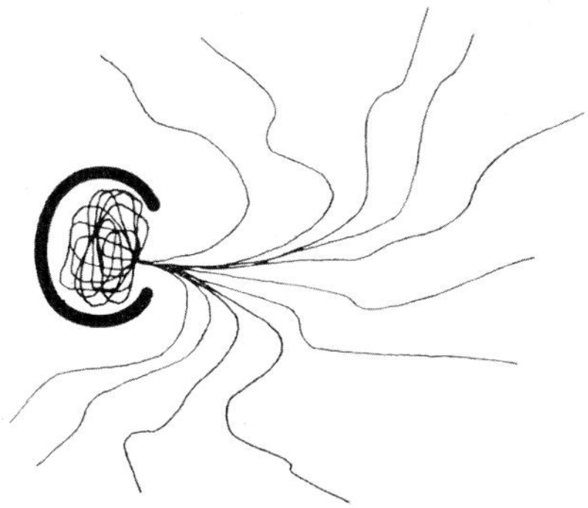

Fig. 1 | **Diagram of basic shell,** inhabited and extended by functions. Doxiadis.

by the wandering tentacles of different forms of circulation (Fig. 1). Buildings are but "shells" for movement patterns that reach out far beyond them. Whereas buildings house function, networks are pure function, function without shell. If modern architects are serious in their commitment to function, they will have to reduce their fixation on shells and become responsible for networks.

This concern for networks became clearest in the "City of the Future" project that Doxiadis launched in 1960 and kept working on until his death. First published just a month before the Delos event, it predicts the emergence of a single city covering the whole earth like a lava lamp network, a fluid biomorphic growth extending itself everywhere. The modern architects' fantasy of free-floating generic forms that could be dispersed anywhere on the planet gives way to a single planetary scaled dwelling: "a continuous network of centres and lines of communication" in which "all parts of the settlement and all lines of communication will be interwoven into a meaningful organism"[1].

And it is not just architectural form that turns into a network. Doxiadis draws the discipline of architecture in the same way as he draws the city. To survive the global explosion, architects must be as networked as the spaces they produce. The discipline must take the form of an efficiently webbed biotechnical organism capable of new forms of growth. Architects can only conquer the planet by becoming an animate global net.

Floating Amplifier

The 1963 boat trip was intended to be such a networking operation. Experts from heterogeneous countries and disciplines were linked together in a tight web. Lines of communication were effectively drawn between every participant. Yet this web of global figures took the form of a withdrawal. To engage with the global networks whose key feature is that no point has any more value than any other, the group disconnected from those networks and returned to a very singular point, the ruins of the mythical source of western philosophy in the Greek islands[2]. In withdrawing to

|1| C. A. Doxiadis, *Ecumenopolis: Towards a Universal Settlement*, Document R-GA 305, Athens, Athens Technological Institute, June 1963, p. 116.

|2| "When the group visited ruins of the ancient cities of Miletus and Priene, in Ionia, they were reminded that they were in the birth place of western philosophy, the place 'where the first rational myth was born, the myth which gave wings to man's mind and power to his hands to conquer and transform the world.'" E. Papanoutsos, *Ekistics,* nr 16, October 1963, p. 205.

archaic origins, they withdrew from the media. All participants were warned before going that there would be no telephone, newspaper, or mail[1]. Once onboard, there were "no formal minutes or records, no stenographers and no tapes"[2], just a set of handwritten notes. The body was used to record the group's analysis of the displacement of the body by new technologies of communication. The only concession was a mimeograph machine that was used to convert typed statements by participants into documents distributed to all the cabins, establishing a local net that only reached as far as the sides of the ship. The implied fantasy is that the boat is a pre-or postdisciplinary space, drifting freely between islands, unaffected by the explosive global growth it so earnestly addresses.

Yet the trip was ultimately a media event. The isolation was staged as such in the very networks supposedly left behind. Edited notes on the discussions, photographs, the boat's itinerary, and biographies of the participants were circulated to the international press and specialist journals in the represented fields. Each participant was sent the same material and encouraged to send further information to journals—which many of them did[3]. The event gathered information, accumulating expert opinion from diverse fields and countries, only to reorganize it and send it back out in a unified form. What was retransmitted around the world was the media image of a pre-media event—reinforced by photographs of metropolitan experts in relaxed vacation clothes, basking in the sun, in restaurants, ruins, and the water. It is as if the technological expansion of the body could only be faced by returning it to its original state.

This strategic primitivism was exemplified in the closing event, when everyone signed a collective "declaration" in the ancient theatre on the island of Delos. A group of globe-trotting intellectuals gathered at sunset in a ruined amphitheatre to solemnly endorse a manifesto for a global makeover. They sat in the first row, a semicircle of close packed expertise facing a piece of paper that rested at the centre of the stage on a rustic altar improvised out of stacked stones. The sun dropped while they listened to speeches and, in a torchlight ceremony, solemnly stepped forward to leave their mark.

Unsurprisingly, the Delos Declaration ends by reaffirming Doxiadis's vision of a single global city growing out of control, with the human species portrayed as the victim of the uncontrolled growth of architecture[4]. The "Delians" had withdrawn from this destructive exploding organism to reaffirm their physical, intellectual, and emotional humanity in a symbolic display. Yet the whole point of their radical disconnection from the modern world was to set up a better reconnection, as became clear in Fuller's speech at the beginning of the signing ceremony. An ancient amplifier was being used for a global broadcast:

|1| "For the period of our cruise we shall be to some extent cut off from the outside world. Cables can be received and sent at rates available from the Information Desk, but there are no telephone connections from the boat. We shall not receive newspaper or mail on board, but letters for mailing can be handed in at the Information Desk and will be stamped and sent off at the next convenient port." Delos Symposion Document 9, "General Information, July 1, 1963", p. 2.

|2| C. A. Doxiadis, "Comment on the Delos Symposium", *Ekistics,* nr 16, October 1963, p. 204.

|3| All participants were sent a copy of the package of information about the meeting that was sent to "the most important national and international technical and scientific journals of all fields represented in the Symposion", along with a list of journals that "we thought might be of special interest to you, just in case you wish to provide them with additional information". Delos Symposion Document 17, "Delos Documents", Avery Classics Collection, Columbia University.

|4| "We are citizens of a worldwide city, threatened by its own torrential expansion and [...] at this level our concern and commitment is for man himself." "Delos Declaration", foldout insert, *Ekistics,* nr 16, October 1963.

Fig. 2 |Sigfried Giedion giving last speech at signing ceremony.

"The acoustics of the Greek theatre are phenomenal, and I believe that our voice here, relaying the voice of every man, will be heard around the world and that it will catalyse the efforts to prevent man from eliminating himself from his extraordinary role in the universe." [1]

This fantasy seemed to be realized when each participant became a kind of missionary, spreading the word "Ekistics" around the globe, and the Delos Declaration was reported extensively in newspapers and journals, was cited in discussions on housing at the United Nations, and was entered into the official records of the U.S. Congress—events that were eagerly monitored by the monthly in-house magazine of Doxiadis's design office [2].

The model for all this was the fourth meeting of CIAM (The Congrès Internationaux d'Architecture Moderne) in 1933, the boat trip from Marseilles to Athens and back, out of which the famous Athens Charter on the future of the city emerged. Sigfried Giedion, the longtime secretary general of CIAM, was symbolically invited to the Delos event and was asked to give the last speech at the signing ceremony affirming the fundamental "continuity" between the Athens Charter and the Delos Declaration (Fig. 2). He noted that the collegial atmosphere of the two meetings was very similar, insisting that "Greece has done it again!" [3]. *Ekistics* had officially picked up the legacy of CIAM. There would be twelve annual Delos meetings to match the ten CIAM congresses held between 1928 and 1956. But Doxiadis tried to go farther than his role model, networking a wide range of disciplines rather than just architects. Networks had to be taken to the next level [4]. In fact, the starting point of the Delos meetings was the call made at the end of the Athens Charter to improve the condition of transportation networks.

With each Delos meeting, more and more time was devoted to networks, and a collective attitude toward them evolved. In the fourth Delos in 1966, the participants accepted Doxiadis's claim that networks are historically the youngest element of settlements and will therefore change the most radically in the future, while other speakers emphasized that many of the key networks are invisible. By the eighth Delos meeting in 1970, networks had become the official theme, and Doxiadis was arguing that they

|1| Buckminster Fuller, cited in "The Delos Symposium", *Ekistics*, nr 16, October 1963, p. 205.

|2| The introduction of the Delos Declaration into the *Congressional Record*, for example, is reported in *DA Newsletter 4,* January 1964, p 2. Press clippings on the Delos meetings appear in *DA Newsletter 4,* January 1964, p. 2-3.

|3| "When I recall the congress at which we wrote the Charte d'Athens I can only think that Greece has done it again! There must be something in the air to induce a peaceful working together and loosen normally constrained behavior." Sigfried Giedion, quoted in "Ninth Meeting—July 12, 1963. The Declaration of Delos: Statements and Comments", *Ekistics*, nr 16, October 1963, p. 254.

|4| Doxiadis was so committed to the idea of the boat that when a meeting of the Delians was held in Washington in May 1968, the so-called Delos 5 1/2, it took place on a barge for an excursion and a picnic lunch. The event was reported in "Delians Stage Special USA Meeting", *DA Magazine*, July 1968, p.15.

are the single most important element in settlements: "the foundations of everyday life and the most decisive element for man's well-being." [1] He was even starting to describe buildings as networks. At one point in the morning discussions, he called a house "a network of walls", and at another point he referred to a theater as a "physical network between actor and audience" [2]. Other speakers added the idea of social networks to the physical ones, arguing that there had to be an "interface" between them, and Doxiadis agreed that "every non-physical network requires a physical network for its delivery" [3]. The final report of the meeting confirmed that networks "proliferate and interlock, crossing every barrier, physical and political, that has previously divided man [...] Networks are the key to the making or breaking of cities" [4].

By the tenth Delos in 1972, networks had become the central focus of all urban design, with the final report insisting that their configuration determines the growth patterns of cities. Networks were now the beginning rather than the end point of city form. Everyone now agreed that many of the most decisive networks are invisible and that designers unwisely focus on the dense visible form rather than the diffuse communication patterns that extend that form to constitute the real settlement. Doxiadis argued that cities are simply the product of networks used to minimize effort to maximize contacts, yet typically it is only the shells that are designed. To demonstrate a necessarily wider role for the architect, he redesigned the invisible global airline network to match the latest version of his visible global network on the ground, hanging an immaterial triangulated web over the planet that is linked to the physical web on the ground at a series of strategic nodes [5].

Such an image of the invisible extension of the physical was always the central goal of the Delos meetings. Instead of sitting in front of finished drawings of projects, as in the CIAM meetings, the participants always sat around a blackboard, drawing and discussing diagrams of network flows. No matter what discipline the speakers represented, they all drew and energetically criticized one another's diagrams. Everyone was treated as a kind of architect—or, rather, the whole group tried to act as a single architect. The boat was a collaborative design studio. Following Doxiadis's lead, the Delos events were all about making a certain kind of drawing, trying to visualize the invisible by conjuring up a coherent picture of an unseen order.

From Scan to Plan

The major vehicle for disseminating these new kinds of pictures of invisible architecture was *Ekistics*, the journal that Doxiadis started toward the end of 1955.The latest

|1| "Points Made in Discussions", *Ekistics,* nr 30, October 1970, p. 261.
|2| C. A. Doxiadis, "The Networks We Build and the Networks We Need to Build", *Ekistics,* nr 30, October 1970, p. 63; and C. A. Doxiadis, "A Methodological Approach to Networks", *Ekistics,* nr 30, October 1970, p. 331.
|3| "Points Made in Discussions", p. 317.
|4| "Report of Delos Eight", *Ekistics*, nr 30, October 1970, p. 245.
|5| Doxiadis had a long-standing interest in airline systems. In a 1959 project for Pakistan, he had made a detailed study of airline and sea links. *Ekistics* had presented an analysis of global airline connections in July 1966. Again, precedent for this can be found with Le Corbusier, who, in his last book, published a global map showing an airline network linking every continent into one accessible space. "Nations, religions, principalities, powers, going to sleep, waking up, everything is different, changing, moving, flexible. A prodigious new broom has swept through the world order." Le Corbusier, *My Work*, London, Architectural Press, 1960, p. 152.

attempt to come up with a network pattern often appeared on the cover—as a kind of hidden architecture of the month. Each Delos meeting was given a special issue, and the content of other issues often responded to developments at Delos or inspired them. The lines scribbled onto the onboard blackboard in response to the international scene, and repeatedly modified during the morning debates, were quickly sent back out to an international audience.

The special issue on the first meeting begins with a glossy foldout text of the Delos Declaration with all the signatures, followed by detailed notes on the daily debates interspersed with photographs of the morning onboard discussions, afternoon tourism, and evening entertainment. Intense discourse about the architectural implications of the latest technologies appears against the background of ancient ruins. There are photographs and short bios of each "Delian" and a collage of newspaper reports of the event. The issue closes with a copy of the original Athens Charter. The result is a carefully constructed image of strategic networking, a particular network trying to draw the very principles of networks.

Ekistics is itself a networking instrument. Indeed, it explicitly exaggerates the networking operations of all magazines. It only publishes abstracts of already published texts, repackaging and rebroadcasting existing data. The magazine is a scanning device, constantly monitoring information flow in other magazines. Whenever original material appears, like the annual special issues on the Delos meetings, a special explanation has to be offered, reversing the usual pattern in which journals have to explain the republication of a text. Everything that is picked up in the scan is filtered: abstracted and reframed by editorials and introductions to individual articles. If all magazines are prosthetic extensions of their readers, far-reaching eyes monitoring a distant world for a particular community, *Ekistics* is a precise and efficient instrument.

This relentless networking logic is most evident in the *Ekistics* Grid, a classification system used by the magazine since January 1965 (Fig. 3). Everything that is republished in the magazine, discussed in conferences, studied in research projects, taught at the Athens Institute, and even the character of students, is codified as a visual pattern within the grid, a generic frame through which all planetary activity can be monitored. Once again, this is an extension of modernist ambitions, as it is based on the CIAM Grid that Le Corbusier introduced in 1949[1]. And again it is used to further intensify the obsession with networks. Within six months of its introduction, "Networks" was added to the four basic "elements" of settlements ("Nature", "Man", "Society", and "Shells") that it monitors. A year later, even "Networks" was placed into a network with all the other elements. Networks were no longer discrete. Everything was seen to be networked. Even the monitoring grid evolved into a tightly woven network—so tight that by 1971 it was almost unusable. Likewise, the diagrams of *Ekistics* itself as a networking of diverse disciplines became denser and denser. The field had been overwhelmed by network fever.

In 1972, Doxiadis presented photographs of a spider's web before and after the animal had been drugged with amphetamines (Fig. 4-5). The distorted organization of the doped spider was compared to a map showing "the chaos of networks" in the

|1| Le Corbusier, "Description of the CIAM Grid, Bergamo, 1949", appendix to J. Tyrwhitt, J. L. Sert, and E. N. Rogers (eds.), *CIAM 8: The Heart of the City: Towards the Humanisation of Urban Life*, London, Lund Humphries, 1952, p. 171-176.

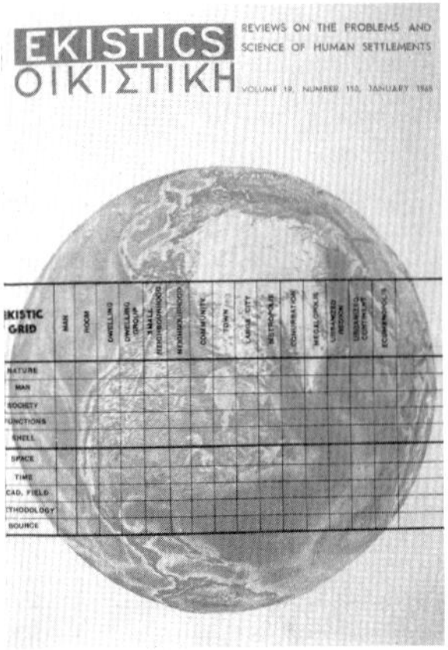

Fig. 3 | First **Ekistics Grid**, January 1965.

Fig. 4 | Spider's web.

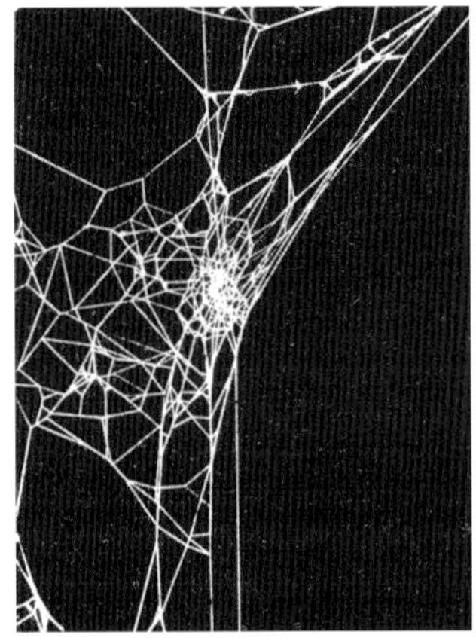

Fig. 5 | Spider's web, post-Amphetamine.

urban Detroit area[1]. Doxiadis's own design for a neatly geometric system of underground networks of transportation and utilities for the region tried to negotiate a compromise between the existing arrangement and that of an ideal spider. At this point, network fever had him firmly in its grip. As with the latest version of the grid, the central role of the architect was no longer just the form of networks but the connections between them: "We must coordinate *all* of our Networks *now*. All networks, from roads to telephones."[2] The architect is seen as a networked animal that networks networks that are themselves animate. In extending the body, networks have to extend its organic logic. Doxiadis bases design decisions for regional and global systems on the internal operations of the body. The architect elaborates the human body rather than houses it. Designing networks has become a biological necessity. These associations are classical. The ancient forms of the word "network" were applied at once to the work of humans and that of animals—as in fishing nets and spiders' webs. In the eighteenth century, it was common to use the word to describe the inside of the body itself, as in the organization of veins, muscle bundles, etc., and in the nineteenth century it was a standard label for systems of rivers, canals, railways, cables, electricity, sewers, etc. Finally, it gets applied to organizations of immaterial things like property and groups of people. The word slides seamlessly from biology to technology to society. Any appeal to new networks in the organization of space or society carries some of the original biotechnical association.

Yet it is precisely for this reason that it remains significant that modern architects like Le Corbusier only used the word "network" to describe the old street pattern and the new ones that they proposed. The full biological argument was not used beyond physical form. The key move of the Athens congress of CIAM was precisely to place greater emphasis on the idea of networks. At the first congress in 1928, the key functions of cities were identified as "Dwelling", "Working", and "Recreation". CIAM 4 added "Traffic" (*circuler*—circulation) and gave it a special coordinating relationship to the first three: "The fourth, that of traffic, should have only one

|1| C. A. Doxiadis, "The Two-Headed Eagle: From the Past to the Future of Human Settlements", *Ekistics,* nr 33, May 1972, p. 418.
|2| *Ibid.,* p. 406-420.

objective: to bring the other three into effective communication with one another."[1] Transport networks become an organizing concept. In picking up where CIAM left off, *Ekistics* simply exponentially increased the role of networks.

The key figure in this escalation of network thinking was the urban planner Jacqueline Tyrwhitt, the editor of *Ekistics* since its first issue and a member of the planning committee of all the Delos meetings. In addition to playing a key role in the selection of the participants, Tyrwhitt was responsible for all organizational details during the events, and she attended every single session, taking the official notes of the discussions and editing them for publication. She typically sat to one side of the lead speaker but rarely spoke. While all heads are up in animated debate, hers is usually down. As "secretary—general", she is at the very centre of the Delos events yet maintains a low profile, facilitating the interactions of others rather than displaying her remarkable expertise. Despite being the only person who attended all the meetings other than Fuller, she only reluctantly accepts the role of full participant in the tenth Delos, almost always adopting the stereotypical role of the ostensibly subordinate woman as secretary. Yet Tyrwhitt had a major effect on Doxiadis. It was not just that she was the one who chose and summarized all the articles in *Ekistics* and produced most of his books. Much of his position is actually coming through her, along with many of the key organizational strategies he deployed. The ever-public Doxiadis is unthinkable outside the ever-private Tyrwhitt.

In fact, it is Tyrwhitt who provided the key link with CIAM. Giedion was happy to come to Delos because it was Tyrwhitt who invited him. They had first met in 1947 at the sixth CIAM congress at Bridgewater. Tyrwhitt immediately became an integral part of the CIAM operations, being secretary to the Council of CIAM from 1948 and maintaining a tight circuit of communication between the ring leaders. Giedion, Le Corbusier, José Luis Sert, Walter Gropius, and Tyrwhitt constituted the "committee of five" at the heart of CIAM. Tyrwhitt played the same role at each CIAM congress that she would later play in their Delos descendants, being responsible for organization, communication, notes, and the editing of all the proceedings[2]. She maintained a particularly close working relationship with Giedion, collaborating, corresponding, and translating all the books he published from 1951 onward. For Giedion, coming to the first and third Delos was continuing the project with Tyrwhitt rather than signing on to a new venture with Doxiadis.

Tyrwhitt was a professor in planning at the University of Toronto when Doxiadis first met her in 1954 at a United Nations seminar on housing in Delhi that she was directing. Once again, it was Tyrwhitt making the invitation. And again, the sense of a shared venture was immediate[3]. Shortly afterward, Doxiadis asked if she could help put together a set of relevant readings on third world housing and planning for the use of the branches of his office. She started to do so in 1955, after taking a

|1| Le Corbusier, *The Athens Charter*, trans. Anthony Eardley (1943); reprint, New York, Grossman, 1973, p. 98.

|2| As in Delos, Tyrwhitt rarely took center stage, but at CIAM 8 at Hoddeston in 1951, again organized by the MARS group (of which she had been the assistant director since 1949), she played a central role in the discussions, put together the proceedings, and edited the resulting book with José Luis Sert and Ernesto Rogers.

|3| Tyrwhitt refers to Doxiadis for the first time in a February 1955 article. J. Tyrwhitt, "The Moving Eye", *Explorations*, nr 4, February 1955, p. 115-19.

position at Harvard, and eventually the monthly set of mimeographed abstracts became a full-blown magazine[1].

The collaboration with *Ekistics* literally picked up where CIAM left off. Tyrwhitt travelled directly from the final CIAM congress at Dubrovnik in August 1956 for the first of her annual summer-long working sessions with Doxiadis. The Athens Technical Institute was founded in 1958, a year before CIAM formally dissolved itself, and in 1960 Doxiadis was announcing all the major moves he had schemed up with Tyrwhitt. She played a key role in the teaching, research, and publication operations at the institute (especially the Athens Centre of *Ekistics*, which was formally established within it in 1963), and she eventually left her position in Harvard in 1969 to take up permanent residence in Greece. Symbolically, she lived in a hillside house designed by her Harvard and CIAM colleague Jerzy Soltan, with a dome by Fuller and an extraordinary garden of her own design that would eventually be the subject of her last, posthumous, book.

If Doxiadis picked up the CIAM mentality, it was Tyrwhitt who affected the form of that pickup and maintained its trajectory. After all, she was really the supreme networking figure. The majority of the key people invited to Delos were from her own circles of London, CIAM, the United Nations, Toronto, Harvard, and MIT, and they shared her particular concerns. She was invaluable to Doxiadis because she had done it all before: launching teaching programs, conferences, proceedings, and books. Their collaboration was extremely fruitful for both because Tyrwhitt was using Doxiadis to continue her long-standing project just as much as he was using her for his.

Digital Traffic

The key move at Delos was to take the CIAM argument in the direction of electronics—starting with McLuhan's announcement on the second morning of the first Delos boat trip that electronics presents new challenges to planners because this latest prosthetic extension of the body defines an entirely new form of space. Tyrwhitt was yet again the link, having been a member of McLuhan's inner circle in Toronto since the end of 1952 (after Giedion had written a letter of recommendation to McLuhan)[2]. From 1953 to 1955, Tyrwhitt was one of McLuhan's four colleagues working under a Ford Foundation grant to carry out an interdisciplinary study of the effects of the new media, the key project out of which McLuhan's famous arguments would emerge. It was while she was in the middle of that project and was one of the associate editors of *Explorations*, the group's magazine, that she met Doxiadis. The radical position that McLuhan brought to Delos in 1963, and would not become internationally renowned until the following year, had been very familiar to Tyrwhitt

|1| For the first issues, Tyrwhitt was assisted in the selection of material by the architecture librarian at Harvard, a role taken over the following year by the architecture librarian at MIT. The journal was distributed to a private list of people under the title *Tropical Housing and Planning Monthly Bulletin* until October 1957, when the name became *Ekistics: Housing and Planning Abstracts*. The subtitle kept evolving until the January 1975 version, *Ekistics: Problems in Human Settlements*, which has been the title ever since.

|2| Giedion recommended Tyrwhitt to McLuhan in a letter thanking him for sending a copy of his first book, *The Mechanical Bride*. Tyrwhitt had arrived in Toronto in July 1951. In 1950, she had become a partner with Wells Coates (one of the original founders of the MARS group in 1933) in London and went to Toronto after a short stint in Yale at the beginning of 1951. She got together with McLuhan for the first time in November 1952.

for a long time. They had been discussing the media's transformation of the world into "one city in space" since the mid-fifties. In December 1960, McLuhan's letter responding to Tyrwhitt's suggestion that he take a position at Harvard spells out the view that the traditional city has been displaced by the electronic extensions of the body that have constructed a "global village" in which traditional conceptions of space have been overturned. This already existing electronic village calls for the construction of a new form of physical world city by planners—"the job is to create a global city, as centre for the village margins"—and McLuhan speculates that this post-Euclidean city will have to be assembled by computer in the same way that airports use computers to coordinate flights [1].

When making these same points three years later at Delos, McLuhan was supported by Fuller and two former associates of Tyrwhitt, the planners Edmund Bacon and J. Gorynski. They agreed that the "electronic scale" had to be integrated with the human scale and that the latter could actually be maintained within man's "electronic extensions" [2]. CIAM thinking had to be retooled for an electronic world. The Delos meetings would turn the CIAM idea of settlements held together by transportation networks into the idea of inhabitable information networks. But it took a while. The final point of the first draft of the *Delos Declaration* did include a reference to the concept of electronic extensions and its effect on the emergence of urban form [3]. But it did not survive the editing process. It is not until the fourth Delos of 1966 that the whole meeting accepts the basic point of Fuller, McLuhan, and Mead that communication networks have produced a single planetary society—that it is no longer possible to research the city without discussing electronics.

The trajectory from the physical city to the electronic one was even more evident in *Ekistics*, through the strategic selections of Tyrwhitt and her unsigned editorials. Again, the first Delos appears to have acted as a catalyst. Momentum builds through the gradual accumulation of individual articles and then special issues on communication. Diverse media, including telephone, radio, television, telex, cable, closed circuit, and satellites, are analysed. Particular attention is paid to their influence on the third world, where their transformative effect is most pronounced. The journal steadily and increasingly radically explored the displacement of the physical. There was a continuous feedback loop between the journal and the Delos events. On the one hand, the journal presented detailed studies into the questions raised each year at Delos. On the other hand, most of the participants appeared in the journal before

|1| Letter from Marshall McLuhan to Jacqueline Tyrwhitt, December 23, 1960, in Molinaro e.a. (eds.), *Letters of Marshall McLuhan*, p. 277.

|2| "This means that we are today dealing with two widely different dimensions: the eternal human scale—man with his five natural senses—our continuity with the ancient world, and the electronic scale—multi-dimensional integration—our emergence into the new world. Man of the renaissance and technological man no longer directly concern us. The human scale needs to develop the totality of the electronic scale, and the electronic scale the discipline of the human scale. Perhaps the latter can be done by maintaining the proportions of the human scale in man's electronic extensions." Edmund Bacon and Marshall McLuhan, "The Delos Symposium", *Ekistics*, nr 16, October 1963, p. 208. For Bacon, the most important thing about the conference was establishing the need for a "new science of human settlement for the purpose of comprehending city and regional growth as a total organic process within the framework of the emerging concepts of the electronic age." Edmund Bacon, cited in "Edmund N. Bacon, USA", *Ekistics*, nr 16, October 1963, p. 218.

|3| "But beyond his senses, man has his 'electronic extensions.' Do these imply that, in addition to his immediate neighborhood, he can also relate to a wide variety of other centers within a single urban region or on a wider scale?" "Conclusions: Preliminary to a First Draft by Barbara Ward (Lady Jackson), Delos Meeting Document B17", July 11, 1963, "Delos Documents", Avery Classics Collection, Columbia University.

being invited to participate. Between the conferences and the journal's monthly scan, an extraordinary discourse about the architecture of electronics developed.

In fact, the journal's concern with electronics precedes the first Delos. The computer, for example, had been a theme in the magazine since the late fifties, starting with the editorial of the August 1959 issue that describes the usefulness of computerized analysis of data on punch cards and the graphic representation of that analysis on computer monitors, when introducing two articles on the "science fiction"—type machines that do this[1]. Doxiadis started using computers in 1962 to develop mathematical models of settlements, and after the first Delos, he wanted everything computerized and proudly published photographs of each new computer installed in his office. At the beginning of 1964, the report on the research projects at the Athens Institute said that the main emphasis was now on computer programming, data processing, and methodology. An "Electronic Computer Centre" was set up in the office, and the ground floor of the building was actually used as a computer training centre once Doxiadis discovered that no one in Athens was qualified to run the machines. The following year, *Ekistics* featured a special issue on "Architecture and the Computer", discussing computer design of buildings, computer conferencing, and so on[2]. The journal itself was soon computerized, with ever more detailed indexes becoming computer printouts, and in 1969 a special issue was needed on "Computers in the Service of *Ekistics*". By then, three shifts of workers were employed twenty-four hours a day to type in statistical data on cities in a room filled with punch card machines[3]. The more philosophical discussions of the architecture of electronics at Delos were paralleled by their ongoing practical use.

The appeal of the computer is that it offered a new viewing point to survey the explosive rise of ever larger and less visible networks. If the uncontrolled growth of the city had first demanded the surveillance view from the airplane and then the view from outer space, the growth of invisible networks demanded new scanning instruments. The computer was the ideal mechanism to negotiate between the visible and the invisible. The computer is both a means of diagnosis and a symptom, both a mechanism that reveals hidden patterns in an overwhelming conglomeration and one of the forces that dematerialises or transforms the occupation of that physical organization. *Ekistics* oscillated between using electronics to expose hidden circulation patterns and producing images of hidden electronic patterns.

Basically, *Ekistics* radicalised the logic of traffic and moved it into the world of electronics. At the fourth Delos trip, it was argued that "modern transport networks extend

|1| The editorial of the August 1959 issue describes the usefulness of analyzing the "mass" of data by punched cards, as shown in the two articles abstracted from recent issues of the *English Journal of the Town Planning Institute* and the *Journal of the American Institute of Planners*. The first article describes "a complete handling and mapping of data", and the second, on "Data Processing for City Planning" covers the role of computers, highlighting the cartographatron, an electronic device for displaying "desire lines" on the face of a cathode ray tube as the result of an analysis of over 700,000 punched cards.

|2| The article by Jonathan Barrett, "Will the Computer Change the Practice of Architecture", for example, explores the new kind of shapes that could be modeled digitally and have retained the fascination of designers in recent years. *Ekistics,* nr 19, April 1965, p. 247-249.

|3| The report on the "Human Community" research project says that the main emphasis in January was on computer programming, data processing, and methodology (IBM punched cards) using IBM 1620 machines. *DA Newsletter 4,* January 1964, p. 41. The May 1964 issue published pictures of the new computer—organization of a new "Electronic Computer Center" in the office. *DA Newsletter 4,* May 1964, p. 29. *DA Review,* nr 7, January 1971, shows all the punched card machines "busy around the clock". The August 1972 issue shows pictures of students with the latest computer system.

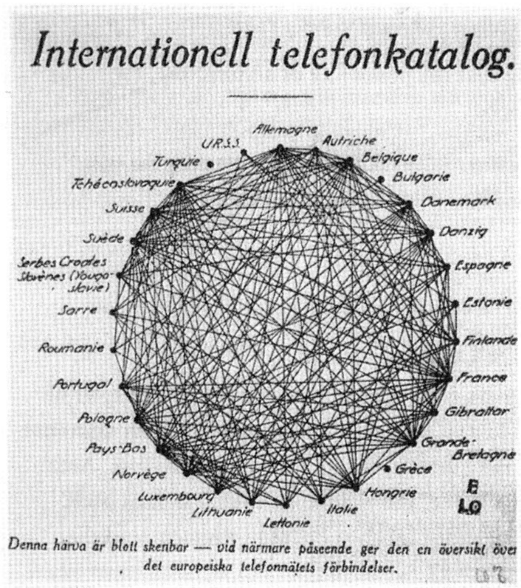

Fig. 6 | **International telephone network.** From Le Corbusier's file cabinet collection of material for *L'Esprit Nouveau*.

far beyond the visual horizon"[1]. This shift became clear in "From Man's Movements to His Communications", the May 1970 special issue of *Ekistics*, whose foreword speaks of the "more complete move from a mechanical to an electronic environment". At the Delos meeting of that year, it was argued that physical transportation might go away when moving ideas replaces moving bodies. This had become a mantra by the June 1973 special issue on "Networks: Information, Communication and Transportation". The editorial insists that they are inseparable, and the cover conveys McLuhan's basic point by showing the progressive exponential shrinkage of the world to a small point. Electronics is the new form of traffic and therefore the new form of the city.

In the end, this was the key move with which *Ekistics* transformed the CIAM mentality. Le Corbusier, for example, was acutely aware of the role played by new systems of communication like the telephone and often refers to it[2] (Fig. 6). He even had images of the dense weave of the international telephone network in his files in the twenties, but *La Ville Radieuse* of 1933 only uses the word "network" to refer to the visible traffic patterns of the city[3]. When the Athens Charter ends by referring to the inadequacy of the "existing network of urban communications", the issue is likewise only physical traffic. Doxiadis, Tyrwhitt, and their friends set out to multiply the concepts of traffic. Traffic was conceived as information flow. Symptomatically, drawings of cities, continents, disciplines, and computers tended to be the same.

The Biology of Information

The new traffic of electronic exchange was seen as biological, once again hyperextending parts of the established discourse of modern architecture rather than abandoning it. A blurring of biology and information occurred throughout the Delos meetings. At the signing of the first *Delos Declaration*, Conrad Waddington, a renowned animal

|1| Diana Rowntree, "The Science of the City", *Ekistics*, nr 22, October 1966, p. 43.
|2| See Beatriz Colomina, *Privacy and Publicity: Modern Architecture as Mass Media,* Cambridge (Mass.), MIT Press, 1994.
|3| Le Corbusier, *La Ville Radieuse* (1933), trans. Pamela Knight as *The Radiant City*, New York, Orion Press, 1967. Much of the book is devoted to the coordination of traffic networks handling different speeds.

geneticist who would be a central figure in most of the meetings, said that the type of world city being envisioned by the group would be "a new level of organization of the living material of the universe" [1]. This echoed the discussions of the second morning when, in response to McLuhan's first statements about media extensions of the body, he joined with geographer Walter Christaller and psychiatrist Leonard Duhl in inventing urban schemes by comparing the evolution of electronic networks to that of animals:

"As animals become more complex they develop increasingly differentiated limbs and organs and a highly efficient communications centre. Should we move towards a newly constructed type of organization with highly differentiated centres tied together by a complex communications network, each centre having special functions and a special location? [2]"

Waddington, whose books Fuller had followed closely since the late forties, read evolution in cybernetic terms. The growth of electronic systems of communication is biological in exactly the same terms that biological growth is itself an evolution of systems of communication. Waddington relentlessly applied this model at most of the Delos meetings, often using spiders' webs as a model system of organization [3]. He was supported by Margaret Mead, who had been a pioneering member of the key group that had established cybernetics after the war. At the second Delos, they got further support in connecting this model to architectural form from Richard Meier, who had published *A Communication Theory of Urban Growth* in 1962, a cybernetic account of the city as a living organism and information system to be analysed in biological terms [4]. Meier had come to Tyrwhitt's attention when he was writing the book in 1959-60 at the Joint Centre for Urban Studies at MIT and Harvard, of which she was a member. He became one of the leading researchers in the City of the Future project. Already in a January 1962 discussion of the project, Doxiadis said cybernetics and information theory would be necessary [5], a point repeated at the very end of his 1963 report on the project just before the first Delos, but apart from referring to the city as an "organism" he was not yet talking that much about either biology or information.

In fact, the biological argument rose very slowly in Doxiadis's writing. This is most obvious in the City of the Future project, which gradually becomes a vast prosthetic. Working closely with Meier, Doxiadis rationalizes the new city in 1964 with Fulleresque charts showing the exponential increase in "the average speed of man's displacement since 10,000 BC" and "the extension of man's vision through mechanical

|1| "The Delos Symposion", *Ekistics,* nr 16, October 1963, p. 205. On connections between Waddington and other interdisciplinary communities, see Rheinhold Martin, "Crystal Balls", *Any,* nr 17, 1997, p. 35-39.

|2| "Delos Symposion, Notes from 2nd meeting", "Delos Documents", Avery Classics Collection, Columbia University.

|3| Particularly in Delos 3 of 1966, an argument repeated after a discussion of "foodwebs". See C. H. Waddington, "Biology and Human Environment", *Ekistics,* nr 21, February 1966, p. 90-94. The spider's web is a model of the resilience of biological systems to change because it is not affected by removing links.

|4| "A city is a complex living system. Its anatomy and composition can be studied and analyzed like any other living system. [...] A comprehensive analysis of the interactions within an urban population could be conducted in a manner equivalent to that used by biologists in their studies of living systems were it not for the presence of shields that have been created to fend off messages. This shield is called *privacy*. The small groups clustered inside these screens for communications (homes) are known to exchange messages to which the stranger is not granted immediate or complete access." Richard Meier, *A Communication Theory of Urban Growth*, Cambridge (Mass.), MIT Press, 1962, p. 1.

|5| C. A. Doxiadis, "Ecumenopolis", *Ekistics*, January 1962, p. 12.

means"[1]. He eventually starts talking of the possibility of developing new organs for the city. The biological organism is capable of improvement. The genetics can be rearranged. A new body can and should be developed. Cities can be helped to reach an ever higher biological order. Networks, particularly electronic ones, are the means of this upgrade. Doxiadis used computerized traffic control as a model for cities to be higher-order biological individuals than plants, animals, and humans[2]. With each year, he went deeper into the prosthetic logic.

The Delos discussions clearly had an effect. McLuhan's initial image of prosthetic growth was elaborated in more and more detail as the annual boat trips gradually embraced the centrality of electronics. At the second Delos, for example, Fuller reasserted his old line about prosthetic networks in a lengthy argument about the way computers augment the human brain, before rolling around on the floor to make his point about synergy. He concluded that the human's "externalized organics (the world industrial network)" will eventually become as unconscious as the automated operation of internal organs[3]. In immediate agreement was sociologist Edward Hall, who had been invited to the second Delos after McLuhan suggested it to Tyrwhitt and had located architecture as one of the tools within the array of bodily extensions in his 1959 book, *The Silent Language*. McLuhan was citing the passages in his latest book and identifying them as the inspiration for his use of the prosthetic argument. But Hall in turn had been inspired by Fuller, having been a close friend of the Fullers ever since he became a college teacher of their daughter Allegra. Margaret Mead was likewise no stranger to the prosthetic argument from her years in the cybernetics debates. This was a very persuasive group, and by the eighth Delos everyone was able to agree with them that "information systems today have more power in social systems than ever because computers have magnified the capabilities of the human senses". And at that point, the discussion of prosthetics had become extreme, embracing genetically grown limbs, "brain extension" systems, and so on.

Tyrwhitt's journal relentlessly pursued this more radical view of prosthetics, embracing engineering psychologist J. C. R. Licklider's theory of future "symbiosis" of human and computer and his drawings of the possible interface between the two organisms, with the human network entangled with the electronic[4]. In this line of argument, it is not so much that the latest technology has constructed a new world for us to inhabit. The global city is the global body. We inhabit our own hyperextended body.

|1| The charts are first described in a report on the City of the Future project in *DA Newsletter 4,* March 1964, p. 40. The speed drawing first appears in *DA Newsletter 4,* April 1964, p. 39-41.

|2| C. A. Doxiadis, *Ekistics: An Introduction to the Science of Human Settlements*, New York, Oxford University Press, p. 43.

|3| Buckminster Fuller, "The Prospects of Humanity: 1965-1985", *Ekistics,* nr 18, October 1964, p. 232-242, special issue on Delos 2.

|4| This was exemplified in the September 1965 issue, which featured Licklider's article on the "Man-Computer Partnership" and one of his drawings on the cover. J. C. R. Licklider, "Man-Computer Partnership", *Ekistics,* nr 20, September 1965, p. 165-169. The article was written when Licklider moved from the air force research laboratories to the research center of IBM. Other articles on planning buildings by computer cite his increasingly influential idea of a "symbiosis" between man and computer, and one of them argues that evolution culminates in "computer systems or automata, prostheses which will extend the brain's ability to manipulate symbols just as the bulldozer is a prosthesis for muscles and the microscope, telescope, and laser are for the eye [...] the upgrading of human capacity on a large scale. [...] Men can be upgraded. At the strictly biological level, there is no question that the principles of genetics and selection, used widely by man in the plant and animal world, could be used to enhance desired traits in man." R. W. Gerard, "Intelligence, Information and Education", *Ekistics,* nr 20, September 1965, p. 162-164. A similar issue in 1967 begins with John McHale's speculations about the "New Symbiosis", which also cites Licklider and weaves together prosthetics, cybernetics, McLuhan, and Fuller; then a series of other articles explores the roles that computers can play in design and analysis.

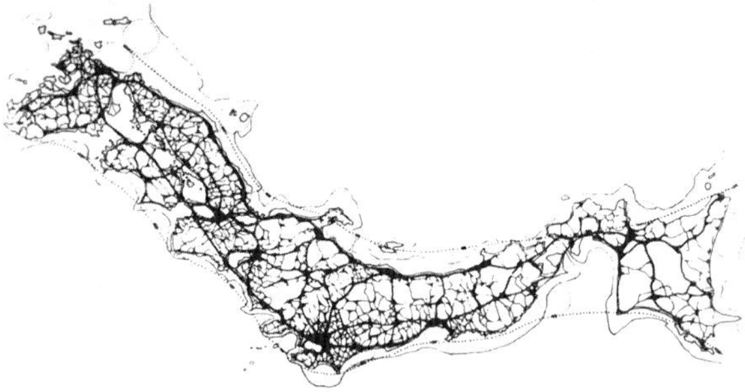

Fig. 7 | **Japan as single network city**, Koicha Tonuma, 1969.

When *Ekistics* calls for a redesign of networks, it is calling for a redesign of the human body—network, city, and body being the same thing.

This equivalence of prosthetics and architecture is exemplified in a 1969 essay in *Ekistics* by engineer Koichi Tonuma analysing contemporary flows of information, with charts of telephone and telex communication within the main island of Japan, to predict the transformation of the island into a single continuous "living space", a vast urban network that looks like a nervous system (Fig. 7). The invisible electronic lines connecting people become the matrix on which a visible biomorphic form emerges. The necessary correlate of this biological vision of electronics and buildings is a technological vision of the human body, when "our organs are being replaced with artificial tools" [1]. It is the confusion of the body and its extensions that explodes a single biotechnical infrastructure across the landscape. Tonuma presents a sequence of drawings, showing settlements gathering size and complexity from single cells to complete biological organisms, that are similar to those of Doxiadis. In fact, Tonuma spent two years in Athens doing research at the centre. Japan played a key role in *Ekistics*, as a model for contemporary statistical trends and as a site for imagining radical futures, featuring prominently in the City of the Future project from the beginning.

Yet this biotechnical vision is not simply projected onto Japan as a unique experiment of the Athens laboratory. Tonuma's whole argument, even its prosthetic aspect, is coming from specific architectural proposals made in Japan in the early sixties. All it does is to add particular statistical readouts of information flow and particular drawings of biological cells to an existing scheme that had its own flow readouts and cell drawings. It is crucial to remember that *Ekistics* is only ever a networking operation, a scanning mechanism coordinating and editing already existing ideas, not just in the sense of design as statistical analysis of given information rather than artistic innovation, but also design as the recirculation of tested strategies. The network fever in *Ekistics* can be found in the work of numerous architects. Indeed, the fever was endemic to architectural discourse during those years. The specific contribution of *Ekistics* was simply to relentlessly monitor it and thereby feed it.

|1| Koichi Tonuma, "Network City", *Ekistics,* nr 29, June 1970, p. 458. This essay was first published in *Journal of High Speed Transportation,* nr 3, May 1969, p. 203-219.

Nerve Design

A major accelerant of the fever was Kenzo Tange, the preeminent Japanese architect. As one of the passengers on the fourth Delos boat trip in 1966, for example, he addressed the "tentacles" of the communication network in biological and evolutionary terms. To inhabit the modern city is to inhabit the information system of an artificial brain:

"Society is evolving into a more advanced state, as plants evolved into animals, and animals into men. We have begun to create a new nervous system in society using the advanced communication technology that will enable the social brain to function more effectively. In large contemporary urban complexes, communications networks twist and interlink into a complex which must be something like the nervous system of the brain. [...] whirling around in these brains are the people and the information. The citizens are like electrons flowing in an electronic brain[1]."

Tange drew on cybernetics to discuss the influence of all the contemporary systems of communications—arguing, in McLuhanesque fashion, that there has been a second industrial revolution, an information revolution that prosthetically extends the nervous system in the same way that the first one physically extended the body[2].He predicts that Japan can only maintain its "organic life" by eventually turning into a single colossal city through the linkup of physical, social, and information networks into a single "central nervous system".

Tange's spoken statements were actually taken from an article he had published the year before, entitled "Tokaido-Megalopolis: The Japanese Archipelago in the Future", which presented charts of the "evolution" of media use (telegraph, telephone, radio, and computer) and maps of flow in each "communication network" of Tokaido (rail, car, mail, and telephone) before drawing the island as one colossal biomorphic city[3]. His drawing of the shape of this new organism is similar to those that Doxiadis had been publishing since 1962, but Doxiadis's idea of network form had itself been informed by the earlier work of Tange. The July 1961 *Ekistics* had devoted an unprecedented ten pages to Tange's renowned Tokyo Bay project of 1960, in which a vast floating linear "network of elevated lattices" blurring traffic and building is grafted onto the radial network of the traditional city, and the whole organization is "tied together by the invisible cords of a communication system" (telephone, radio, portable telephone, video telephone) (Fig. 8). Alongside images from biology textbooks of the growth of spines, Tange describes the project as an "organism" precisely because "communication is the factor that gives organic life to the organization". The paradoxical rationale of the network is that the possibility of infinite extension actually produces density. In an argument that resembles that which McLuhan will present three years later in the first Delos, Tange insists that the capacity of networks to extend anywhere actually produces the need for concentration: "People say that organization man is alone, but even more alone is the man who is separated from

|1| Kenzo Tange, cited in "Kenzo Tange", *Ekistics,* nr 22, October 1966, p. 259.

|2| "In the First Industrial Revolution, men learned how to extend the functions of their hands and bodies through the use of tools or machinery. The Second Industrial Revolution, which has begun only recently, is a revolution created by information theory and communications techniques, a revolution in which man is learning to extend the functions of his nervous system." Tange, "Kenzo Tange", *Ekistics,* nr 22, October 1966, p. 275.

|3| Kenzo Tange, "Tokaido-Megalopolis: The Japanese Archipelago in the Future", in *Kenzo Tange: Architecture and Urban Design 1946-1969*, Udo Kultermann (ed.), New York, Praeger, 1970, p. 150-67.

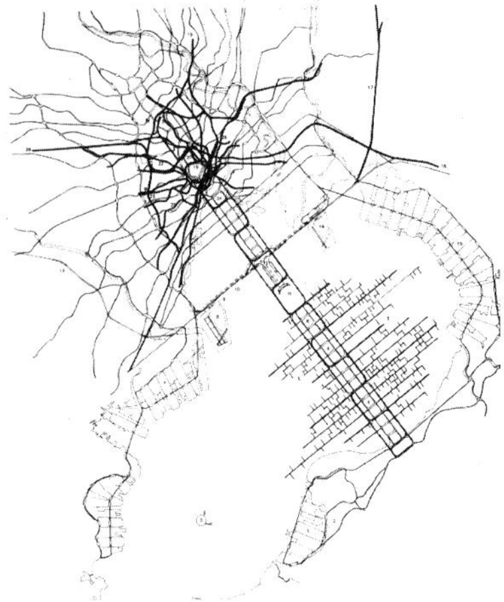

Fig. 8 |**Tokyo Bay Plan**, Kenzo Tange, 1960.

this network. It is in order to connect themselves to this network that people gather in the cities[1]." Tange was an important reference point in taking the discourse about urban networks toward electronics.

Tyrwhitt was very familiar with this discourse; Tange's work had been shown by others at CIAM 8 in 1951, and he had taken part in the 1959 meeting in Otterloo where CIAM dissolved. Her editorial on the Tokyo Bay scheme said that the project was the direct outcome of experimental plans that he developed with MIT students in 1959, which she had seen firsthand and had already published, along with his Boston Harbour project, the scheme based on the growth of plants that is generally accepted as the first move in the so-called megastructure movement[2]. At the third Delos in 1965, Giedion singled out the Tokyo Bay project when embracing "the youngest generation" for two concepts that handle variable density: "megastructure" and "group form"[3]. Tange exemplified the former, while the latter was introduced in the first Metabolist manifesto of 1960 by Fumihiko Maki, the architect who was also the first to publish the term "megastructure", with Tange as the central example, in a little-known 1962 publication that was immediately republished in *Ekistics* because Maki was teaching with Tyrwhitt at Harvard from 1962 to 1965[4]. As a parallel line of research into networks, all the Japanese experiments were closely monitored by *Ekistics* and had their effect on the field's evolving doctrine.

Another parallel trajectory monitored by the journal was that of Team 10, the dissident younger faction of CIAM. Alison and Peter Smithson, for example, had been designing webbed urban projects since the late fifties, including the extremely influential Hauptstadt Berlin scheme of 1957[5]. Already at CIAM 9 in 1953 they had been insisting against their elders that "the street and the network of streets has to be

|1| Kenzo Tange, "A Plan for Tokyo, 1960", *Ekistics,* nr 12, July 1961, p. 9-19.

|2| Kenzo Tange, "A Building and a Project: On the Kurashiki City Hall and a Project at MIT", *Ekistics,* nr 11, June 1961, p. 469-72.

|3| S. Giedion, "Density and Urbanism", *Ekistics,* nr 20, October 1965, p. 208-209.

|4| Fumihiko Maki, "Linkage in Collective Form", *Ekistics,* nr 14, August-September 1962, p. 100-103. When Maki put together a more formal publication, photographs of Tange's Tokyo Bay and Boston Harbor projects were added as key examples. Fumihiko Maki, *Investigations in Collective Form*, St. Louis, Washington University, 1964.

|5| Alongside an "ideogram of a net of human relations", Peter Smithson describes it as "a constellation with different values of different parts in an immensely complicated web crossing and recrossing. Brubeck! A pattern can emerge." Peter Smithson, in Alison Smithson (ed.), *Team Ten Primer*, Cambridge (Mass.), MIT Press, 1968, p. 79, caption.

seen as the arena in which social relationships were played out" rather than a mode of efficient connection [1]. Georges Candilis and Shadrach Woods likewise developed huge "mat buildings" as infrastructural weaves of movement patterns and wrote key articles on the principle of "the web" in 1961 [2]. Aldo van Eyck saw the role of the architect to provide a "network of crevices". And so on. A different attitude toward the network—both in terms of physical form, social structure, communication system, and analytical concept—was precisely what differentiated the young group from CIAM and led to their separation from it and the subsequent dissolution of the old organization. As Alison Smithson (who seemingly took over Tyrwhitt's role) puts it at the very beginning of her account of the separation, it was decided by the older generation at CIAM 9 that "life falls through the net of the four functions" but "we wanted a more delicate, responsive, net" [3]. When the group became independent, much of the talk was about networks. The 1962 meeting of Team 10 at Royaumont, for example, is dominated by it, as exemplified by Stefan Wewerka's description of cities as "compact bundles of overlaid net-structures" [4]. A major influence in this discourse, as it was for the parallel Japanese experiments, was Louis Kahn and Anne Tyng's 1953 traffic scheme for Philadelphia, which dematerialises the physical form of the city in favour of pure flow, like an electrical circuit. Streaming arrows become more solid than buildings. The image was a key reference point. The new generation of architects was under the spell of its radicalisation of CIAM's long-standing commitment to traffic. But the next step of blending physical network and information flow would only start to become evident in the work of an even younger generation.

The bio-informational language that Tange had used since the Tokyo Bay project had actually come from his assistants on the project: Arata Isosaki, Kisho Kurokawa, and Sadao Watanabe, some of whom were part of the group setting up the Metabolist movement, presenting their founding manifesto with images of organic cell development in the same year at the World Design conference in Tokyo. The group would write extensively on biology, symbiosis, cyborgs, cybernetics, and prosthetics throughout the sixties [5]. Their projects were drawn as delicate systems of intersecting fibres—architecture as biological circuitry.

In fact, all these groups were networked together. Tange had shown the first Metabolist projects (Kiyonori Kikutake's 1959 Marine City and Cell City, "a complete network of living facilities", based on a "move-net" in which fixed structures allow building units to "grow and die and grow again") alongside his own megastructure

|1| Peter Smithson, "Recollection by Peter Smithson, September 20, 1990", in Alison Smithson (ed.), *Team 10 Meetings 1953-1984*, New York, Rizzoli, 1991, p. 60.

|2| See Shadrach Woods, "Web", *Le Carré bleu*, nr 3, 1962. The article was reported in *Ekistics* two years later. The web is "highly flexible", "non-centric", "open-ended", and "can be plugged-into at any point and can itself plug-in to greater systems at any point." See also Shadrach Woods, "Urban Environment: The Search for System", in John Donat (ed.), *World Architecture*, nr 1, London, Studio Vista, 1964, p. 151-154.

|3| Alison Smithson, in Alison Smithson (ed.), *Team 10 Meetings*, p. 9.

|4| Stefan Wewerka, in Smithson, ed., *Team 10 Meetings*, p. 75.

|5| "The capsule is cyborg architecture. Man, machine and space build a new organic body which transcends confrontation. As a human being equipped with a man-made internal organ becomes a new species which is neither machine nor human, so the capsule transcends man and equipment. [...] The capsule is a feedback mechanism in an information-oriented, a 'technetronic', society." Kisho Kurokawa, "Capsule Declaration", *Space Design*, March 1969, reprinted in Kisho Kurokawa, *Metabolism in Architecture*, London, Studio Vista, 1977, p. 75-85. On the "Cybernetic Environment", see also Arata Isosaki, "Invisible City", *Tenbou*, November 1967, trans. in Joan Ockman (ed.), *Architecture Culture, 1943-1968*, New York, Rizzoli, 1993, p. 403-407.

at the Otterloo meeting where Team 10 began its independent life. The Smithsons included Tange in their Team 10 survey for *Architectural Design* in May 1960; and the conference in Tokyo of the same year, in which the Metabolists launched themselves with Tange speaking as the father figure, was also attended by Kahn and the Smithsons. The younger architects became linked to the evolving Team 10 discourse. Maki was invited to the Team 10 meeting in 1960, and Kurokawa would talk about "nets" at the 1962 and 1966 meetings. A global network of experimental architects devoted to networks was established.

Most of the network organizations dreamed up by these groups were periodically scanned by Tyrwhitt in *Ekistics* as a kindred post-CIAM research [1]. When Team X had started its assault on the older generation at the last CIAMs, Tyrwhitt had initially resisted on behalf of the rest of the central committee, but she eventually embraced the idea of handing over to the next generation. When doing so, she circulated a text to Giedion by her close colleague McLuhan on the need for interdisciplinary research to open up unknown horizons through a cubist multiplicity of viewpoints [2]. The impact of electronics represented a shared threshold. The Smithsons, for example, had been in the middle of intense discussions of the new systems of communication in the early fifties with their Independent Group colleagues in London, very much under the influence of McLuhan's first book, *The Mechanical Bride*. Yet electronics was never an overt feature of their projects, nor those of their colleagues. This would be the task of their respectfully rebellious students.

Invisible Pictures

It was only with the post-1963 work of the young Archigram group that information flow became visible as such. Where the Metabolists emphasized the biological side of the biotechnological equation, Archigram emphasized the technological. Architecture became indistinguishable from communication. Warren Chalk and Ron Herron's City Interchange project of 1963 is just a "net" of intersecting forms of traffic, including invisible traffic: "electronic data transmission, traffic control and administration, radio-telephone tower, communication and news service relay station, inter-commercial closed circuit television hook ups, public television and telstar rediffusion centre" [3]. This principle underlies all the subsequent Archigram work and starts to take a particular form, as can be seen in the 1964 projects that *Ekistics* scanned in 1965. What counts in Ron Herron's Walking City, Peter Cook's Plug-in City, and Warren Chalk's *Underwater City* is movement in a diagonal net. In Walking City, it is the usually overlooked network of diagonal links between the huge mobile animals that makes the system possible. Plug-in City is likewise a "giant network-structure [...] with diagonals of lifts making up the grid", and in *Underwater City*, to leave the diagonal

|1| Frequent articles appear in *Ekistics* from Alison and Peter Smithson, Jaap Bakema, Aldo Van Eyck, George Candallis and Shadrach Woods, Hermann Hertsberger, Fumihiko Maki, Kisho Kurokawa, and others. Tyrwhitt's editorial for the June 1963 issue describes Team 10 as "an intelligent group of thoughtful and highly intelligent architects". In a July 1963 review of a book by Doxiadis, she compares the work of Doxiadis to that of Team 10 and the Japanese architects. Jacqueline Tyrwhitt, "Architecture in Transition, Doxiadis, C.A.: A Review", *Ekistics*, nr 16, July 1963, p. 60.

|2| Jos Bosman, "CIAM after the War: A Balance of the Modern Movement", *Rassegna*, nr 52, December 1992, p. 6-21.

|3| Warren Chalk and Ron Herron, "City Interchange—Project", *Living Arts*, nr 2, June 1963, p. 73.

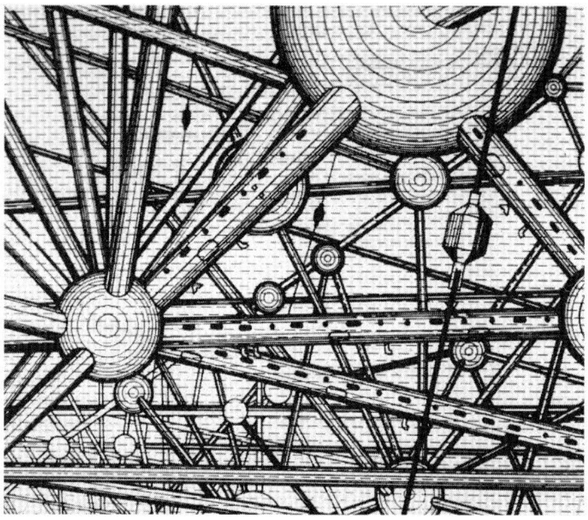

Fig. 9 | **Underwater City project**, Warren Chalk, 1964.

structure / movement system is of course to drown (Fig. 9). In each project, the diagonal weave becomes the main event. Activity occurs within the net itself.

Even dense, blurry, psychedelic events like the Instant City "travelling metropolis" of 1968 are actually based on a triangulated network plan covering England. Each of its intense explosions of sound, smell, and colour occurs on the node of a net or constructs such a node. A series of six drawings showing an Instant City descending on a "sleeping town" concludes with one entitled "Network Takes Over". The apparatus has moved on, but the infiltrated town has become hooked up to all the others by landline and wireless transmitters. Already in 1963, the group raised the possibility that expendable and flexible communication networks would invalidate fixed physical ones[1], and projects like Peter Cook and David Greene's Ideas Circus, published by *Ekistics* in August 1969, were "offered as a tool for the interim phase until we have a really working all-way information network"[2]. When Archigram folds soon afterward, it is not by chance that Peter Cook starts the Art Net forum in London and names its journal *Net*—unconsciously echoing McLuhan's 1951 proposal to start a newsletter called *Network*.

In all these projects, the grid gives way to the web. Movement in the spaces defined between intersecting lines gives way to flow within lines. Triangulation rules. Of all of Doxiadis's hundreds of charts, he kept presenting one from 1962 that showed that grids were the most efficient form of network at the smallest scales of rooms and neighbourhoods, that hexagons made sense in the local region around a centre, and that triangulation is best at the largest scales. This combination of orthogonal grid and triangular net can be seen in all his schemes. But the parallel research by other architects had moved triangulation into individual buildings. The 1952-58 project for Tomorrow's Town Hall by Kahn and Tyng was particularly influential in this (Fig. 10). Well known since its publication in *Perspecta* in 1953 and *L'Architecture d'aujourd'hui* in 1954, the building was conceived as a series of triangulated structural systems operating at different scales. Appearing from a distance, in Kahn's words, as "a lacey

| 1 | "The foreseeable rapid rate of change in transportation method may eventually make invalid the concept of a rigid mobile communications network as the main urban structure. A whole area of study is open for experiment of expendable systems and more flexible technology in terms of communication networks. [...] Large organizations will control their own visual communications network, allowing for a city center control with satellites dispersed in constant touch with the communication center, no longer dependent on physical communication." Archigram, "Living City", *Living Arts*, nr 2, June 1963.

| 2 | Peter Cook and David Greene, "Metamorphosis", *Ekistics*, nr 28, August 1969, p. 104-106.

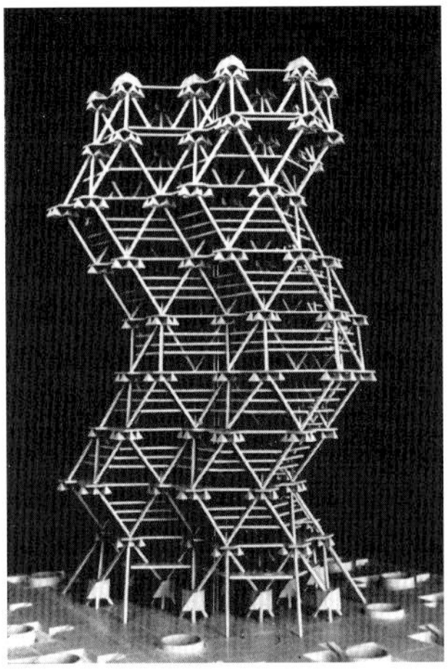

Fig. 10 | **Tomorrow's Town Hall project,** Louis Kahn and Ann Tyng, 1952-1958.

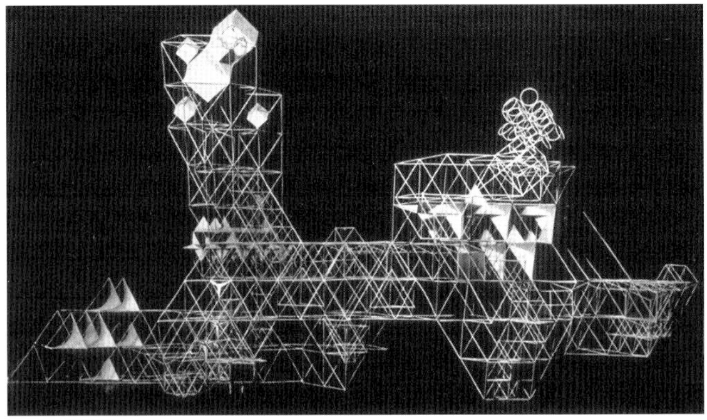

Fig. 11 | **Space City project,** Eckhard Schultze-Fielitz, 1960.

network of metal" [1], it even stood in the centre of a plaza marked with a triangulated networked pattern. Another key source of inspiration was A. and J. Pollack and A. Waterkeyn's 1958 Atomium for the Brussels World Fair, which appeared in *Archigram 4* alongside the City Interchange. The Atomium, in which people move up inside the diagonal links to occupy the spherical nodes, has exactly the shape of Doxiadis's drawing of the basic principle of networks. Triangulation is at once identified with the micro scale of atoms and the supermacro scale of transplanetary connections.

The application of a physical image of a global network at all scales became polemically clear in the schemes and systems in which there is no difference between building and extended web, notably in a series of projects published at the end of the fifties: Fuller's demonstration of an Octet-truss at MoMA; Constant Nieuwenhuys's "wide world web" New Babylon; and Eckhard Schultze-Fielitz's Space City (Fig. 11). Each of these was influenced by Konrad Wachsmann's enormous Airline Hanger for the U.S. Air Force that was first published in 1954 (and immediately made its way into a section on space frames in Giedion's *A Decade of New Architecture* that was edited by Tyrwhitt in the same year). [2] It became a major influence on the Japanese architects, as all the young architects who would later form the Metabolist group attended Wachsmann's lecture on the project in Japan in 1955, a lecture organized by Tange. Yet all these practical schemes by an international community of architects, including Wachsmann's, can be seen as a compromise of the more radical web that Wachsmann had developed in 1953 with students at Chicago. It envisions a structural system that refuses any difference between the horizontal and vertical strands of the web and the intersections between them. Structural threads are simply twisted together in an endless fabric (Fig. 12).

It is symptomatic that information flow is crucial for all these web designers. Wachsmann and Fuller speak of the way communications can activate any point in their systems. Constant and Schultze-Fielitz argue that electronics will change the

|1| Louis Kahn, "Order in Architecture", *Perspecta*, nr 4, 1957, p. 64.

|2| Sigfried Giedion, *A Decade of New Architecture*, Zurich, Girsberger, 1954, p. 262. The project was the centerpiece of the special issue on structure of *L'Architecture d'aujourd'hui*, nr 55, September 1954.

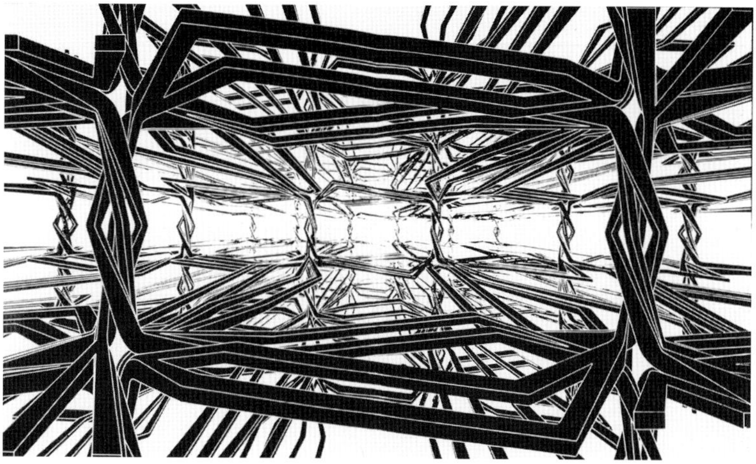

Fig. 12 |**Experimental structural web**, Konrad Wachsmann, 1953.

shape of their spaces, with computers continuously rearranging the forms on the basis of constant feedback from the occupants, an idea that Archigram's Dennis Crompton would take to the extreme with his Computer City project of 1964, in which the city itself is nothing more than a computer, a hardwired "sensitised net" with "local net feedback". When it was published a year later in the November 1965 *Ekistics*, the short explanatory text asserted, "The activities of an organized society occur within a balanced network of forces which naturally interact to form a continuous chain of change"[1]. The mesh of links activated or modified by electronics has turned into an endless mesh of self-adjusting information channels.

Indeed, it can be argued that the whole obsession with triangulated space frames in the sixties, and even the concern with building systems as such, was just an attempt to make poetic images of the invisible communication infrastructure whose influence had grown throughout the century—a visible aesthetics for the invisible net. In 1966, Tange, who would polemically have himself photographed against a dense weave of triangulated scaffolding to open his monograph, said exactly that: "Creating an architecture and a city may be called a process of making the communication network visible in a space."[2]

It was not by chance, then, that the first triangulated space frame was actually produced in 1902 by the same person who invented the telephone: Alexander Graham

|1| "Archigram Metropolis Issue" *Ekistics,* nr 20, November 1965, p. 282. Crompton had already elaborated the idea of the city as a self-regulating bio-technological computer a year earlier: "The city is a living organism—pulsating—expanding and contracting, dividing and multiplying. The complete functioning of the city is integrated by is *natural* computer mechanism. This mechanism is at once digital and biological [...] The overall network is formed from this information and then absorbs it, processes it, and throws out the subsequent stages [...] The network is modified and amplified and the substance of the city created [...] The *City Scene* enveloped in a net of inter-relationships, ultimately controlled by the *Natural Computer*." Dennis Crompton, "City Synthesis", *Living Arts*, nr 2, June 1963, p. 86.

|2| "The other factor is the rapid advancement of organizations in modern civilized society brought about by the modern communication system, informational technology, and the sharp reflection of this phenomenon on spatial organization. In modern civilized society, space is a communication field, and it is becoming more and more organic with the development of the communication system. [...] Creating an architecture and a city may be called a process of making the communication network visible in a space. [...] We can say that the spatial organization is a network of energy and communication." Kenzo Tange, "Function, Structure and Symbol", in Kultermann (ed.) *Kenzo Tange*, p. 240.

Bell[1]. Fuller's more famous webbed space frames, hovering as light as they could be, as little in the world as possible, likewise came after his fascination with non-physical technologies of communication. Already in his first book of 1938, Fuller, who would eventually be given Bell's original tetrahedral models by his great-grand-children, was using the "inter-communicating web" of the telephone as a model for housing and was describing the house as an apparatus for receiving and broadcasting. Fuller always referred to his structural systems as "nets", understood not as systems of physical interconnections but as networks of energy flow, information systems—an association between visible and invisible net that would finally become literal in his dome for Expo '67, the first computer-controlled structure, with each metal link in the net carrying the wiring for a continuous adjustment of the colour, opacity, and porousness of the building's surface.

All the webs that proliferated in the sixties, including Doxiadis's City of the Future, were likewise an attempt to establish a physical image of the invisible space of electronics, even if electronics itself is not discussed. All the projects by Tange, the Metabolists, Team X, Archigram, Constant, and others were practical and even took their character from their engagement with the pragmatics of construction, but they were first and foremost polemical images—and were presented as such. It matters little that virtually nothing from all those experiments was built. Or, to be more precise, what was carefully built was a set of images that remain polemical today, a commentary on the networks we already inhabit rather than a dream of a future world.

It took decades to forget such experiments so that a new generation could present itself as the first to engage seriously with the architecture of electronics. Much of what we hear today is an echo—but so delayed that it sounds fresh. It is as if the discourse forgets its own history precisely because it is too afraid to leave those earlier positions behind. Supposedly avant-garde visions manifest the discipline's greatest fears.

Unsettlement

The point here is that McLuhan's influential discourse about networks during the sixties was exactly paralleled by that of experimental architects during the same years. And the architects did not simply follow the communication expert. Rather, they all followed an even earlier generation of designers. Indeed, McLuhan's work begins as a kind of rethinking of architecture. It was his close alliance with Giedion and Tyrwhitt that opened up a new way of reading the space of technology, one that leaned heavily on Fuller.

As the key link between the twenties and the Internet, Fuller played a crucial role. His work was first monitored by *Ekistics* in 1957, but his Dymaxion Map showing the planet as a single network was on every cover from the beginning until mid-1959 and occasionally reappeared. Fuller was president of the World Society for *Ekistics* and,

|1| A picture of Bell's tower is featured in Wachsmann's book and Archigram's Living City of 1963.

remarkably, was the only person other than Tyrwhitt to attend all the Delos conferences. Not by chance did another version of his map return for the cover of the issue of the Delos on "Networks" in 1970. Delos was now positioned at the centre of the triangulated map, and radiating lines show where all the participants had come from. It is as if *Ekistics* occupied Fuller's world. His vision of a fundamental continuity between visible and invisible architecture had always lurked in the background and slowly took over. Making the same argument from the side of communication, McLuhan was a crucial ally. The two hovered over the discourse in the same way that they hovered over all the experimental architects obsessing about networks in the sixties.

Yet Fuller and McLuhan pursued such a radical line that even those deeply infected by network fever could not handle it. Already by the fifth morning of the first Delos, Fuller was saying that the idea of permanent settlements and neighbourhoods is obsolete in the contemporary hypermobile age. The very idea of settlement so treasured by *Ekistics* is challenged in a time characterized by "stirring up rather than settling down"[1]. McLuhan was quick to agree and even suggested that the whole framework had to change: "Are we selecting as key problems things that are possibly about to disappear with the rise of information levels, such as congestion and confusion?[2]" Fuller both mentored the group and criticized it. In 1966, he wrote "the longest letter I have ever written" to Doxiadis outlining his "general strategy". Published in 1969 as "Letter to Doxiadis", it repeats his prosthetic account of architecture and insists that electronics will lead the way. The latest computer techniques will render conventional architecture and planning obsolete, substituting static urban planning with "Instant city"! New world networks foster a hypermobility of bodies and spaces—technologically upgraded and endlessly circulating bodies being the new spaces[3]. The new biology of technology doesn't leave the kind of fixed trace Doxiadis tried to establish.

After all, there had always been a fundamental conflict between Fuller's original call in the late twenties for a physical disconnection from infrastructural networks and the *Ekistics* obsession with establishing vast physical nets. Fuller shares the commitment to a single world city. After all, his very first project in 1927 was for a "one world town", but everything in it is mobile and physically disconnected. Buildings are dropped by airplane, have autonomous service systems of plumbing and electricity, and are only interconnected by invisible air and radio links. Fuller rejected physical infrastructure, no matter how flexible, preferring atomised nomadic systems. For him, the capacity to disconnect from a system was as important as the capacity to connect. He was fatally attracted to *Ekistics*, attending every event and publishing articles like "Why I Am Interested in *Ekistics*"[4], but ultimately he had to go beyond it.

|1| "The notion of self-contained permanent settlements is obsolete. We live under conditions of mobility which result in continual stirring up rather than settling down. It is indeed doubtful whether the notion of a neighborhood of people who fulfill the internal functions of a village community makes sense for the future." "Notes from the 5th Meeting", "Delos Documents", Avery Classics Collection, Columbia University.

|2| "Notes from the 5th Meeting."

|3| "In speaking of reforming the environment of man, I include a surgeon's operations on the human body, for the latter is mobile environment of the brain. [...] I define industrialization as the extra-corporeal, organic metabolic regeneration of humanity. Industrialization consists of tools. All the tools are externalizations of originally integral functions of humans." Buckminster Fuller, "Letter to Doxiadis", *Main Currents in Modern Thought*, nr 25, March-April 1969, p. 87-97.

|4| Buckminster Fuller, "Why I Am Interested in Ekistics", *Ekistics*, nr 20, October 1965, p. 180-1.

At the tenth Delos in 1972, Fuller pointed out that the group was not yet ready to deal with the fact that the boat in which they were talking was actually filled with the signals of over a million radio stations[1]. At the same meeting, McLuhan also acted as the dissident by presenting James Joyce's *Ulysses* as "the greatest piece of city planning and building in this century" and rock music as "an enormous world-wide network of culture which directly relates to the health of human settlements" since it processes the sounds of the city[2]. He insisted that books and music fossilize buildings. Cities should be designed less for occupancy than for performance, a "global theatre" built out of the hidden electronic networks. Tyrwhitt kept her distance from her old teammate, publishing his intervention in a section entitled "Communication via Humour". The earnest reconfiguration of the global city as a physical image of an invisible order was not to be held up by the thought that physical configurations were already redundant. In letters to friends, McLuhan concluded that the other Delos participants were "earnest men, rather all 19th century types, still preoccupied with bricks and mortar" and that people already existed electronically in "a new kind of world city far outside the keen of Doxiadis"[3].

Fuller had meanwhile become excited by the idea of strategic unsettlement and had elaborated an even more radical defence of it at a conference in the Bahamas organized by McLuhan[4]. The odd couple was once again in the sun, entertaining each other by taking every argument to the next level. *Ekistics* was losing its appeal. At the beginning of the last Delos in 1975, Fuller mourned the death of Doxiadis just two weeks earlier. When the meeting was finished, he went dancing with "young" people in his dome at Jacky Tyrwhitt's house for the last time[5]. A year later, he did attend a United Nations conference on habitat as the representative of *Ekistics*, but he published his contribution under the title "Accommodating Human Unsettlement", arguing that it is precisely the stability of unseen infrastructural networks that makes global physical instability possible and desirable[6].The global village supports a hyper-mobility of people and architecture. Designers are to aim for "formless" systems of unsettlement rather than overcome them.

Such thoughts rarely appear in the otherwise faithful but unwitting echo of the sixties that occupies so much architectural discourse today. As the computer is rediscovered on saliva-drenched glossy pages featuring the excited commentary of breathless critics, networks are portrayed as playgrounds of the future. Young designers are persuaded that they are pioneer explorers, shockingly oblivious of how well travelled are their paths and how many architects went so much farther. In the face of destabilizing forces, the romantic figure of the architect as stabilizer is reasserted. Now digital architects have moved into housing, with competitions on the virtual house,

|1| Buckminster Fuller in the discussions about energy, *Ekistics,* nr 34, October 1972, p. 241. The point was first made in *Delos* 4 in 1966.

|2| "Communication via Humor", *Ekistics,* nr 34, October 1972, p. 282-283.

|3| Letter from Marshall McLuhan to Tom and Dorothy Easterbrook, 1 August, 1972, in Molinaro e.a. (eds.), *Letters of Marshall McLuhan*, p. 454; and letter from Marshall McLuhan to Gyorgy Kepes, 1 August 1972, in Molinaro e.a. (eds.), *Letters of Marshall McLuhan*, p. 453. Tom Easterbrook was one of the group of four people, including Tyrwhitt, who carried out the key research with McLuhan from 1953 to 1955.

|4| "Marshall McLuhan Executive Seminar", January 7-9, 1970, Grand Bahamas Hotel and Country Club.

|5| As reported by Koichi Tonuma, *Ekistics,* nr 52, September-October 1985, p. 516.

|6| Buckminster Fuller, "Accommodating Human Unsettlement", *Town Planning Review*, nr 49, January 1978, p. 51-60. Report of Fuller's report to the U.N. Habitat conference, September 20, 1976.

house forms inspired by information flows, mass-production techniques for infinite variations of housing forms within generic parameters, and so on. Electronic space is being settled. The architect is yet again a figure of order, of pattern within chaos, of comfort. The architectural species has survived by ignoring a century of intense discourse about networks. In a kind of Warholian dream, every echo has become an original artwork.

This essay is part of a research project on the prehistory of virtual space, which has been supported by the Graham Foundation.

Pascal Amphoux is professor at the EAN (École d'architecture de Nantes) and a researcher in urban and regional planning, associated with laboratories at the École Polytechnique de Lausanne (LADYT–Laboratoire Dynamiques Territoriales) and at the École d'architecture de Grenoble (CRESSON–Centre de recherche sur l'espace sonore et l'environnement urbain). He holds degrees in geography, architecture, and human ecology. He has published and lectured widely on issues of the perception and use of urban space, urban "acoustic identity", transport, etc. The article published here is based on a research conducted with G. Grosjean and J. Salomon at the IREC laboratory, Lausanne, in 1999.

Tom Avermaete is an architect and has been a member of the research group OSA at the Catholic University of Leuven (KUL) since 1997. He is currently finishing a doctoral thesis on the architectural approach of the post-war urban condition by Candilis-Josic-Woods. He is an external lecturer in architectural history at the University of Copenhagen since 1996. Together with Kelly Shannon and Alexander D'Hooghe he founded *urbADS* in 1998, a research and design team which takes the relation between architectural theory and practice as the central starting point for interventions in the environment. Tom Avermaete is an editor of *OASE. Architectural Journal* and contributes regularly to several architecture magazines.

Dieter De Clercq graduated in 1997 as architect-engineer (University of Ghent) with a thesis on the architectural aspects in the work of the American artist Bruce Nauman. He is a full-time member of OSA (Research Group of Urbanity and Architecture–Catholic University of Leuven (KUL)) and is preparing a doctoral dissertation on social theories on everyday life (Lefebvre, de Certeau) and their implications in the field of architecture and the city. Parts of his research have already been presented as conference papers (Helsinki 2000, Istanbul 2001) and published as contributions to books (*Crossing Brussels*, 2000; *Vacant City*, 2000) and *journals* (*OASE*, 2001). De Clercq is co-editor of *B-Sites, à propos de la place d'un centre d'art et de recherche à Bruxelles/over de plaats van een kunst- en onderzoeks-centrum te Brussel* (2000). He writes articles and reviews on architecture, art and public space in magazines like *Archis*, *De Witte Raaf* and *Ons Erfdeel*. He recently organized a symposium on public art (February 2001, Catholic University of Leuven), together with Hilde Heynen.

Alexander D'Hooghe is a design critic at the Harvard Graduate School of Design, and he is completing his Ph.D. at the Berlage Institute in Rotterdam. His current research investigates the role of myth in the organization of urban form. He collaborated with Rem Koolhaas' "Project on the City" on Soviet Urbanism as well as with the OSA Group of the University of Leuven, on the emerging urbanity of Brussels. He was co-editor of *A Moving City* and published articles in various magazines. As a designer, he was selected for the Brussels 2000 Supernova exhibition. He has won prizes in design competitions in Belgium and the UK. Between 1996-98 he collaborated on the development of major public infrastructure projects in Genoa and Leuven. D'Hooghe received a MAUD at the Harvard Design School and a M. Arch-Engineering at the University of Leuven. He received several scholarships, and was also awarded the Harvard Prize for the highest Academic Record and the Prize for Excellence and Leadership in Urban Design.

Marc Glaudemans studied at Eindhoven University of Technology in the Netherlands, where he received his degree as an architect in 1994. He finished his doctoral thesis *Amsterdam Arcadia. The re-discovery of the Hinterland* in 2000. In general he is interested in the 'broken' continuum of architecture, in terms of *mimésis* and *poiésis*, with a special emphasis on the relationship between city and nature. Currently he is head of the architecture department in Eindhoven.

Hilde Heynen is professor of architectural theory at the Catholic University of Leuven (KUL). She is the author of several articles in architectural periodicals such as *Assemblage*, *Archis*, *Harvard Design Magazine* or *The Journal of Architecture*. In 1999 her book *Architecture and Modernity. A Critique* was published by MIT Press. With André Loeckx, Lieven De Cauter and Karina Van Herck as co-editors, she has published an anthology in Dutch of major 20th century texts on architecture (2001, 010, Rotterdam). With Hubert-Jan Henket, she edited *Back from Utopia. The Challenge of the Modern Movement* (2002, 010, Rotterdam).

Leslie Jaye Kavanaugh is an architect and a philosopher. She is a member of ASCA (Amsterdam School of Cultural Analysis) at the University of Amsterdam, and an adjunct Assistant Professor of Architecture at the Technical University of Delft, in the Netherlands.

Bernard Kormoss is a Belgian architect and theorist, graduate of the Saint-Luc Institute of Architecture (I.S.A. Saint-Luc, Liège, 1996). He also holds degrees in Law (KUL, 1985) and in European Studies (College of Europe, 1988). During his work in the office of Peter Eisenman (from 1997 to 2000), he started to work on the publication *Eisenmanual*, a book of reference on Peter Eisenman's theoretical and architectural work. He has taught architectural studio with P. Eisenman at several institutions (Princeton University, E.T.H. Zürich, T.U. Eindhoven) and worked on several projects and competitions at *Eisenman Architects*. He is currently teaching at the *Academie voor Bouwkunst* of Amsterdam and at the *Technical University of Eindhoven*, where he is finishing the publication *Eisenmanual* and working on a PhD. on Peter Eisenman's formal and theoretical work.

Hubert Lionnez. Architecture graduate of I.S.A.C.F. La Cambre (Brussels) in 1993. He was assistant to Bernardo Secchi at the IUAV (Venice) in 1996-97. He is currently a freelance architect, working in Brussels. Since 2000, he has been lecturing in architecture at La Cambre and takes a particular interest in the contemporary dimension of the "landscape" in the architectural discipline.

Olivier Mathieu and **Li Mei Tsien**, hold degrees in architecture from the Catholic University of Louvain (UCL) where they studied in the Ingénieur civil architecte program. Mathieu holds, in addition, a complementary degree (baccalauréat) in philosophy from the UCL, while Tsien received a Master's in architecture from the AA School in London. Both are now undertaking doctoral research at, respectively, the UCL and the London Consortium. Olivier Mathieu and Li Mei Tsien together founded the B612 Associates architecture studio in Brussels, in association with Vincent Degrune, in 1997.

uapS [urbanism, architecture projectS] is a multidisplinary platform constituted around Anne Mie Depuydt, architect, and Erik van Daele, architect and urbanist. For each project, uapS' main concern is the specificity of the context. They are systematically looking for new methods of analysis and design, and for suitable means of expression. They understand context in its broadest sense, taking into account not only physical, but also cultural, economical, social and political aspects. uapS has a programmatic approach to context, in which particular attention is paid to the structuring potential of everyday life and of the obvious.

David Vanderburgh is Associate Professor of Architecture at the Catholic University of Louvain (UCL), where he has taught Theory, History, and Design since 1995. His research interests include the history of social-purpose building types, and the theory of metaphor. He is currently head of the research group THAV (Théorie et Histoire de l'Architecture et de la Ville), and of the UCL Architecture Unit. He has published widely on historical and theoretical topics in Europe and North America, including (with M. Bal, co-editor) *Passagen 2000: The City, Space and Pace* (*Parallax* 5:3, 1999). In addition to academic research and teaching, he produces furniture designs and prototypes and participates in architectural and urban design competitions with his partner, Christine Fontaine.

Kai Vöckler is an urbanist based in Berlin. He has worked since 1987 as a freelance artist, publicist, curator and designer. He has had numerous European solo exhibitions and served as exhibitions curator and or in lectureships at various European cultural institutions and art academies. He has worked as a publisher, editor and lecturer on art and urbanism, as well as in the conception and organisation of international colloquiums and conferences. As a practitioner, he has acquired professional expertise through landscape, architectural and artistic competitions and design projects, both solo and in teams of architects.

Sarah Whiting is an Assistant Professor of Architecture at Harvard University's Graduate School of Design where she teaches design studios as well as courses within modern and contemporary architectural history and theory. Her work—as a teacher, a designer, and a writer—focuses on the intersection between space, form, and the subject (individual as well as collective), particularly in the context of 20th century modernism. Whiting's work aims at reinscribing architecture within public sphere discourse. She is also a partner in the architectural firm WW, located in Somerville, MA. She received her B.A. from Yale, her M.Arch. from Princeton, and her Ph.D. from MIT.

Mark Wigley is Professor of Architecture and the Director of Advanced Studios at Columbia University, New York. From 1987 to 1999 he taught at Princeton University. Wigley is the author of numerous books and articles on modern architecture and contemporary theory, including *The Architecture of Deconstruction: Derrida's Haunt* (1993), *White Walls, Designer Dresses: The Fashioning of Modern Achitecture* (1995) and *Constant's New Babylon: The Hyper-Architecture of Desire* (1998).

Paola Yacoub and **Michel Lasserre** have worked together since 1996. Paola Yacoub studied architecture (A.A.Dipl) and art in London, and was head architect for the I.F.A.P.O. archaeological excavations in the historic center of Beirut. Michel Lasserre studied architecture and philosophy in Paris and has been in charge of many urban projects in France. Currently, they are working on the interpretive gaze at stake in the mutation of contemporary territories. They have given lecture-performances in, among other places, Rome, Brussels, and Berlin. They have participated in exhibitions in a number of cities, including Venice, Barcelona, Rotterdam, Sao Paolo, and Paris. In order to gain access to the institutional means necessary for contemporary artistic practice, they helped to found a new creative arts agency, Middle, in 2003.

Roberto Zancan is visiting professor of Urban Design at the Polytechnic of Catania at Siracusa (Italy), in the School of Architecture. He earned his Master's degree from the École Nationale Supérieure du Paysage and the École d'architecture de Versailles (France) and his Ph.D. in Urban Design from the Istituto di Architettura di Venezia (Italy). At present he is a Rotary Foundation research fellow at the Canadian Center for Architecture in Montreal, working on the relationship between cinema and theories of urban design.

Pascal Amphoux est chargé de recherche au sein de laboratoires à l'École Polytechnique de Lausanne (LADYT – Laboratoire Dynamiques Territoriales) et à l'École d'architecture de Grenoble (CRESSON – Centre de recherche sur l'espace sonore et l'environnement urbain). Il est diplômé en géographie, architecture et écologie humaine. Il publie régulièrement sur des sujets en rapport avec la perception et l'utilisation de l'espace urbain. Le texte de conférence ici reproduit est basé sur un rapport produit en collaboration avec G. Grosjean et J. Salomon au laboratoire IREC de Lausanne.

Tom Avermaete est architecte et membre du groupe de recherche OSA (KUL) depuis 1997. Il termine actuellement une thèse de doctorat portant sur l'approche architecturale de la condition urbaine d'après-guerre par Candilis-Josic-Woods. Il est chargé de cours externe en histoire de l'architecture à l'Université de Copenhague depuis 1996. Avec Kelly Shannon et Alexander D'Hooghe il a fondé en 1998 *urbADS*, une équipe de recherche et de conception qui prend la relation entre la théorie et la pratique architecturale comme point de départ central pour des interventions dans l'environnement. Tom Avermaete est membre du conseil de rédaction de *OASE. Architectural Journal* et contribue régulièrement à plusieurs revues d'architecture.

Dieter De Clercq est Ingénieur civil architecte, diplômé en 1997 (Université de Gand). Son mémoire de fin d'études portait sur des aspects architecturaux de l'œuvre de l'artiste américain Bruce Nauman. Il est membre à temps plein du groupe de recherche OSA (KUL), et prépare une thèse de doctorat sur les théories sociales de la vie quotidienne (Lefebvre, de Certeau) et leurs implications dans les domaines de l'architecture et de la ville. Des extraits de ce travail ont été présentés à des colloques (Helsinki 2000, Istanbul 2001) et publiés dans des ouvrages (*Crossing Brussels*, 2000 ; *Vacant City*, 2000) et revues (*OASE*, 2001). De Clercq a co-dirigé *B-Sites, à propos de la place d'un centre d'art et de recherche à Bruxelles/over de plaats van een kunst- en onderzoekscentrum te Brussel (2000).* Il écrit sur l'architecture, l'art et l'espace public dans des revues comme *Archis*, *De Witte Raaf* et *Ons Erfdeel*. Avec Hilde Heynen, il a organisé récemment un symposium sur l'art public à la Katholieke Universiteit Leuven.

Alexander D'Hooghe est critique invité à Harvard Graduate School of Design, et termine un doctorat au Berlage Institute à Rotterdam. Sa recherche actuelle concerne le rôle du mythe dans l'organisation de la forme urbaine. Il a collaboré avec le groupe de Rem Koolhaas sur le « Project on the City » concernant l'urbanisme soviétique, ainsi qu'avec le groupe OSA de la KUL sur l'urbanité émergeante à Bruxelles. Il a co-dirigé « A Moving City » et a publié dans plusieurs revues. En tant que concepteur, il a été sélectionné pour l'exposition Supernova (Bruxelles, 2000). Il a été primé dans plusieurs concours en Belgique et au Royaume-Uni. Entre 1996 et 1998 il a collaboré au développement de projets d'infrastructure à Gênes et à Louvain. D'Hooghe est diplomé en urbanisme (MAUD) de Harvard, et Ingénieur civil architecte de la KUL. Il a reçu plusieurs bourses, et s'est vu décerner le *Harvard Prize for the Highest Academic Record* et le *Prize for Excellence and Leadership in Urban Design*.

Marc Glaudemans est architecte diplômé de Eindhoven University of Technology en 1994. Il a soutenu sa thèse de doctorat, *Amsterdam Arcadia. The re-discovery of the Hinterland*, en 2000. Il s'intéresse à la continuité « rompue » de l'architecture, en termes de *mimésis* et *poiésis*, surtout en ce qui concerne le rapport entre ville et nature. Il est actuellement responsable du département d'architecture à Eindhoven.

Hilde Heynen est professeur de théorie de l'architecture à la KUL. Elle est l'auteur de plusieurs articles dans des revues comme *Assemblage*, *Archis*, *Harvard Design Magazine* et *The Journal of Architecture*. En 1999 est paru, chez MIT Press, son livre intitulé *Architecture and Modernity. A Critique*. En collaboration avec A. Loeckx, L. De Cauter et K. Van Herck, elle a publié en 2001 une anthologie en langue néerlandaise de textes architecturaux majeurs (010 Publishers, Rotterdam). En 2002 est paru une collection d'articles, intitulée *Back from Utopia. The Challenge of the Modern Movement* (010, Rotterdam, co-dir. avec Hubert-Jan Henket).

Leslie Jaye Kavanaugh est architecte et philosophe. Elle est membre de ASCA (Amsterdam School of Cultural Analysis) à la University of Amsterdam, et professeur adjoint d'Architecture à la Technical University of Delft, aux Pays-Bas.

Bernard Kormoss est un architecte et théoricien belge, diplômé en 1996 de l'Institut Supérieur d'architecture Saint-Luc à Liège. Il est diplômé en droit (KUL, 1985) et en Études européennes (College of Europe, 1988). Collaborateur au sein de l'agence d'architecture de Peter Eisenman, 1997-2000, il y a entamé la rédaction du *Eisenmanual*, un livre de référence sur les travaux théoriques et architecturaux de Peter Eisenman. Il a enseigné avec Eisenman dans plusieurs institutions (Princeton, ETH Zürich, T.U. Eindhoven) et collaboré sur plusieurs projets et concours de l'agence Eisenman Architects. Il enseigne actuellement à l'Academie voor Bouwkunst à Amsterdam et à la Technical University of Eindhoven, où il termine le *Eisenmanual* et réalise une thèse de doctorat portant sur le travail formel et théorique de Peter Eisenman.

Hubert Lionnez est architecte, diplômé de La Cambre (Bruxelles) en 1993. Il a été assistant auprès de Bernardo Secchi à IUAV (Venise) en 1996-1997. Il est actuellement architecte indépendant à Bruxelles. Depuis 2000, il enseigne l'architecture à La Cambre, s'intéressant particulièrement à la dimension du « paysage » au sein de la discipline de l'architecture.

Olivier Mathieu et **Li Mei Tsien** ont obtenu leurs diplômes d'Ingénieurs civils Architectes à l'UCL et respectivement un Baccalauréat en philosophie à l'UCL et une Maîtrise en architecture (History and Theory) à l'Architectural Association School of Architecture de Londres. Ils poursuivent respectivement une recherche doctorale en architecture à l'UCL et au London Consortium. Olivier Mathieu et Li Mei Tsien ont fondé l'atelier d'architecture B612 Associates à Bruxelles, en association avec Vincent Degrune, en 1997.

uapS [urbanisme, architecture projetS] est une plateforme de compétences constitutée autour d'Anne Mie Depuydt, architecte, et Erik Van Daele, architecte et urbaniste. UapS engage dans chaque projet la spécificité du contexte. Elle recherche systématiquement des méthodes d'analyse et d'expression adaptées à sa particularité. Le contexte est approché dans son sens le plus large, non seulement physique mais également culturel, économique, social, politique... uapS s'engage en particulier dans une approche programmatique du contexte, dans laquelle elle accorde une grande attention à la capacité structurante du quotidien et de l'évident.

David Vanderburgh est Chargé de cours en Architecture à l'UCL où il enseigne la théorie et l'histoire de l'architecture et le projet d'architecture depuis 1995. Ses intérêts de recherche portent sur l'histoire de l'architecture dite « sociale », et sur la théorie de la métaphore. Actuellement, il est responsable du groupe de recherche THAV (Théorie et Histoire de l'Architecture et de la Ville) et de l'Unité d'Architecture (UCL). Il a publié sur des sujets historiques et théoriques dans des revues et ouvrages en Europe et en Amérique du Nord, par exemple (avec M. Bal) *Passagen 2000 : The City, Space and Pace* (*Parallax* 5:3, 1999). Outre ses activités académiques, il conçoit et réalise du mobilier et participe régulièrement à des concours d'architecture et d'urbanisme avec sa partenaire, Christine Fontaine.

Kai Vöckler est urbaniste, basé à Berlin. Depuis 1987, il travaille comme artiste indépendant, publicitaire, commissaire d'expositions et designer. Il a fait de nombreuses expositions individuelles en Europe et a travaillé en tant que commissaire d'expositions ou conférencier au sein de plusieurs institutions culturelles européennes et académies d'art. Il a travaillé comme éditeur, rédacteur et conférencier sur des sujets d'art et d'urbanisme, ainsi qu'à la conception et à l'organisation de colloques et congrès internationaux. En tant que praticien, son expérience inclut des concours et projets de paysagisme, d'architecture et d'art, seul et en collaboration avec des équipes d'architectes.

Sarah Whiting est Assistant Professor of Architecture à la Graduate School of Design, Harvard University. Elle y enseigne le projet d'architecture ainsi que l'histoire et la théorie contemporaines de l'architecture. Son travail — d'enseignement, de conception, d'écriture — se focalise sur les croisements entre espace, forme, et sujet (individuel aussi bien que collectif), particulièrement dans le contexte des modernismes du xxe siècle. Le travail de Whiting vise à réinscrire l'architecture au sein du discours de la sphère publique. Elle est aussi partenaire de la firme architecturale WW à Somerville, MA (USA). Elle est diplômée des universités de Yale (B.A.) et de Princeton (M.Arch.), et a fait son doctorat au MIT.

Mark Wigley est Professeur d'Architecture et Directeur des Ateliers Avancés à Columbia University, New York. De 1987 à 1999 il a enseigné à la Princeton University. Wigley est l'auteur de nombreux livres et articles sur l'architecture moderne et la théorie contemporaine : ceux-ci comprennent, entre autres, *The Architecture of Deconstruction: Derrida's Haunt* (1993) ; *White Walls, Designer Dresses: The Fashioning of Modern Achitecture* (1995) ; et *Constant's New Babylon: The Hyper-Architecture of Desire* (1998).

Paola Yacoub et **Michel Lasserre** sont associés depuis 1996. Paola Yacoub a fait des études d'architecture (A.A.Dipl) et d'art à Londres, elle a été l'architecte des fouilles archéologiques de l'I.F.A.P.O. au centre ville de Beyrouth. Michel Lasserre a fait des études d'architecture et de philosophie à Paris et a conduit de nombreuses opérations d'urbanisme en France. Ils travaillent aujourd'hui sur le regard interprétatif en jeu dans les changements d'aspect des territoires. Ils ont donné des lectures performances, entre autres à Rome, à Bruxelles et à Berlin. Ils ont participé à de nombreuses expositions, par exemple à Venise, à Barcelone, à Rotterdam, à Sao Paolo et à Paris. Afin de disposer d'instruments institutionnels adaptés aux nouvelles conditions de la pratique artistique, ils ont contribué à la création de l'agence de création et de diffusion artistique Middle, 2003.

Roberto Zancan est professeur invité en urbanisme à l'École d'architecture de Polytechnique de Catane à Siracuse. Il a obtenu son diplôme de Maîtrise à l'École Nationale Superieure de Paysage et l'École d'architecture de Versailles, et son doctorat de recherche en urbanisme à l'Istituto di Architettura di Venezia. Actuellement, il travaille sur le rapport entre le cinéma et les théories de l'urbanisme en qualité de chercheur boursier de la Rotary Foundation au Centre Canadien d'Architecture de Montréal.

Cet ouvrage a été imprimé en mai 2003 sur les presses de l'imprimerie SNEL-GRAFICS (Liège)
pour le compte des éditions de La Lettre volée.